BLOOM

Using Flower Essences for
Personal Development and Spiritual Growth

綻放如花

巴哈花精靈性成長的教導

史岱方・波爾 Stefan Ball
柳婷　朱芝瑩　吳秉臏　張之芃／譯

目錄

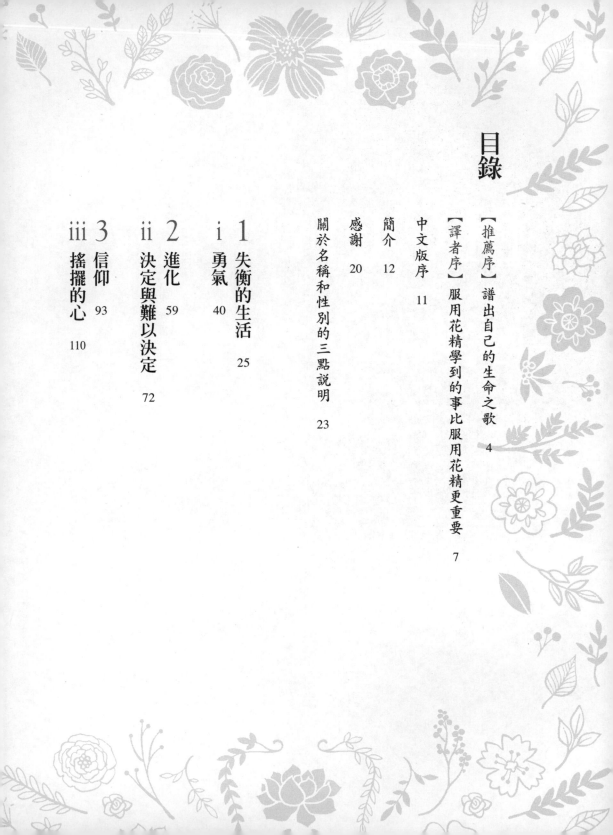

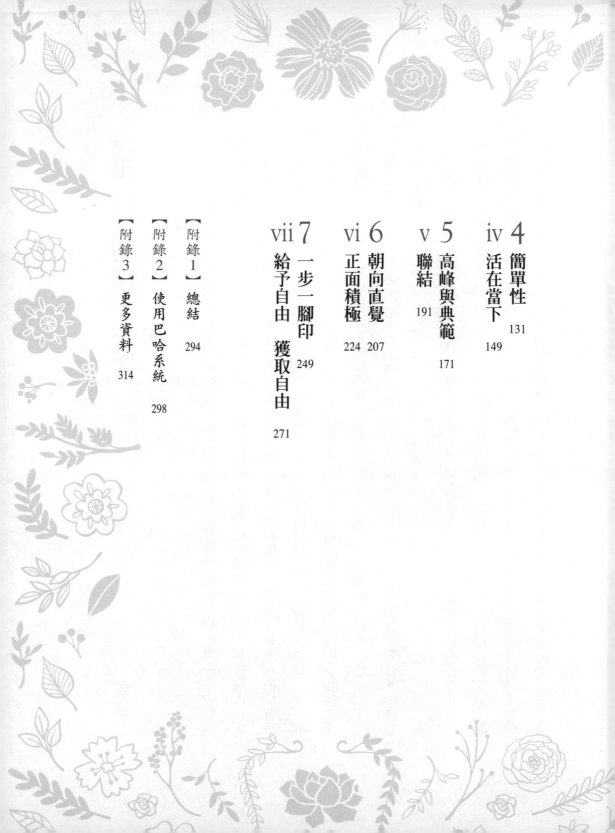

【推薦序】

譜出自己的生命之歌

李穎哲

十六年前，在我接觸花精療法的時候，台灣鮮少人知道什麼是巴哈花精，很多人會以為是時下所流行的芳香精油。然而經過多年的教育推廣，以及報章媒體的宣傳，我發現近年來認識花精的人越來越多，就因為它們簡單好用，所以廣受大家歡迎，也因此越來越能夠普及社會大眾。從事多年的花精療法教學，我發現學生最喜歡使用的花精是「救援花精」（Rescue Remedy），或許是因為它的名稱讓人們一看就懂，誤以為自己所遇到的困難需要緊急救援，因此不加思索的使用它。就如同《綻放如花》這本書的作者史岱方．波爾所發現的一樣：「……人們宣稱他們沒有聽過巴哈，但他們的桌上卻有一瓶救援花精。就像輔助醫學對OK繃的看法，我們拿了就用，但不必多問、多了解。」

多年來使用花精和教學的經驗中發現，倘若可以覺察自己的內心，找到自己的問題核心，並且決心改變，讓花精的哲理成為自己新的生活態度時，花精將能夠發揮它們最大的效益，讓我們的心靈提升到一個全新的層次，亦即我們對於每一種花精的內涵領悟越深，花精就可以帶來更深層的療癒。本書的作者和我的觀點一致，都希望大家能夠以更深入、更全面的方式來運用花精，所以花精不再是用來治病的物質形式藥物，也不只是用來調理情緒，而是能夠讓我們的生命就如同花朵一樣地綻放。

東漢張仲景的中醫經典大作《傷寒論》，歷年來有許多的註家為此書註解，闡述其中條文的意義，以及發表個人的領悟、心得和觀點，而這些學家的註解，影響後代醫家相當巨大。有些醫者特別偏愛某些註家的見解，而有些醫者則持相反或不同的意見，也親自為此書註解，並提出自己的臨床經驗和看法。由於大家抱持不同的觀點，從不同的角度去切入問題的核心，也因此造就不同的治療理論和更豐富的療癒方式。

相同的，《自我療癒》（*Heal Thyself*）和《十二個原始花精與其它的花精》（*The Twelve Healers & The Other Remedies*）是巴哈醫師的著作，通常研究花精的專家學者，都會用這兩本書做為參考資料，然後再依個人所涉及的專業領域，提出他們個人的想法，對每一種花精的領悟和使用心得，甚至有些研究學者，發現其他使用花精的方式，並且將這些新的方法用在療癒工作上，希望將花精的功效發揮到極致。本書的作者是巴哈中心非常資深的花精顧問，他在書中闡述三十八種花精與生活各個層面的關連性，並且引入不同宗教的信仰和哲學觀點，也試圖讓花精療法和其他的領域接軌，藉此豐富讀者對花精的了解，打開更寬廣的眼界。

巴哈醫師請大家保持花精療法的簡單和純粹，他認為自己所發現的三十八種花精，其療癒體系已經相當完整，希望大家不要任意更動。確實越簡單的東西，越接近宇宙的眞理，但我個人認爲，巴哈醫師絕對不是一個故步自封的人，就如同他不斷地在花精療法的領域上精進，並燒毀陳舊而不再需要的研究資料。因此，每個人都可以自由地使用花精，提出自己的心得和想法，甚至去結合不同專業領域的療癒方式，但是我們不應該對其他人的觀點和研究有任何的批評和否定，因爲當人們的心與花精的愛接觸時，通常會擦出不同的火花，每個人都會找到自己達到完美的方式，以譜出自己的生命之歌；這便是作者所希望的——更進階地去運用花精。

但願此書可以帶領你更深切地去體驗花精，並且運用它們在自己的人生道途上，平安快樂，順利前行。

【現任】

李穎哲中醫診所　院長／中醫師

IFEC國際花精研究推廣中心　創辦人／專任講師

英國十二個療癒者信託（Twelve Healers Trust）／合夥人

聖火傳承　靈性老師

蓮花針灸療癒法　老師

【譯者序】

服用花精學到的事比服用花精更重要

柳婷（Tina Liu）

翻譯《綻放如花》的緣起是一個四人的小型讀書會。我們四位都是花精深度使用者，也是與花精爲伍的助人工作者。坊間介紹巴哈花精的書籍多半說明花精特質、用法療效等等，《綻放如花》是難得以個人心靈成長爲主軸，並與巴哈花精相輔相成的經典好書。花精在本書中不只是療癒的工具，更是成爲自我覺察的最佳濾鏡。我們鄭重推薦，或許這才是最恰當，也最深入看待花精的態度。

對已經熟悉巴哈花精的讀者，將會從本書中吸收到深刻洞察的心靈觀點，也將獲得嶄新的花精見解，從此可以更全面的目的來應用巴哈花精。對於初次接觸巴哈花精的讀者而言，這是一本理想的起步書，提供完整的花精基本資訊、畫龍點睛的主題提點，與豐富的案例分享。相較於其他介紹花精的書籍，《綻放如花》更加強調每一個花精的正面特質，對於不同花精之間的比較分辨，也有更細致、深層的分析。

作者史岱方．波爾在巴哈中心擔任重責二十年，本人非常親切，身上自然散發巴哈花精平和、純粹又有愛的氣質。他在本書的每一個篇幅裡深入淺出地帶出生命進展的各個面向，發人省思。書中處處是作者多年靈性習修醒悟的精華，將留待讀者自己去細嚼慢嚥。我在此幫大家劃重點的則是在附錄裡的總結，可以一窺全書精心安排的深意，以及應用巴哈花精的眞諦。

在附錄1裡，作者說明了本書如此費心編排章節的目的。讀者必須認眞讀到最後，才會對他的巧思會心一笑，也一定會被觸動，因爲這創意編排的本身就是一個隱喻。一個人如何在人生迷宮裡選擇跳走捷徑，或迂迴繞道，或來回徘徊，或覆轍重蹈，全都是神聖秩序中完美安排的一部分啊！

一般人以爲巴哈花精著重在療癒情緒，但實際上其應用可深可淺。我經過多年的親身體驗、探討研究，以及累積許多個案心得，百分之百確定它們是能協助我們在身、心、靈三方面取得平衡、獲得成長的好幫手。在附錄2裡，作者總結了巴哈花精可具有的四種層次之應用，端視個人如何看待自己與如何看待花精。

第一個層次，只當危急時才用，並追求快速療效，此類使用者最常接觸的只有救援花精（又稱急救花精）而已。事實上，救援花精及救援乳霜也是最能被普羅大眾接受的入門花精，它令人驚豔的效果的確與其名聲相得益彰。從未使用過巴哈花精的讀者，我也建議也不妨從這入手。

第二個層次，用巴哈花精來處理自己情緒或行爲上的問題，出發點是希望解決問題。有時使用者會以爲自己只需要某幾種花精，或誤以爲自己絕不會有其它某些花精的負面狀態。然而很可能，我們起初只是觸及自己的部分面向而已，甚至可能對自己後知後覺。因為「往往，我們最需要的花精是我們最不能與之相連的靈魂品質。對於自己的性格特質，我們通常是盲目的。」書中如是說。每當我與來訪個案在挑選相應花精的會談過程中，其實就好比啓程一趟內在覺察之旅，開始探勘內心模式的底層。這當中一定有個案隱隱然知道的；也總有讓個案恍然大悟、很驚訝的盲點。藉由此一過程，我們就一層層揭開、認識了自己。

人生來就有七情六欲，這是上天賜給我們的禮物。憤怒、恐懼或嫉妒的情緒與喜悅、幸福、愛一樣，有其意義與價值，失去任何一部分，我們將不能完整體驗人生。書中說道：「憤怒是學習愛的機會；恐懼是學習勇氣的機會；沮喪則是學習喜悅的機會。」我們不要期待使用花精後自己會再也沒有情緒。但是一旦更深入地與花精結緣，我們就可以進階到第三個層次，也就是在人生道路上讓花精成為陪伴我們成長的夥伴。每次經由花精的提醒，覺知自己的情緒來源，找出自身錯誤，同時培養自身美德，我們將會發現自己逐漸轉變。此時就好比擁有了整整三十八位的良師益友，陪伴在側。不過請記得提醒自己，即使有了這些良師益友，也不能只依賴它們，因為爬上生命之山終歸是自己的責任。

最後來到第四層次，花精與我們內在的導師，也就是巴哈醫生稱謂的「高我」（higher self）一起合作，讓我們整體的身心靈都達到平衡、和諧、完整。人們總是渴望知道自己的天命或是靈魂藍圖，但是生命到底該如何進展？本書裡的答案一如巴哈醫生的理念──很簡單也很樸實：「一步一腳印，覺察每一步」。正如作者說的：「花精可以幫助我們找出一條路，去發掘屬於我們自己個人訂製的解答，發掘自我個性下的全新層次，也包括潛能成長的全新領域。我們可以改變生命！」原來，每一次爲我們自己選用花精，就能幫助我們學習到我們是誰，並且看到新的可能性，這是多麼美妙的事啊！

至此階段，用不用花精都不是重點了，因爲當我們自身的覺察、領悟、轉念都達到一定的層次，就好比在自己的內心培養出芬芳的花朵。有時一個瞬間的自我觀照，我們就能輕易轉化，並綻放出如同三十八朵花之正向能量。那麼無招勝有招，服用花精學到的事就比服用花精更爲重要了。

願在生命成長的道路上與大家共勉之~

巴哈中心認證花精應用師
部落格：痞客邦怡然之光 http://joyinlight.pixnet.net/blog
臉書粉絲頁：怡然之光 Joy in Light

中文版序

我撰寫《綻放如花》一書，是爲了鼓勵人們去思索更超越日常生活中直接的問題與煩惱之上的生命議題，更能將自己當作是一個獨一無二的個體，有著屬於自己明確的進展道途。

有趣的是，這本書成長得很緩慢，花了十年的時間才找到中文出版的機會，但對這本書而言，一切來得剛剛好，恰如其分。要有耐心，花時間慢慢成長，正是《綻放如花》一書的主題。現在，你手裡握有這本書了，我希望讀者不要匆匆忙忙地閱讀它。更適合的方式是，你在閱讀中浸潤一會兒，然後丟開它一個月，再浸潤一會兒。經由時間，比起快速閱讀完畢的讀者，緩步閱讀的人會收益更多。

這道理當然也適用於幾位將《綻放如花》一書翻譯成中文的譯者。我自己也曾翻譯過書籍，知道這是件多麼艱辛困難的工作。翻譯者別無選擇，只有深入專注地浸潤於一字一句中，緩慢進展。相信他們必定更能從字裡行間得到特別的收獲。

史岱方・波爾（Stefan Ball）於維農山

二〇一六年・七月十八日

簡介

神話

很久以前，有一個名叫菊慈童的中國年輕人冒犯了皇上，因擔心自己的生命危險，菊慈童逃離城市，躲到一個隱蔽的村莊。在那裡，他接受到神聖的訊息，將之畫在純然潔淨的花瓣上。他看著露珠在花瓣上成形，然後在滴落時喝下它，露珠中含有神聖訊息的力量，他自此長生不老……。❶

而本書是有關來自英國中西部伯明罕地區一位醫生的發現。他也遠離了城市——倫敦，隱居於鄉間；他也找到一種在花朵上形成露珠的神奇力量。雖然他得到了花的訊息，但這並未使得他長生不老……。

實用，務實，眞實

「是啊！花精蠻有趣的，但我沒時間管它，我有很多要做的事。人生嘛，就得好好往前走。」

我跟一位中年女性聊天，她不是自願來的。她年邁的母親要她從倫敦開車來到牛津郡的巴哈中心（Bach Center）——這幢維多利亞式的小房子，曾是愛德華・巴哈醫生（Dr. Edward Bach）最後的家，直到他於一九三六年離世。我承認我不能明白她所反對的是什麼，因為——「就得好好往前走」正是巴哈醫生畢生所為。

巴哈是知名的細菌學家、病理學家、同類療法醫師。他的職業經歷包括大學教學醫院、倫敦同類療法醫院，也成功地在倫敦哈里街的診所開業。他的正統醫學研究得到很高的讚譽，但他卻不以此滿。一九二八年起開始實驗以花為藥的可能性。

巴哈一直關懷著且對深受疾病之苦的人感興趣，倒不是對疾病本身感興趣，這正是他與一般主流醫學不同之處。他想找尋一種方法治療情緒的不平衡，在他的觀點中，那才是疾病生成的起因。他發現人的情緒狀態與特定的花、植物、樹的能量相近。從這些植物中，他製作了三十八種花精，每一種花精針對一種特定的心情或性情。

花精有效地激發人們潛意識中的特質，並驅散負面思想或行為。花朵的作用極其溫和，卻能產生深刻的效力，甚至母親可以給新生嬰兒使用，而不必擔心。它們並不會改變你的個性，也不會帶給你立即的頓悟，而是輕柔地帶你回到自己，讓你持續從生活中得到領悟。人如果平

---

❶ 譯註：在日本有一首民謠曲〈菊慈童〉，有關菊慈童的傳說如下：在酈縣的山坳裡，漫山遍野盛開著菊花。在仙境中有一個名叫慈童的人，曾是周穆王的仕臣，因為橫跨周穆王的枕頭，觸犯了非禮之規，被流放到酈縣山溝之中。慈童把偈詩轉抄到菊花瓣上，並飲用菊花上滴下的水滴，從此就長生不老，活了數百年，人稱彭祖。

衡得好，身體能變得更好，因爲身體會回到正常自然的健康狀態。巴哈花精最卓越之處在於其簡單性，三十八種自成一完整體系。人們自行調配花精，就像握有顏色中的原色，再自行組合，總能對應到人類情緒中的所有明暗色彩。世上很少有像這樣的製劑，每一個都有清晰的說明，讓怕麻煩學習的人都可以輕鬆接受、取用。

這套既簡單又深奧的巴哈系統流傳至今，一如初始，且更廣受歡迎。愛德華巴哈基金會（Dr. Edward Bach Foundation）註冊的花精應用師遍布全球，也有幾大品牌廠家製作這套完整系列的三十八種花精，裝進小玻璃瓶，以滴管式的瓶蓋，方便人們直接服用。歷史最悠久的、最著名的廠商甚至銷售巴哈花精至全球七十餘個國家，藥房、健康食品店、甚至超級市場，都可以看到巴哈花精與咳嗽藥水、維他命等並列架上，聽說英國皇室家庭也在使用。當然，流行樂手、模特兒、演員、學生、家庭主婦、律師、醫生、護士、助產士、生意人都使用花精，這可從每日廣播、電視、報章中的報導得知。備感壓力的人們、破碎的關係，名人的口袋或皮包中都有隨身攜帶著一兩瓶花精。

花精的普及僅證明了它的簡單好用而非深奧內涵，尤其像是雜誌編輯，總有緊湊的截稿壓力，而沒有時間查詢資料，仔細了解花精。這些年我常接到來自記者打來的電話，他們才剛聽說過花精而已，但要面對的是幾小時內擠出幾千字文稿。媒體界總是容易被簡潔扼要和陳腔濫調束縛著——「給我快速、容易了解的東西」——就像其他花精同業，我也有我的辦法，依其需求，妙語如珠地爲花精來個兩分鐘簡潔扼要的介紹。累積的結果就是推銷了幾支容易理解的花精，而忽略了整組花精體系，特別是已經包裝好的複方救援花精，又名急救花精（Rescue™ Remedy）似乎成了媒體中的標誌。因爲它的名字意指巴哈已將需要的花精合併放入，讓我們在急難時有快速補救的東西，有截稿時間的記者沒空去愛上它。它的名字就已經說明功用，救援花精具有立即取用的某種吸引力，那是其它僅以植物名字來命名的單方花精所不能及的。人們宣稱他們沒聽過巴哈，但他們桌上還是有一瓶救援花精。就像輔助醫學對OK繃的看法，我們拿了就用，但不必多問、多了解。

救援花精的成功是神奇的，但也有其限制性。很多愛用者從沒跨越去嘗試其它花精，豈不就像他們對傳統醫藥的了解僅停留於一塊敷貼膏藥。

進階的意義

這就可惜了！將花精和我們所感受情緒的配對過程，遠超過貼塊膏藥只爲度過今日的小危機。當我們轉向整組花精系統，將會發掘自我個性下的全新層次，也包括潛能成長的全新領域。我們可以改變生命！《綻放如花》這本書企圖幫助我們以更進階的方式運用花精，所謂「進階」（advanced）——我是指更深入、更全面、更奧妙。

簡單和深刻並非相衝突的兩端。「進階」不會離開巴哈的「打開廚房櫥櫃就可以用」的簡單性❷，也不會陷入僞科學般讓人摸不著頭腦的天書。相反地，本書將「簡單」視爲心靈的火焰，它能成爲讓我們在自己的靈性和情緒進展上採取主動的助力；它也可以契入任何我們所信奉的信仰——我會說明最簡單的花精用法可以帶來最深刻的靈性效果！花精協助我們了解自己的潛能，陪伴我們在人生道途上的進展，它幫助我們重新發現自己與世界的關係、與生命的關係。如此深邃且改變生命的進階花精運用，可以是從任何一天當我們願意以一朵花來處理一個單純的壓力問題開始。

「我不是只在生病的時候才服用花精。」安琪拉・戴（Angela Day）說。她是英格蘭東南部的花精應用師，也是教師，「我以非常自然的方式使用它們，就像吃食物喝飲料一樣。整組花精就放在廚房櫃子裡，垂手可得，方便好拿。當我想用時，就隨手取用。我視它們爲能幫我還原完整，讓我更像自己的好幫手。」

就是這麼簡單！

使用本書

閱讀一向是線型的旅程。我們從頭讀到尾；在簡介中提問的，將在結論中答覆。生命卻不同。生命的途徑從來就不是一條直線，它會因自我懷疑而回頭，也充滿曲折轉彎，我們不能藉由一張花精清單來解答生命——下一個指令，然後期待從另一頭得到結果；我們也不能期待一次只處理一段人生——這一次用這些花精解決完一些問題，下一次使用另一些花精解決其它問題。生命會將我們帶回重複到過幾次的地方，也許當我們以爲已經來到半途，卻又被帶離好遠；也許我們已經很靠近自己的心，卻還以爲被拒在千里之外。

知曉了這些，很多花精使用者把花朵還有其相關的情緒品質看成是朋友，而不是用完就忘的解藥。朋友是會再度拜訪我們的，一如我們也時不時需要找他們。他們一再幫我們的忙，我們越熟識他們，就越能看見其多元面向。有時其中一個特別的朋友就足以將我們自陷落處拉起；有時我們需要好幾個朋友，一個接一個，或著一起。「花精是一群朋友。」娜拉·莫瑞吉（Noëlle Mogridge）如此說，她用此套三十八種花精已將近四十年，「我對自己的野生酸蘋果個性笑了，也把鳳仙花的那部分放慢了。當我懶散做不了什麼的日子裡，鵝耳櫪振作了我。當需要在選擇中做出決定，我喝線球草。當處於波折混亂時，我感激白栗花及時相助。需要保護自己時，我用胡桃。偶而把自己累到不行時，讓橄欖伸出援手。」另一個使用者，理查（Richard）也同意：「對我而言，花精就像特別的摯友，總在需要時存在。我呼喚它們，它們奉獻出自己最好的部分，將更高頻率、更深入的振動帶到我生命——它們是來自大自然的禮物，在過程中協助我歸於中心，帶來清晰和洞見，不斷地提醒和鼓舞，讓我能探索我自己。」

❷譯註：巴哈醫生的比喻，意指打開廚房櫥櫃，生理有需求就找東西吃；情緒有需求就服用花精。

在發掘自己的過程中，我們可以決定從哪裡開始，闢一條途徑；也可以只是開始，看路會帶領我們去哪兒。總是要做一個抉擇。有鑑於此，我在本書中提供三種主要的途徑：

如果你對花精不熟悉，但早已開始自我成長的旅程，可以從第i章讀到第vii章。這些篇幅把巴哈花精分成七類，告訴你何時需要哪一朵花，以及它能爲你做什麼。第i章自第40頁開始。

如果你對花精熟悉，但才開始思考所謂的自我成長，那麼先閱讀第1章到第7章。它們闡述三十八種花精如何與慢活人生、靈性高峰經驗、宗教、哲學、信仰等議題有關。我也利用這機會爲我們該如何使用巴哈花精做了一些申辯。第1章自第25頁開始。

如果你想慢慢了解兩方面的議題，那麼就從這裡開始。這也是讀任何書最簡單的方式。在本書中，簡單原則永遠是被推薦的。

挑選哪一途徑，全看我們想要什麼和我們來自何處。在《綻放如花》本書中提供的三種途徑依然是線型方式，自有其限制。但我已努力讓它們每一種都向生命打開較寬廣、較華麗的大門。如果讀者覺得這種形式蠻不錯，要感謝許多人，像是安琪拉（Angela）、諾拉（Noëlle）、理查（Richard），他們與我分享的經驗和想法。如果這樣的方式表現得不夠好，那則是我處理失當。

取用花精，有點像在需要的時刻有你所認識的朋友或鄰居可依靠——並非干涉你，而是陪伴你。

——卡洛琳・海迪克

感謝

我列出了所有我閱讀過、參考過、借用過的書並置於本書最後的附錄3，但這裡要提出幾個我該特別感謝之處。

寫到巴哈的生平，我依循諾拉．薇克（Nora Weeks）著述的傳記，它是最可靠的出版資料。薇克認識巴哈多年，也跟隨他經歷所有發現花精的那些歲月。人們經常假設他們是情侶，但沒有證明能指出這是真實的，即使他過世多年後，她仍稱呼他爲「醫生」，可以看出他們的親密僅止於親近的同事和朋友關係。

我首次閱讀科林．威森（Colin Wilson）的《局外人》（*The Outsider*）是二十多年前。我將它借給我一位朋友，我們曾度過很多愉快的夜晚，喝醉以後，爲書而爭辯。那時候，我接受威森提出的分析，但不接受其結論。該書對我最主要、最長久的影響力是說服我一再反覆閱讀尼采（Nietzsche）、卡繆（Camus）、沙特（Sartre）、艾略特（Eliot）、陀思妥耶夫斯基（Dostoyevsky）、卡夫卡（Kafka）、海明威（Hemingway）、黑賽（Hesse）和其他人的著作，我利用《局外人》像是一份哲學和小說課程的目錄清單。即使今日在二手書店，如果剛好翻閱到提及威森的內容，仍然讓我激動興奮。爲了撰寫本書，我重讀了《局外人》，也重讀了許多在《局外人》提到的書。令我驚訝的是，我現在接受威森的（一部分）結論，遠超過接受他的（一部分）分析，但是這本書依然對我很重要，我非常感激它。

關於這本書的一些影響可以說是令人開心的巧合結果（如果你喜歡，也可叫它「同時性」）。舉例來說，當我困惑於該如何呈現胡桃花精時，我剛好聽到廣播中介紹夏布里耶（Chabrier）與華格納（Wagner）的音樂如何相遇的那一段故事，有幾段的文字就恰好有了著落。同樣的事發生在當我正掙扎著記不太起來「失衡的生活」（Koyaanisqatsi）那部電影的片段和主題時，我剛好翻到一本有電視節目表的雜誌，「失衡的生活」就在電影指南的項目中，那時是這部片子十多年來第一次在電視上播放。

琳·麥克雯霓（Lynn Macwhinnie）和裘蒂·霍華（Judy Howard）都讀過我初寫好的手稿，給予我非常有益，甚至頗具挑戰的建議，我的出版社（Vermilion）編輯蘇·拉色萊（Sue Lascelles）也是如此。很多人以各式各樣的方式協助了本書——主要是提供個人的證言，貫穿於全書各篇章，有些人在內容裡被提及姓名，有些人則以假名出現。無論如何，我都要特別感謝：

Andr'ee Samuel, Nicola Hanefeld, Katya Cozic, Theresa McInnes, Christine Newman, Cath Harper, Karen Briscombe, Una McRory, Lynn Hinton, Rosemary Barry, Hermia Brockway, Elaine

Copeland, Nobuko Asanuma, Di Bradley, Diana Antonaroli, Helen Kent, Sandra-Elizabeth Ross, Helga Braun, Jeff Chambers, Alison Evans, Aileen Falconer, Cynthia Prior, Andrea Williams, Linda Beckenham, Gillian Smith, Angela Day, Tracey Deacon, Ian McPherson, John Logan, Alice Walkingshaw, Sheila Bennett, Helen Lawton, Angela Davies, Beth Darrall, Julie Lloyd-Jenkins, Catherine Gurnet, Miki Hayashi, Jackie Lowy, Jill Woods, Elaine Arthey, Michael Hillier, Hilary Leigh, Charles Callis, Alison Lock, David Brandon, Florence Salooja, Maureen Murphy, Susanne McAllister, Kate Anderson, Yurina Shiraishi, Evelyn Munro, Liz Bailey, Flor Tavor, Caroline Windsor, Susan Rigg, Sylvia Spence, Katrina Mountfort, Alison Murphy, Debbie Henderson, Maggie Evans, Claire Hingley, Claire Bickerton, Anna Richardson, Margaret Blackman, Alison Hudd, Lynne Crescenzo, Deirdre Barron, Judy Beveridge, Pamela Higginson, Aneeta Chakravarty, Martine Eyre, Elaine Abel, Frances O'Sullivan, Stuart Guffogg, Valerie Miller, Noëlle Mogride, Julia Barker, Janice Cracknell, Janet Duffill, Susan Robinson, Lynn Hall, Elaine More, Caroline Hedicker, Avril Harvey, Christine Racquez, Pamela Wells, Lynne Langley, Sylvia Rymer-Lawes, Linda Lewcock, Rixt Spierings, Andrea Allardyce, Katya Cozic and Christine Philp.

一如既往，我還需要點頭致意感謝我的家人以及巴哈中心的每一位——謝謝你，謝謝你，謝謝你！

關於名稱和性別的三點說明

多年以來巴哈和巴哈花藥（Bach Flower Remedies）是巴哈中心最先使用、然後授與尼爾森公司使用（A. Nelson&Co）的註冊商標，以茲證明花精中的母酊劑是巴哈中心所製造。在英國之外的地區，巴哈、巴哈花藥或巴哈花精（Bach Flower Essences）也持續代表有這樣含義的註冊商標或商標。但一九九八年，英國高等法院決定此後在英國，巴哈或巴哈花藥不再是被註冊的商標。因此，我在英國撰寫此書時，必須遵守約定，以小寫字母（代表普通名詞），來表明巴哈花藥。這應該不致被視為無效或不尊重世界各地的商標使用。

通常用到「製劑」（remedies）這個字，意指人們之前有些醫療上的不適，才需要用到它。由於本書以個人成長為主，而不是健康議題，我將不會只用製劑（花藥）這個詞做為唯一代表巴哈系列三十八個製品的名詞。但是這個詞是巴哈醫生偏愛的，也不宜輕易丟棄。思考過後，我決定保留它，但只要感覺恰當，也會用「花精」或「花」來稱呼。尤其是這兩種稱法在英國之外的地區都已廣泛地被了解巴哈的人們所接受。我不以為這兩個稱呼哪個比「製劑」（花藥）更恰當，的確兩者各有其要面對的批評、挑戰。在其它醫藥或化學領域分支裡，植物「精素」（essence）是指濃縮的萃取物，但花精是高度稀釋的產物。稱它們為「花」？但其中

岩泉水花精（來自岩石縫中的天然泉水），根本不是來自植物。❸

有關這些模稜兩可的約定，我又要點出一個惱人的，有關使用代名詞的問題。我決定都以「她」來代表所有花精正負面的情緒原型，就當她是一個活生生的人似的。那麼，為了平衡這點，我都以「他」來代表所有世間凡人、大街上的人、受教育、講理的人、有實驗精神的人。我無意冒犯世間凡人中的女性，或原型中的男性，當我只用單數來表達，而沒有迂腐地用「他們」、「他們的」來表達時，期望兩邊都諒解。

哎呀！說到了這許多瑣碎細節，我該用哪一朵花啊？

❸譯註：原著英文 remedy 的使用率極高，但本書皆以「花精」一詞作為統稱的翻譯，呼應當前中文市場讀者已熟悉、普及的用詞。僅在巴哈醫生初期發現花並製作、而其心中視之為製劑時，翻譯為「花藥」。

1
失衡的生活

擁有物

「關鍵是經濟，笨蛋！」（It's the economy, stupid !）

一九九二年比爾・克林頓（Bill Clinton）舉辦美國總統選舉活動時，他的競選團隊經理在記者招待會後方懸掛前述標誌，以提醒候選人莫偏離了這最重要的主題。政客們都深以為增加物質財富是人民首要關切的議題，物質財富似乎易於評估、衡量和比較。政府和反對黨都一樣以比劃著國民生產、稅率和通貨膨脹，視為選民滿意度與否的自我證明指標。當我們環顧所累積的物品、銀行存款、房子大小和車子好壞，我們就能看起來和感覺是幸福的。沒有人需要再更進一步的分析。

不幸的，這是個謬論，如同社會心理學家大衛・梅耶斯（David Myers）的研究報告《追求幸福》（*The Pursuit of Happiness*）探討是什麼讓人們快樂。在貧窮的國家中，物質富足的確為人們帶來較多的滿足感；但在進步到某個點之後，滿足感起了遞減作用。達到了富裕的國家，人們鮮少注意到財富的波動變化，更多的物質並未帶來更多的滿足，幸福感曲線反而逐漸降低。無論我們使用何種方式衡量，以梅耶斯的話來說：「在過去的三十年裡，我們物質上變得更好，但幸福感和生活滿意度並沒有伴隨著增加些微。」因此，「才不是經濟，笨蛋！」，倘若我們超越這標語思考，結果顯而易見。我們一天擁有的小時數，和遠古的祖先一樣，但是物質累積越來越多，直到我們擁有的東西多於所擁有的時間。有多少我們所擁有的唱片在過去一年還未曾播放聆聽？有多少書架上的書我們還未曾閱讀？有多少裝飾品和畫作我們還未曾欣賞或從中獲得樂趣？幾乎不意外的，當我們思考關於幸福時，物質層面多幾樣或少幾樣東西根本不做數。

如同藥物上癮者之於海洛因，酗酒者之於豪飲，我們也對消費需求上癮。當生活中缺乏什麼的時候，我們走入零售商店療癒似的買進更多。購買更多東西意味著必須賺取更多的金錢來支付。作家路易斯．拉菲姆（Lewis Lapham）寫道：「多數沮喪中的美國人相信，如果擁有現在所有的兩倍，他們就承襲了美國獨立宣言中所承諾的幸福狀態。一位年收入一萬五千元的人確信只要他的年收入爲三萬元，則能免除他的悲傷；年收入一百萬元的人認爲當他的年收入爲兩百萬元時則一切將會很好。」根據美國默克家族基金會（Merck Family Fund）一九九五年發表的調查顯示，年收入高於十萬元的人們有百分之二十七宣稱無法支付他們所需要的一切。有人曾詢問歷史上首位億萬富翁約翰．洛克斐勒（John D. Rockefeller）甚麼是足夠？他的經典回答是：「只要再多一點。」

洛克斐勒錯了。事實上太多的東西讓我們的生活更糟。樂透獎得主相較於得獎前通常感到更爲不快樂，瞬間獲得的財富將他們從原本有結構、有意義的生活活動中隔斷開來。這些活動包括：屬於自己的娛樂、烹飪、照顧小孩、上班和能理解相同問題的朋友聚會。他們太晚意識到眞正需要的並不是金錢，而是一個晨起時的理由。或許慶幸的是這些金錢可用來創造工作，然而這個變爲全職、具有壓力的工作則又會充滿新的擔憂：投資夠多了嗎？如果賠了呢？如果股市下跌呢？如果失火了，是否有足夠的保險可以重置一切？如果會計師從我們這兒竊取呢？如果離婚，得準備損失多少呢？

犧牲

富裕的經濟和繁榮的物質牽涉了犧牲。爲這些所付出的時間和精力其實可利用於其他用途。以經營親子關係爲例，爲了維持自己和小孩心目中嚮往的生活水準，父母們認定他們必須擁有兩份收入。追求工作上的成功導致父母需要花更長時間於工作以致減少了和孩子相處的時光。根據二〇〇〇年一份研究報告指出，百分之六十英國家長不再有時間爲孩子讀床前故事，和一九七〇年代中期相較，那時約四分之三的小孩有父親或母親爲他們念故事。在當時有三分之一，而現今減半到只剩百分之十六的小孩每晚享受著一個完整故事。孩子們在父母爲他們讀故事時最常見的抱怨是故事進行一半時，父親往往睡著了。在美國有相同的情形，當代的家長花在和小孩相處的時間相較於他們的父母少了百分之四十。在對更多工作、賺更多錢財、擁有更多事物說「是」的同時，意謂著對花時間和小孩相處以及許多其它基本的生活樂趣，比如：

朋友、大自然、靜心、休閒、思考和閱讀等說「不」。

沒有人往生之前的願望是花更多時間工作，這觀點過去常被提及，但我們可曾聽從？如何確定未來的某一天我們不會面對如亨利．大衛．梭羅（Henry David Thoreau）在漫步、生活於樹林間時決心避免的結論呢？「我希望活得有意義，」他在《湖濱散記》（*Walden*）中寫道：「面對生活中重要的事實，看看我是否學到所要教導我的，而不是在將死之際，發現我還未曾活過。」

失衡的生活

北美洲的霍皮族用一個字形容我們的瘋狂：Koyaanisqatsi。意指「瘋狂的生活」、「分崩解離的生活」或「生活於風暴中」。但我喜歡的翻譯是當我看完一九八〇年代中期所製作的一部同名影片之後，久植於我心的「失衡的生活」。

這部影片的一開始以慢鏡頭播放猶如子宮般沙漠洞穴中的石壁畫。我們感受到一個平和久遠年代的印象——一切皆是寂靜和安寧的，而這些壁畫，就人類發展而言，看起來似乎和洞穴本身同樣的古老和天然。鏡頭移到外面的沙漠、大峽谷、山，雲朵的形成，陽光的移動和陰影掠過大地強調了生活的自然韻律。然後，突然之間，我們飛越過廣大單調景觀的田野上方就如同將自然的生活留於身後，一下子進入了繁盛的機械時代和現代文明。

沉靜、自然的韻律和洞穴壁畫消失了。巨大的球狀電力發電廠和金屬般閃耀的高塔在被污染的大地上不斷地增加築高，如同怪物般的沸騰狀態。日光浴的人們、垃圾和塊狀的人造色彩使海灘上一片凌亂。緊接著，我們置身於城市中且步履匆匆。人們在混亂人潮中如光速般地移動、進出電梯、在街頭及車站穿梭不息。這城市有著和本身一樣的怪異生活。其中的人們像自動化機器人一般湧向周遭的光線、訊息而不加思索，也好像產品似的被灌入如香腸管狀般的通道。在這世界中沒有片刻的休息，連休閒時分也是狂熱的。人們打保齡球、進食、看電影皆以持續的移動、抽搐方式更迭進行著。夜晚，在亮著燈的公寓中人們仍不休息地動個不停，燈光的開與關記錄著他們從這間房到那間房的東走西走。在夜空，被我們所忽略，遠古以來就存在的月亮，慢慢地飄移經過，直到在摩天大樓後消失於我們的視線中。

影片進行至尾聲，鏡頭從人群中捕捉臉孔。一位在電廠內吸菸的工人。一位在擁擠街道中為自己刮鬍子的男人，無視於人群分流於他的兩側，好似溪水岔開分道流經岩石。一對情侶可疑地互相窺探彼此。一位老人迷失、絕望、孤單地佇立於人潮之中。遠不如尼采所述的具有超凡心智能力且享受於無遠弗屆的超人，這一片閃耀織網中的城市居民是無助且孤獨的。人們盡可能地疏遠著彼此，如同遠離大自然世界一般，他們和周遭群眾或城市根本沒有聯繫。最後一幕，人們成為鬼魅，隱約可見對抗著他們堅硬輪廓的裝置配備。

「失衡的生活」呈現了一些根本的真理。它的意圖昭然若揭，最後一幕當電影名稱在字典中的定義出現於螢幕上，清楚點出這麼瘋狂的生活，一種看起來和感覺上都失衡的生活。它成功地創造了有用的參考觀點，在此我特別提出其中四點。

失去控制：人們在巨型建構的城市中像推著石磨般地過生活。缺乏內在生命和自我判斷，被所創造的物質產品席捲，似乎無法控制自己的外在環境和生活。

失去寧靜：人們到處急促地趕著。偶而在一些場合中靜止時，他們看起來厭煩且忐忑不安。

孤單：人們看起來是孤立且無法和周遭人群有所聯繫。他們焦慮、騷動不安、失去聯結。

對大自然的不尊重：人們用盡大自然的資源且忽視大自然的律動。終致消耗殆盡，環境汙染和人們所製造的武器使整個地球面臨毀滅的威脅。

另一方面而言，失衡的生活是放棄了選擇屬於自己道途的權利，將「做什麼」置於「是什麼」之上——「我們花了越來越多的時間致力於人的作爲，而越來越少成爲人的本身。」心理學家羅伯特・霍頓（Robert Holden）如此寫道，也就是失去了與人之間、與更寬廣宇宙之間的聯結。這些主題將在隨後的篇幅中一再提及，想要致力於平衡的生活總必須觸及這些相關主體。

樂趣

在一個陰冷的十月天，我住在倫敦。工作餘暇，我花了一整個早晨和下午坐在桿型電火爐旁閱讀從圖書館借來的馬溫．皮克（Mervyn Peak）的《歌門鬼城》（*Gormenghast*）。後來中斷了閱讀來到公園，我沿著運動場跑道慢跑了將近一小時。天色開始漸暗，我跑步回到家中，換了衣裳坐回火爐前。我還記得那種再次拾起書本探索史迪派克（Steerpike）的後續進展所獲得的樂趣。

近來我鍾愛的地方之一是在牛津郡離我居所數英哩的衛藤漢圓丘（Wittenham Clumps）。由樹木和田野所形成的兩圓丘狀山丘，後方降坡延伸至泰晤士河，左方的樹叢是自然生態保護區的一部分，爲了保護其中的樹林，樹叢頂端上方有一圍籬隔開的小樹林，在圍籬上方遠距的視線中可發現放風箏的人們和情侶們。右邊是另一圓丘，曾是鐵器時代和後羅馬時代的山丘堡壘。頂端同樣有著櫸木林，並無圍籬區隔，可以漫步穿越；其中一棵現已長眠的樹，當地頗爲有名，被稱爲「詩樹」，樹皮上有著一位維多利亞時代的紳士雕刻留下的一首長詩。隨著樹的成長，樹皮上的文字和字母如氣球般膨脹成爲難以辨讀的奇形怪狀，樹旁立有一柱子，重現了原始的詩文，好讓人們便於閱讀。堡壘後方的環繞步道，彙集於一棵松樹後，連接著來自前一個山丘的主要步道，蜿蜒來到日之鎖鎮和泰晤士河上方的小橋，維尼小熊曾在這橋上玩丟擲樹枝的遊戲。

再來談另一則回憶。（請原諒我的一發不可收拾。）我曾經造訪彼時居住於法國靠近瑞士國境邊界的女友，當時正值冬天，女友的兄弟和他的朋友是熱衷滑雪運動者，同樣也造訪女友住處。在顯然是個完美適合滑雪的天候下，經由當時我難以參與的法語討論過後，他們決定帶我一起上山。那時我從未曾參與過滑雪，附和且嘗試這決定似乎是一個簡單的選擇。但當天過後，我和滑雪活動從此分道揚鑣，永遠不再是朋友。當時我在沒有任何裝備之下：租雪靴、滑雪票、纜車票、食物、飲料，所有事物的花費皆須付出高額的金錢。滑雪中心潮濕、擁擠、髒亂、充斥著紀念品商店和粗劣的旅遊紀念品。我因沒有適當的保暖衣物而凍僵了，滑雪運動本身比看起來困難得多。拜運氣和誤導之所賜，我最終煞車在滑雪中心下坡遠方，遠離滑雪纜車處。我記得向上回到山頂時所經歷的嚴峻考驗，尤其記得那滲透刺骨的寒意和拼死命希望能離開這裡的感受。

好吧，我是個懦弱的人。我可以說「不」而說了「是」，也應該可以更努力地試著享受這經驗。回想起來，我可以考慮幾支花精幫助我降低掃興程度。數以百萬人鍾愛且經常滑雪，我並非抨擊滑雪運動、喜愛滑雪的人、人群、喜愛人群的人，或喜歡紀念品商店的人。我只是想呈現兩個觀點。

✿首先，生命中的微小事件蘊藏極大且持續的樂趣。

✿其次，昂貴的事物牽涉了許多消費行為——飛機航行、特殊裝備、高價食物和飲品——通常既不令人感覺享受，又不能讓人覺得滿足或值回票價。

這些觀點需要於此呈現，因爲當前的世界中許多事物想要告訴我們昂貴和奢靡是樂觀和有趣的；低價和寧靜是悲觀且無趣的。特別要歸咎於媒體。看一看電視上的廣告、廣告所插播的節目，尤其是兒童節目頻道。三十年前英國的節目是綜合的，瘋狂緊湊的喜劇片〈高手〉和〈蝙蝠俠〉讓位給溫和、深思的節目〈動物奇觀〉、〈河畔傳奇〉。在〈童話天地〉中，主持人安坐於椅子上講故事，此種傳統口述故事的方式追溯於數十萬年前的史前時代。相較之下，今天的兒童電視是基於一種信念：以爲要吸引孩子的注意力，唯一方式就是大聲喊叫及以每小時九十英哩的速度做所有的事。所有的節目，從卡通到主題遊樂公園或最新服飾，皆是爲了促銷物品，無論是某人新的音樂CD或動畫、一個新的遊戲或玩具、人物的角色或髮型。

我們和孩子們的生活中都充滿了鋪天蓋地的需求、機會、壓力和期望。有過多的發生，太頻繁的事件和活動競相佔用我們的時間，要跟隨的時尚和想參與的團體如此之多。我相信，結果是我們被強迫消費，而不是花時間思考眞正想要的是什麼。作爲一個社會，作爲一個種族，我們都變得像在滑雪之旅中的我：跟隨他人的激情而浮動，遠離自己的控制，無法說「不」或是由於缺乏時間和理解而呆滯。我們匆促混亂地讓生活滑過，卻很少停下來想想我們本是多麼的快樂。

需求

西元一九六二年，心理學家亞伯拉罕・馬斯洛（Abraham Maslow）於其著作《存在心理學探索》（*Towards a Psychology of Being*）中闡述他對於人類需求的想法。根據馬斯洛的理論，需求可以理解爲一個像金字塔般的層次等級。

我們開始於金字塔的底部，經由情況的改善再向上層提升。馬斯洛將基本需求置於底部，例如：需要餵養我們的食物，庇護的基本要素和以供呼吸的空氣。這些需求是基本的，如果不能被滿足，我們會死亡。如果在這個層面上遇到問題——舉例來說，當受困於飢餓狀態時，我們無法思考任何其他事情，也就不會向上移至更高層次。一旦我們滿足了基本需求，注意力就轉移到了下一個層面，開始思考關於安全和舒適的需求，接著尋找友誼、愛和如何在社會上立足。一旦以上這些需求得到滿足，焦點又再次轉移到尊重的需要，希望能夠尊重自己和得到他人的尊重。我們需要感覺是自信、有用和有價值的。在每一階段的所有需求都滿足之後，我們的焦點移轉至金字塔最高層。

馬斯洛將自我實現需求置於層次結構的頂層。自我實現包括兩個相輔相成的組成部分：

第一，尋找生命中屬於自身獨特的道路，或稱爲**自我發展**。

第二，與比自己更宏偉的事物有所聯結，或稱爲**超越自我**。

歷史上傑出的自我實現者多爲宗教領袖，如穆罕默德、耶穌和佛陀，但我們發現同樣的組合也出現在偉大的藝術家、音樂家和詩人，政治領導人和各領域活躍人士中。馬斯洛指出，無論我們處於哪一層次結構，該層次的需求無法產生滿足感時，將導致我們不幸福和不安的感覺。如果我們沒有感到愛和情感，我們將會不幸福，但感覺了愛和情感並不會引領至永久的幸福，因爲我們又開始追尋尊重。延續的幸福因此成爲一個過程，每當我們滿足了一個層次上的需求，就又把焦點轉向金字塔需求結構的更上一層。這自然傾向逐步通往高層次的過程解釋了爲什麼消費文化不能滿足我們的渴望，因其運作方式仍以物質上的舒適感爲主，而我們的需要則在別處。

巴哈花精可以幫助我們把注意力放在屬於它的需求層次和滿足更高的需求，帶給我們延續的幸福感和充實感。住在曼恩島的巴哈花精應用師麗姿・貝利（Liz Bailey）說：「這些花精以一種我從未想過的方式支持我們成長、學習、理解、擴充、發展、適應、享受和成就。我的靈性意識已經完全展開。當靈性飢渴時，這些花精是靈魂的糧食。」

慢生活

眞正豐盛的生活與我們所擁有的汽車、房屋和銀行存款餘額多少無關。它意謂著充分體驗每一刻，盡可能地學習，在生活中保持警覺和專注。當然我們可以停滯在被財富所包圍的狹隘生活中。但其實，我們可以在只具備基本生活必需品下豐盛精彩地生活，並知道何時該向需求結構的金字塔上層移轉。在放慢生活節奏的現象中，眞相將如實呈現。

相對應於八〇年代什麼都要的唯物主義，「慢生活」（Downshifting），簡稱「慢活」，於九〇年代嶄露頭角。有些人視此爲一富裕的現象，一種窮人們負擔不起的奢侈品。當然，從三次減爲兩次的國外度假，或在昂貴精美的私人健康俱樂部和靜修處追求簡單生活是容易的，甚至是時尚的。但這頂多是一半的眞相。印度聖雄甘地並不富裕，但是他在克己之下享受生命境界的這種教導，讓他成爲慢生活的原型。然而一般貧困起家生活的人們不可能抵抗唯物主義的誘惑。在厄瓜多爾，我認識一個貧窮、勤於勞動的家庭宣稱他們無法提供新鮮水果和蔬菜給予他們的孩子，卻仍擁有一台二十四英吋的彩色電視機。

「慢活」意指能控制自己的生活，減少物質擁有和佔據時間的活動。我們可能會減少外食外賣，不添新衣服除非我們要穿，不總覺得我們該需要換車了。我們可以離開一個感到厭煩但報酬高的工作，而尋求一份薪資較低卻擁有較多成就感的工作。我們也許會對一些機會說「不」，以便專注於對我們眞正重要的事情。慢活使我們參與自己的垃圾回收、舊瓶回收，或在花園中製作堆肥；我們可能自行種植一些食物、修剪頭髮或釀酒；我們可能退掉錄影器材，取而代之的是在晚間寫日記以記錄生活。

這些活動都是值得的，可以成爲深刻生活方式改變的一部分，但是我們不應該沉迷於此，以至於使這些生活方式變成了終點。經由展開清晰的願景，慢活不是目標終點，而是向需求結構的金字塔上層移動，走向自我發展和自我超越更充實生活的途徑。我們是誰——決定了自己所創造的生活之精確模式，然而，所有的慢活者將意識到以下這些項目是尋獲某些解答的主要領域。

與自然的關係更緊密：慢活者往往會花較多的時間在大自然，較少的時間處於人造環境。城裡人搬移至小城鎮、城鎮居民遷入農村，倚靠大地生活成爲了一種理想。精神上的滿足感來自於栽種的糧食、爲取火而收集的木材及行走在土地上。生活中和所有生物——植物、動物、整個環境——息息相關的活動比涉及工業製造的產品、活動要來得更有意義。

與其他人的關係更密切：慢活者有意識地與他人相處。家庭關係和與他人緊密聯繫是珍貴且值得耕耘的。給予孩子們空間、時間和鼓勵，除了自相親近的人，也有一種對社會、對未來一代的承諾感。

個人創造力：慢活者致力於發現和提高他們的創造潛力。這可能包括繪畫、寫作和音樂創作等藝術活動，並注意到創造本身即可展現於日常活動，如烹飪和手工製作物。

簡單和寧靜：成功的慢活者小心翼翼不讓自己從原本為唯物主義而忙碌，轉換成不斷為節衣縮食而忙碌。他們在生活中創造空間和時間，如此則有思考和靜心的機會。「簡單生活」必須包含了只是活著，活在當下。如果我們總是在做什麼，這樣僅僅是在新環境下再次創造了無休止的追逐。

尋找自己的內心：慢活者選擇尋找更有意義的活動，而不只是拾起過去拋下的活動。這讓他們思考能把什麼樣特別的品質和天賦帶到生活中。致力於培養天賦，以發掘和展現真實的自我，而不是扮演社會所賦予的角色。

平衡與表達：慢活者能與自我感情聯結，且能如實表達。他們珍視自己的情感，並尋求一個平衡點以致能與自己並與宇宙萬物都和諧共處。

展現自我，尋找生命道路，這樣的目標和巴哈的花精系統有著顯著的關連。特別是情緒平衡和同理他人的概念是愛德華．巴哈的花精核心所在。「當花精給予支持協助時，人們似乎可以放慢速度，花時間享受生命中簡單的樂趣。」琳達．貝克漢（Linda Beckenham）如此說。她是一位芳療師、足療師，並使用巴哈花精為輔助療法以支持她的其他療法，「一旦人們學會尊重自己，我相信他們就已學會尊重他人。」

i 勇氣

恐懼是迷信的主要來源，也是殘酷的主要來源。
戰勝恐懼是智慧的開端。

——英國哲學家伯特蘭．羅素（Bertrand Russell）
《未普及的文集》（*Unpopular Essays*），西元一九五〇年

分類

一九三六年，愛德華．巴哈發表他所完成的系統於《十二種原始花精及其他花精》（*The Twelve Healers and Other Remedies*），書中他將三十八種花精分類在七個標題之下。

- 恐懼類
- 不確定類
- 對於外界影響和想法過度敏感類
- 對當下不感興趣類
- 孤獨類

沮喪或絕望類

過度關心他人的福祉類

在《綻放如花》本書中，羅馬數字標示的第i章到第vii章，將檢視每一類組中所有的花和闡述其正向的潛能。我們將見識每一朵花是如何協助解決某些特定的情緒狀態，同時每一朵花也都攜帶著我們踏上靈性旅程中所需的信息。花精化身爲純粹的本質——美德是更好的詞彙呈現——是追求成爲發展健全的人和更豐盛生活的核心。如果我們正受苦於一種花精的負面狀態，這既是我們需要發展此花精相對應的美德之徵兆，也可以說是被邀請去深入探索這一項美德。

沒有其他的藥物能用於治療人類的情緒，而情緒正是我們許多人奮力掙扎的狀態。花精可以比喻為「生活的鑰匙」，一個可在任何時間下使用，既不必擔心副作用也不需要預約門診的工具。花精開放給任何將會看到它們的人。

——克萊爾．比克頓

我不再視某些花精為「怪胎，才不是給我的！」，它們各個都是美好的工具來增進自我了解。

——凱薩琳

給予勇氣的五朵花

懦夫離世前已面臨多次死亡；
勇士一生只嘗過一次死亡。
在我聽聞的所有傳奇中，
對我而言最感奇怪的是人們竟然害怕，
看到死亡，一個必然的結局，
將至之時該來就會到來。

——威廉．莎士比亞（William Shakespeare）
《凱撒大帝》第二幕，第二場

莎士比亞的凱撒大帝宣稱不懂得恐懼，但他算是個政治家，所以我們別把這話當眞。因爲恐懼已自然地聯結於人性之內，它是所有情緒中最原始的。即使一些科學家反對所謂的「較低等」動物能感受像嫉妒和失望這樣社會性情緒的想法時，所有的人仍都接受恐懼是從魚到倉鼠到人類所有生物的基本情緒。恐懼在戰或逃的機制中扮演著關鍵的角色，協助動物在野外環境得以生存。它把血液泵到腿部肌肉，這樣我們就可以跑得更快，它在第一時間讓我們先凍結片刻，這樣我們就有時間考慮躲起來。當一隻老虎正偷襲我們的老祖先時，有這種能力可以暫停一下，想好一個安全的地方，再像遠離地獄般地逃跑，對生存而言是至關重要的。

時至今日，當面臨危險威脅時，恐懼仍然是有用的，儘管大多數的危險原因是較爲平凡的。在大眾面前發表演說前，適度的緊張讓我們的腎上腺素上升，我們得以思考和反應更快，反而比風平浪靜、枯燥乏味的人有更優異的表現。同樣的情形套用於眾所皆知引發焦慮的事件上，如考試、接受測試、工作面試，輕微的顧慮可以是一件好事。如果當時凱薩大帝對自己有一絲不那麼確定的話，很可能可以感覺到即將來臨且可避免的暗殺。

爲了顯現益處，恐懼必須在現實情況中佔有適當的比例。我們可以用一個鐘形曲線圖來呈現焦慮與績效之間的關連性。在曲線頂端上，適度的焦慮給予了最好的績效；缺少足夠的焦慮讓績效表現變差，因爲缺乏盡全力的動機；太多的焦慮，則讓績效非常差，因爲無法清楚思考對策，我們開始感到害怕和忐忑不安，而不是警覺和綜觀；除了感到害怕和不舒服，還會變得無法思考，而不是更敏捷的思考。類似的鐘形曲線也適用於焦慮持續的時間和表現的關連性。在駕照考試開始之前感到些微焦慮對考試是正面和有幫助的，但同樣的焦慮程度延續六個月直到考試當天則不然，更不用說在考試結束之後我們該慶祝時，焦慮仍然持續。長期的焦慮會耗損身心和導致許多症狀，包括：面色蒼白或面色潮紅、急遽的脈搏、性欲降低、胸悶、冒汗、暈眩、頭暈和胃的中心有類似緊縮下沉的感覺。

情緒平衡並不意指永遠不再感到焦慮，而是讓焦慮保持於所屬之處，只在有益的時候出現並且不接管我們的生活。當恐懼出現過於頻繁或過於強大時，它會阻止我們冒險和聆聽內心的聲音，就像車子在快車道上突然剎車，在前照燈面前被自動嚇僵的兔子。唯有發展和展現勇氣、信心和韌性的品質時，我們才會開始行動、有所作爲。這是巴哈第一組花精能幫助我們的。

巴哈指認了五種明確的恐懼，每一種都有其對應的花。

构酸漿（Mimulus）當我們害怕特定的事物時給予平靜的勇氣。构酸漿也能支持在群眾之中或聚光燈下感覺害羞和不自在的我們。

岩薔薇（Rock Rose）解凍被嚇僵的兔子。當巨大的恐懼讓我們無法有邏輯、合理地行動或思考時，這朵花爲我們建立勇氣，能夠以清晰的決斷力面對最糟糕的試煉。

白楊（Aspen）給予我們對世界該有至善、正當本質的信心。它幫助我們克服模糊不明、不屬於任何具體原因的恐懼。迷信的恐懼也會隨著白楊落實的勇氣和信心的幫助而化解消散。

櫻桃李（Cherry Plum）給予我們的心識更具有能被引領和控制的感知力，幫助面對挑釁、被觸怒時，能保持理智和專注。

紅栗花（Red Chestnut）我們所愛的人有屬於自己的生命需要體驗，必須冒險嘗試和信任他們自己。這朵花能幫助我們平息對他們福祉的焦慮。我們以信任的態度散發不擔心，也支持他們穿越其所犯的錯誤。

在某些情況下，焦慮和恐懼是我們的朋友，其他情況則爲敵人；但在所有情況下，它們邀請我們再次探索深層的勇氣和內心的安全感，這才是正確看待恐懼的方式，它因此成爲了機會，而不再是個問題。如巴哈醫師的助手，諾拉．薇克所指出，恐懼只是勇氣的一個考驗。

> 我還無法接受「恐懼」這個詞。我不想與這樣一個負面概念有所關連。但重新評估我和恐懼的關係，藉由更誠實的面對自己，把恐懼帶至光中，我看到自己如何更迅速地且無痛苦地明白它們想教我的，從中學習，感謝它們並且讓它們消失。
>
> ——麥克．希利爾

面對你的恐懼：枸酸漿

枸酸漿（又名龍頭花）屬於日常生活中的恐懼，默默地害怕，只有自己知道或者只和少數人透露。任何能夠說出原因的恐懼是屬於枸酸漿類型的恐懼，無論理性與否，這包括從貧窮、疾病、盜賊、封閉的空間到對死亡的恐懼。

枸酸漿對於承受著羞怯之苦的人們在發展上是格外重要的支持。和他人相處時，此類型人們可能會臉紅或口吃，或以一種神經質的傻笑或虛張聲勢的態度掩飾不安，他們將社交活動視爲一個必須通過的考驗，而不是一次可享受的慶典。「我盡量避免使用電話，鈴響的時候我常常不理它，」描述自己屬於枸酸漿類型的愛麗絲說：「假如有人從門前的街道走過，我的心會因恐懼而揪緊，擔心他將要進入房子內。除了我的丈夫，我已將近十五年沒有朋友，我與所有同學失去聯繫。我感激我的工作不太需要和他人接觸。」此朵花可幫助我們不需要僞裝或尷尬地克服這類如障礙般的焦慮。它使我們能夠享受生活和他人的陪伴，這意謂著我們可以和周圍的人成爲更好的朋友且融入關係和社群之中。

在以下這些例子中，我們看到枸酸漿類型的正面狀態：孩子在遊戲場和霸凌者對峙，或果決地在黑暗中爬樓梯，或處理自己爬到高處的恐懼，或面對蜘蛛的懼怕，或結交新朋友的憂慮。她是安靜的女人，卻無預期地發表了對抗不公義的言論，或在會議中展現平穩、風趣的演講，讓同事們驚訝。她是含蓄低調的人，卻在聚會時發表如金子般閃耀的幽默。從不出風頭，但輪到她時也不會垂頭不語；緊急狀況時，平和沉著讓她成爲可貴和可靠的朋友。

案例分享

我記得當我還是個孩子的時候，喜鵲俯衝而下啄我的頭，我就一直害怕鳥，如果有鳥靠近，便會感到極度驚恐。經由枸酸漿的療程，我的恐懼消散，有勇氣進入家禽場，收集雞蛋，和鳥接觸，當鳥兒靠近我時不再感到恐慌。

——蘿絲瑪麗．芭莉

我總是想和人們在一起，但因太害羞了而無法做到，所以感到自己被落單在外。直到最近，我才接受了自己個性中的這部分，將它視為正面而不是負面特質。枸酸漿屬性在我的本質中帶來敏感的一面，無疑的這是個祝福。

——J. C.

害怕會飛的昆蟲和為了懸掛飾品必須爬到家具上，這類較小的恐懼已開始遠離我。但當枸酸漿讓我的問題被覺察之後，我在人群中啞口無言的恐懼感曾經加劇了一段時間。然而在枸酸漿陪伴之下，我已在公眾面前發言許多次，且已經被聘任為講師。

——蘇珊

我總是擔心會發生意外事故，也許不是事故本身，而是擔心要面對其他駕駛和警察的想法。我發現自己是枸酸漿類型。我曾經有一個短暫更糟糕的感覺，擔心著或許我必須經歷一次意外來面對它，再從意外中學習到沒有什麼可害怕。這些擔心也過去了，我開始享受駕駛的樂趣。

——愛麗絲．沃金蕭

我在十一月開始服用枸酸漿，而在公司的聖誕晚會中留意到非常不同於以往的感覺。我可以很享受晚會！以往在一些社交場合中我總是很憂慮，公司的聖誕晚會屬於其中之一，但那一年我卻瞬間不是「我」，或者應該說，我是我的「高我」。

——吉爾．伍茲

我是一個極度害羞的孩子，如果有人跟我說話，甚至只是看我，都會臉紅。即使在十二年教學生涯後，我仍然很難站在一群人面前。但我做到了，學會如何管理我的羞怯！枸酸漿在這發展過程上扮演了重要角色，是無法一蹴而成的，它幫助我感受和面對恐懼並且堅定立場。

——海倫．肯特

行動的勇氣：岩薔薇

對應恐懼的第二個花精是岩薔薇，它與勇敢以及英雄的正向特質相關。在緊急情況和危機中能幫助我們保持清醒，如此能找到力量和意志力行動，明智地抉擇必要的行動而不必先爲後果擔憂。一旦情況需要，岩薔薇是會爲生命冒險的。她是一位母親跳入河中救她溺水的孩子：奮不顧身採取行動，克服了原有的恐懼。

巴哈醫師指出岩薔薇是「在看似沒有希望的緊急情況下所需要的花精。」當我們感到恐懼而僵滯無法動彈，思維不能連貫，或是因爲如此恐慌讓我們只能停在恐慌之中而無法逃離，在極爲需要和緊迫狀況中，岩薔薇是非常有用的，尤其面對死亡和重大災難或是事故的受害者時；當我們目睹他人的恐怖事件時，我們也可使用。恐慌如火般蔓延，無論出現於何處都是需要被平息的。作爲旁觀者，唯有增強鎮定和無畏的精神，方能幫助身處於恐懼情勢的當事人。

相信至善：白楊

據說，自從羅馬人用它做成十字架，將耶穌釘於十字架受難那時起，這棵白楊樹從此恐慌、懊悔，顫抖不已，僅在聖誕節當天，它是靜止的。植物學家則一板一眼地解釋其持續沙沙作響的原因，是因爲樹葉和樹枝以高彈性的長枝條相連，即使空氣的輕微呼吸也會使得樹葉瑟瑟顫抖。但這說法依然與恐懼和恐怖有關連。在巴哈中心的花園裡，我和友人在白楊樹下交談，一陣微風吹過，樹葉在我們身邊悄悄低語。「我不可能讓這棵樹種在我的房子外面，」她說：「我喜歡安靜的樹，這樹太令人毛骨悚然。」

著名小說家亨利．詹姆斯的父親亨利．詹姆斯爵士（Henry James Sr），於西元一八七九年他出版的書《社會，人的救贖形式》（*Society, the Redeemed Form of Man*）中描述經歷白楊狀態。科林．威森在《局外人》書中，探索他存在的不安時引用這段文章，描述得歷歷如繪，值得在此複述。

> 在五月即將結束的那天，享用舒適的晚餐後，家庭成員都離席了，我仍然坐於桌前……。突然間彷彿一道閃電，「恐懼來到，顫抖震動了我所有的骨頭。」顯然地，是個完全瘋狂、卑鄙、沒有任何原因的恐慌，僅能以我混亂的想像解釋，它以該死的形狀，無法可見的蹲踞於房間內，從他惡臭的特質向外散發對生命致命的影響。

詹姆斯稱這經歷為空洞茫然（vastation）。這個詞完整地捕捉了當我們的恐懼來自莫名、有別於常規狀態時所感到的無助感。如果我們害怕狗或怕發表演說，我們可以避開或更瞭解它們；如果我們害怕未知，似乎也無法採取行動。

處於白楊狀態有一種模糊的畏懼感，不同程度的不祥預感，從感覺到樹葉低語般地心裡發毛，到全身毛骨悚然，害怕到發抖。在白楊的狀態中，我們感到出了致命的差錯，可怕的事情隨時都可能發生，但無法陳述所恐懼的事物。白楊恐懼是一場噩夢醒來後感受的恐懼——夢本身和我們在夢中所看見的東西都已被遺忘了，但是恐懼依然存在。

威森指出這樣的經驗通常可能需要某種形式的宗教或哲學注入生活中。我們需要相信宇宙中良善的本質，要相信無論發生什麼，它將幫助我們成長，且永遠不會超過我們所能承受的。這呼應了羅馬時代斯多葛學派中，塞內卡的思想（**Roman stoic Seneca**）❶。他以特殊的方式安慰焦慮不安朋友們而不是說「沒有什麼可擔心的！」，他鼓勵他們去想像可能發生的最糟糕結果。「沒有什麼可擔心的！」只會強化他們思考事情若眞的發生會有多可怕。然而把事情通盤思考過後，就會理解無論最壞的情況是什麼，它皆會在生命中過去。事情可能會很糟，但永遠不會如想像中發生的那般糟。爲什麼要給予莫名的恐懼空間和時間呢？幫它們命名，全盤想通之後，然後讓它們離開。

白楊是一朵無懼和堅信良善的花。她處於宏偉的寂靜中，沒有痛苦、憂慮、或是苦難能使她屈服低頭，她完全相信最終勝利是屬於愛和信任。她既勇敢又能冒險，因爲她不害怕任何危

---

❶譯註：斯多葛學派是古希臘和羅馬帝國的思想流派，由哲學家芝諾於西元前三世紀早期創立，秉持泛神主義物質一元論。塞內卡是斯多葛學派後期羅馬時代的代表人物，著名思想家、哲學家，從西元前四年至西元六十五年，他留下許多智慧與勇氣的語錄。

險；她帶著屬於自己的光一起在黑暗中前進。理解是她的天賦。她安住於內心中，她認知所害怕事物的本質，了解它們是屬於整體的一部分，也是她自己的一部分。它們無法阻止她往前邁進。

案例分享

我想離開我工作的書店去探索新生活，但疑慮不停地將我拉回原點。在本地健康食品店裡我和助理聊起關於我的兩難，她建議我為已知的恐懼服用枸酸漿以獲得勇氣，服用落葉松獲得自信，再以白楊戰勝對未知的恐懼。一個月內，我開始感到更加積極，鼓起勇氣跟隨我的心，離開書店參與大學進修課程。至今我還未曾回頭。如果我沒有走進這家店，遇見給我花精建議的女士，我的路途會完全不同。

——海倫．肯特

保持清醒理智：櫻桃李

表達感受可以幫助釋放不平衡的情緒，讓我們再次回歸於平衡狀態。錯誤的想法是認為表達情感等同失去控制。相反地，一旦我們落入總是讓情緒隨意出走的慣性，太過敞開和任意耽溺，如同成為常態性的醉漢，在超過自己所允許的狀態下，我們將失去控制，無法超越自我感受和理解情緒所要給予的課題。當感受席捲自己時則會像孩子般的以情緒崩潰結束一切，發洩之後無法收拾善後，也對於自己情緒力量的強度感到害怕。這些是處於櫻桃李的負面狀態——一個小小的「我」被俘虜、無法控制和被非理性情緒掃過的狀態——我們感到絕望、害怕、瘋狂的找尋出口。這樣的心智是承受巨大壓力和在威脅中壓抑。我們害怕會有瘋狂或失常的行爲，例如不顧後果地打孩子、給夥伴巴掌、拿起武器，我們也可能會傷害自己，甚至奪走自己的生命。這顛覆一切的感覺是一種恐懼：害怕自己失去理性、失去清明理智和失去眞實自我。

有時，可能因突然的危機或急性疼痛而沒來由地處於櫻桃李的狀態。巴哈確實發現此花精可治療突然發作的鼻竇炎所引起的瘋狂狀態。也有這樣的狀況：我們因長期壓力而崩潰，本來只是輕微的身體不適，但持續過長的時間而導致我們有絕望的感覺；或可能是任何長期以來的社會期待或精神情緒壓力，如貧瘠的居住條件、窮困、脾氣暴躁的伴侶或工作壓力。另一個常見原因是吵鬧的孩子。所有的父母都可能意識到有這麼一刻，我們是如此沮喪地渴望安靜而不得，以致必須非常理性地克制自己以防出手傷害孩子。

即使我們成功地壓制風暴，不使自己爆發，我們仍有對於可能爆發的恐懼，這同樣是負面狀態。更好的方式是建構清明的理智和處於泰然自若的狀態，如此我們不會也不需害怕突然崩潰。櫻桃李爲我們開放一條更好的路徑。要融化這個負面的狀態，可以藉由將弱小且驚恐的「我」聯結上巴哈稱謂的「較高自我」（Higher self）簡稱「高我」，這才是寧靜和安全感之源頭，方能讓我們以正向的方式表達情感，當我們保持理性和條理分明時，才是情緒最澄淨的釋放。只有這樣，才能有意識地放下負面情緒，看到全貌，從中學習和選擇向前邁進。

案例分享

在等待建造房子的當時，我們六人住於兩輛旅行拖車中。我們反對一項住戶聯盟的計劃。我喝了太多酒，覺得自己失去控制，導致精神崩潰。我不知道下一步會如何，也許會對鄰居或是我認為已經背離的同伴說些或做些什麼讓我後悔的話或事。櫻桃李是幫助我的第一個花精，還有其他的。幾週後，我能夠承認以上絕望的感覺並找到一個平衡點。我抽離了這種全面束縛我的非理性狀態。

——克萊爾．欣格利

散播勇氣：紅栗花

在《巴哈花精療法圖解手冊》中，菲利普．錢斯勒（Philip Chancellor）敘述巴哈如何發現紅栗花花精：

巴哈醫師曾於使用斧頭時發生意外；及時給予止血的急救後，當時處於他身邊的人們產生了巨大的焦慮。當他恢復後，巴哈醫師說「他們」已經經歷了他將尋求的下一個花精的狀態；這花精能抵消爲他人擔心的恐懼。他還補充雖然「他們」已盡其所能地掩飾對他的焦慮，但對他並沒有幫助。他是如此敏銳，以至於無法避免感受和反映「他們」的感覺。

所有人在某種程度上都會感知和反映到他人的感受，所有情緒中焦慮是最具感染力的。我們在原始層面被設計爲對危險保持警覺，如果我們的朋友看起來很害怕，我們也會感到害怕；如果朋友對我們處事能力感到緊張，我們也會變得焦慮、失去信心、不相信自己。想像一位十幾歲的少女參加第一次舉行到很晚的舞會，如果她的父親感到焦慮和堅持要求她每小時打電話回家，她將無法享受這舞會的經驗。她的思想和感情將牽掛於父親，最終她自己會感到焦慮。

如果我們過於被擔心和需要被保護，可以使用胡桃花精；第iii章中將介紹這朵花。如果我們是擔憂的一方則需要紅栗花花精，這幫助我們對他人的問題和經驗保持冷靜。它提醒我們，所有的人都在處理自己生命中不同的模式，若是有人將自己置於風險之中，那可能是她生命道途的必要部分。如果關心弗洛倫斯．南丁格爾（Florence Nightingale）的朋友設法將他們的擔憂感染給她，我們的世界將會更加不幸。紅栗花花精讓人有信心相信他們所愛的人能因面臨的挑戰而成長，如同南丁格爾。正如我們能將焦慮傳播他人，他人相對應地也感到焦慮，我們也就能把這新的感覺——安全感和信心傳播給所愛的人。在紅栗花的幫助下，這位青少女的父親將成爲孩子穩定和安然的中心，當她遇到麻煩打電話回家尋求建議，他將能從容地反應，給她所需的意見。而她所需要的從來不是他人的恐懼。

案例分享

我的母親很早去世之後，我就著魔似地擔心家庭中的其他成員，有時感到極度焦慮。紅栗花逐步地幫助我冷靜下來。

——淺沼信子

轉變和恐懼

如果你願意嘗試，可以做這個練習。選一個不被朋友、家人或寵物打斷的時間，開始之前關掉電話。

1. 躺在一個黑暗安靜的房間。
2. 閉上眼睛傾聽你的呼吸。逐漸地放慢呼吸並感覺放鬆。
3. 當你感到舒適和平靜時，想著你的身體，想像它是由無數個原子所組成的。想著那些原子和宇宙的關係，想像這些原子的旅程，你的原子將進入未來，進入各種元素之中，進入植物，然後動物和未來人類之中。

4.現在你徹底地放鬆。想像身體的原子回到地球，正從你的生命和瀕死中往下墜落。這是全然平靜、自然的事情，你感覺無畏且快樂。

5.想著你的生命能量，讓它進入任何你所相信的旅程，無論是天堂還是回到宇宙的永恆領域。感覺這個旅程是美好的，自然而然的，是生命之舞的一部分。

6.回到你的呼吸，持續觀照它，返回到你的生命中。當你準備好，睜開你的眼睛。

這應該是一個寧靜、有意義的時刻。如果在過程中任一時刻感到恐懼或不安，停止下來，服用恐懼類的花精或你所需的花精。

這項練習的優點是支持我們接受最終和不可避免的死亡，視此爲一正向改變的時刻。此一練習給予我們一種如凱撒大帝般的處之泰然，但不需要像他那麼無知，塞內卡應該會同意的。另一好處是接受死亡的觀念和人終會死，讓我們更容易接受生活中經歷類似的死亡事件，例如失去舊有習慣、老朋友、熟悉的環境……等。我們無時無刻皆處於改變中，每一個改變都打開一個新的可能。以這樣的觀點看待轉變，並非盲目、完全無懼，而是帶著一個有意識的信心——相信我們具有克服恐懼的能力，這讓我們處於一個得以進化的位置。

2
進　化

情感與理智

一般而言，情緒的產生來自大腦的邊緣系統、腦幹，它們屬於較舊大腦的部分，是哺乳動物早期進化就有的功能。純粹智力與大腦新皮層有較多的關連，而新皮層的出現僅僅於一百萬年前。大腦新皮層讓我們思考和將事情合理化，必要時能駕馭我們的情緒反應。也讓我們有了「後設情緒」（meta-emotions）——感覺我們是如何去感覺的——這增添了情感生活上的精微度。只剩舊大腦本身時，將會淪陷在強烈的情感裡。有了新大腦讓控制和反思成爲可能，帶來更爲深刻和深厚的情緒體驗，以致讓我們得以體驗利他主義和同理心，而這兩者已超越生存需求的演化。

過去兩百年來，主流醫學和社會一致且堅定地支持大腦新皮層這個面向，並傾向以理性的名義貶低感覺的價值。社會教導孩子們壓抑熱情，並認爲熱情是太開放的表現，討厭無禮的舉止，稱其爲缺乏教養的表徵。當情緒沸騰過頭成爲不適當的行爲時，醫生用藥物抑制，或以精神分析支解還原的形式來耗盡情感的力量。即使到了今天稱某人「酷」（cool），意指冷靜、冷漠和無動於衷的感覺，仍被視爲一種讚美。

當我們明白情感和理性並不是互相對立而是互補的時候，這些所謂過時的和新潮的差異態度也就逐漸消失。新興的全貌是：在一個平衡的大腦裡，正是我們對事物的感受形成了理性選擇的基礎。正如丹尼爾．葛爾曼（Daniel Goleman）在他的書《情商：爲什麼情商比智商更重要》（*Emotional Intelligence*）中所表明的理論，大腦好比一台以位元計算的電腦，讓我們瞭解沒有個人偏好和情感價值系統的電腦，是不可能對該繫哪一條領帶、文章中如何撰寫接續的句子、該支持哪一足球隊、和誰結婚等問題作出感性的決定。如果我們的大腦邊緣系統沒有偏好、喜愛和厭惡，同樣無法做出此類決定。失去對生活的感覺，理性只是漂流在永無止盡的正與反、利與弊之浪潮中，每一言論皆以另一反駁的言論衝擊對抗，好似一艘沒有槳協助划行方向的船。情感與價值是密不可分的。僅有理性思想可能會流於爲法西斯主義合理化，而以警察制度去理性解決政府的問題。但是我們幾乎所有人都見識了壓迫性的政府，且感覺這是錯誤的。我們的情緒——我們的直覺感受——訴說了免於政府掌控的自由、民主更凌駕於有秩序的街道和準點火車的需要之上。

葛爾曼引用許多研究來闡明，當充分意識到我們的感覺時，整體的智慧和能力表現也隨之提升。但單單意識到情緒是不夠的，如果情緒的開始和結束正如大學講師安德雅所承認的，「有時和我所在乎的人相處時我會呈現煩躁或是情緒化。」她說：「我知道我變得可怕，但似乎無法阻止這種情況。」假使我們處於失衡的負面情緒掌控之下，將無法從生活中學習經驗；而且我們也無法超越情緒的盲點學習。這兩種狀態都阻礙我們綜觀行事格局，以及妥善應對周遭環境和機會的能力。

對安德雅和我們所有的人來說，意識到情緒的下一步是控制：能夠停下它。我們所需要的控制，並非藥物的壓制和咬緊牙關忍耐。而是更具彈性靈活的藝術，類似一種有天分的馴馬師之技巧：以同理心、理解力和正向積極的方式引導馬兒。視馬兒爲朋友和夥伴，而不是將牠當做野獸來征服，將牠綑綁或關在籠子中。平衡意指表現適當的情緒：並非淡化至根本無法感受到，也不是完全失控以致剝奪我們從中學習和成長的能力。全面整合的做法是將情緒和理性帶回到和諧的關係中，而不壓抑情感。當我們想要順利地朝個人和靈性成長的路途邁進時，這兩者都是必要的。貝絲，一位將花精運用於人和馬的應用師說：「我所受的教養不允許我表達情緒或感情，所以探索巴哈花精的過程對我而言是一個最美麗、揭露眞性情的經驗！」另外一位應用師蘇珊也有相同的感受，她說：「自從開始使用此種療法，我更能意識到自己的感受和不同的心情。」結果是戲劇性的：「我覺得我的生活已經百分之百地改變了。相信我已尋回眞實的自我和內在中心的和諧。」如同許多巴哈花精應用師，現在的貝絲和蘇珊，以過去曾幫助自己的經驗應用於協助他人。

平衡與進化

根據演化生物學家的說法，常見的身體症狀，如發燒和孕吐，帶給承受這些症狀的人們明顯的好處。發燒使身體溫度升高到一個程度以致讓入侵的細菌和病毒不舒適，幫助身體抵抗致病因子。孕吐似乎對一些辛辣味、強烈氣味和苦味的食物，如咖啡、酒精和一些草藥較不具食欲，而這些往往是會傷害發育中胎兒的食物。因此藉由服用藥物控制發燒和孕吐會造成適得其反的結果——降低體溫之後的身體環境允許病毒繁殖；不再出現噁心反胃的情況下，身體則繼續食用危害健康的食品。

如果不舒適的身體症狀，可以是有益和可取的，那麼關於不舒適的情緒症狀呢？在持續不斷的進化中，除了在理性思維裡正常情緒所發揮的作用，焦慮、抑鬱或冷漠等情緒是否也有可能帶給我們益處呢？

顯而易見的，某些情緒所帶來進化的益處較其他情緒更容易理解。在某個程度上，我們可以輕易理解焦慮。每當響聲大作之時，如果我們可以嚇得快跑一英哩，就不會被老虎吃掉，就有多活一天的機會孕育繁殖；對蛇和蜘蛛的恐懼情緒也讓我們較少有機會被有毒的動物咬傷。但冷漠則難以解釋——冷漠的人比較不警醒，就會較常被獵食者捕獲當成一頓餐食。以達爾文演化論的模式解釋，我們或許以爲在久遠年代之前的演化過程中，冷漠早就該從人類身上退除。那麼當事情不對勁時，我們可能會感到抑鬱或沮喪，這些情緒又帶給我們何種進化上的益處呢？尤其這些狀態對我們的生理健康和生育能力方面是給予負面的影響。理論家們認爲，抑鬱症可能是一種嚇阻，目的在阻止我們重複不成功的行爲模式。這樣的理論無法說服我，因爲成功的策略往往就是再繼續嘗試，如同我們少年時在派對上尋找舞伴一般。對於那些眞正失去控制的情緒，比如慢性焦慮和內生性抑鬱，更難找到其中有益的道理。還有一種恐懼讓我們從暗影拂動處、樹葉沙沙聲中被嚇跑，甚至嚴重阻礙了我們的飲食、睡眠以及其他重要活動，包括生育。如果不是受到外部因素，例如遭遇挫折所造成的沮喪，那麼在持續憂鬱的過程中到底帶來什麼好處呢？主流醫學看到也認爲這些狀態並沒有什麼好處，因此致力於以鎮靜劑和抗抑鬱藥來平息它們，其做法和用藥物抑制發燒如出一轍。

愛德華．巴哈對此則不認同，在他的生命進化模式中，各類的負面情緒都有其必要之處，雖然他所提倡的並非達爾文的演化模式。達爾文的演化模式是隨機的自然力量之結果，依據個體繁殖和創造下一代的能力，產生世代間成功的些微變異以適應生存。巴哈的進化模式是經由個體的單一生命歷程所展現的靈性進程。此外，他認爲進化是「目的論」：換句話說，是爲了到達終點。在達爾文演化論中我們朝著遠離造成威脅和危及生命的事物演化；巴哈相信，我們進化的方向是：個體自我的臻於完美。

基本考量

巴哈於西元一九三〇年發表於《同類療法世界》（*Homoeopathic World*）的一篇論文〈疾病和治療的基本考量〉（Some Fundamental Considerations of Disease and Cure），闡述關於個體靈性進化的想法。他開始把個人分爲兩個部分。其中一部分是人類在地球上的顯化，包括物質實體——血液、骨頭、肉體之軀——也包含人的心智思想、自我和人格。這屬世的部分是人類的第一部分，也是較不重要的部分，更爲重要的則是靈性自我或靈魂，是第二部分，也是巴哈醫生稱之的「高我」。高我經由人格和身體化身顯現在地球上，但不依賴於人格和身體，且早存在於兩者之前並賦予這具身體生命。高我期望在物質世界中展現完美；人格在地球上的作用是幫助高我實現這樣的期望。透過物質身體在生活中學習和發展，以實現在肉身中臻至完美的目標。

我們往往視幸福爲遙遠目標，好似人生道路盡頭那靜止的事物或地方。舉例而言，大眾對於天堂的看法，總以爲通往天堂的旅程是充滿奮鬥掙扎，但直到我們置身天堂時，所有的奮鬥終將停息，接下來就只是休憩於幸福中直到永遠——這是蕭伯納心中對於幸福所呈現的樣貌，難怪他所塑造的一個角色說：「我不想要幸福，我想活著且活躍著。」但是當我們回到馬斯洛的需求層次結構，眞正的幸福是一個過程，並非單一狀態。積極活耀的生活著，往金字塔上層成長，皆屬於幸福的一部分。在巴哈的模式中，當人格的發展、成長和靈魂方向一致時，幸福則到來。巴哈說，一旦人格履行高我的目標，那麼一切都是喜悅的，無論我們已經發展至哪一階段，幸福也都伴隨著我們進化的每一個階段。並非所有人都能開悟，但只要選擇朝此邁進，積極活躍地生活著，毋庸置疑我們肯定會幸福。展現於前的成長方式往往是「緩慢、漸進且應該會感到幸福的進化。」同樣的道理，如果我們和靈性自我失去聯結，無論我們向上攀升到金字塔的多麼高層，我們仍會感到是削弱無力的。巴哈有一句令人難忘的名言「我們成了一具空殼，如同漂流在水上的軟木塞。」這使我們容易受到早已存在的致病物質分子，如病毒、分解產物和細菌的攻擊。事實上，巴哈認爲疾病可能是由高我所傳遞的「矯正因子」，以阻止我們在錯誤的道路上繼續跌落。

當巴哈描述了個別的人生如何經歷相似的進化過程，我們再次重溫之前提及的馬斯洛需求層級理論。嬰兒時期，人類開始於身體的基本需求，溫暖、食物和安全庇護。隨著人格的發展，人類需求轉移爲世俗的欲望，金錢、權力、財產和性。直到我們開始考量他人的需求，著眼於自己與他人的關係，以及與生命本身的關係時，我們在地球上的人生使命才眞正展開。此時事情開始變得艱難，因爲在地球上，靈性層面的成功意謂著我們必須徹底反轉人類的自私和世俗的欲望。我們必須遠離貪婪和唯物主義，轉而朝向神聖的無我。

當整體人類都朝著靈性進化的方向前進的同時，巴哈發現，我們每人傾向有一個屬於自己待發展的獨特美德貫穿整個生命歷程。不同的人需要努力於不同的美德，因人而異。由生活所處的情境，會引領我們發現屬於自己的美德。正如巴哈所說：「我們無法置身於豪華的宮殿中勇敢地戰勝困境；也無法以身爲一介貧民來學習財富管理的智慧。」（順帶一提，巴哈在此文章中隱諱地接受輪迴的概念。另一較明確的參考是在他稍後的著作《自我療癒》（*Heal Thyself*）中談論提及我們的「前世和來世，除了此世之外的。」他相信，爲了表現許多必須發展的美德，單一的靈魂會化身投世許多次。）

披頭四樂團中，始終最有靈性傾向的成員喬治・哈里森（George Harrison），曾在接受採訪時說：「我們不可能在半小時內轉化爲神性意識。」巴哈也說了相同的話。所有強烈的改變都是隨著時間的推移進展而來的，我們無法強迫進化的步伐。因此，不需放棄一切生活，住到修道院中追尋我們的靈性道路，或者經歷盲目瞎闖和戲劇性的啓示以求快速提升，兩者都可能無法爲我們展現正確的道路。大多數人可以從正常的撫育孩子、賺錢謀生的經歷中學習更多，而不是坐於一封閉空間中沉思學習。無論目前身處何處，這即是我們的靈魂道途所在，我們能以自己的節奏逐步學習，慢慢地改變自己。

改變和成長鮮少是一成不變的。時而我們往前邁進，時而停滯，而當我們感到不快樂時，則是一個明確的跡象顯示我們受困了。巴哈早期研究中，他想知道人們情緒堵塞的原因是否可能由身體上所承受的症狀而得知，例如：如果心臟不適的人可能會難以愛人。當他明瞭到心臟病和其他身體問題一樣，容易因過度工作或是焦慮而導致時，他放棄了這個理論。之後的著作中，他明確地指出，情緒本身是潛在問題的最清晰指示。不耐煩、攻擊或恐懼的情緒感受是正面潛能沒有得到充分發展的直接指標；如果我們陷於憂慮，再也無法聆聽他人的困擾，表示我們需要努力培養對他人的同理心。這正是我們的高我所安排的任務。選擇巴哈花精協助我們克服負面情緒，花精會幫忙我們發展所缺乏、相對應的美德，使我們較易回歸該學習的課題，實現下一步。

巴哈相信克服、轉化負面情緒和其他位於生命道途上的障礙，正是進化的核心目標。以他的觀點，過去我們爲了逃避老虎而演化成焦慮的人，這只能算部分正確的說法。誠然，負面狀態是給我們一些奮力對抗的施力點，焦慮有利於我們發展勇氣，負面狀態終將轉化爲正向美德。如果說承擔重量是爲了建立力量，負面情緒也以相同方式協助我們發展美德，在超越憤怒、仇恨、懶惰和絕望之後，我們會於內心找到嶄新和不朽的品質，將自我轉化爲無我，分離轉化爲完整，消極轉化爲積極。壞情緒和困難像是僕人一樣，協助我們辨識出所需發展的領域。人們應該歡迎、探索、解讀它們所傳遞的信息，再加以花精協助處理它們帶來的不舒適感覺。「當開始服用花精後，我發現困難的議題開始變得比較正常一點。」在印度孟買一間健康診所工作，自一九八〇年代末開始使用花精的阿妮塔這樣說：「面對問題時，我不再驚慌失措或感到憤恨。我學會接受生命及其歷程。我獲得了清晰的思維、變得從容穩定，並發掘了內在力量能讓我找到生命的平衡。」

烏托邦，旋轉與引力

從柏拉圖到湯瑪斯・摩爾（Thomas More）到十九世紀的社會主義者像威廉・莫里斯（William Morris）和愛德華・貝拉米（Edward Bellamy），這些作家感到有義務以密碼形式書寫虛構的烏托邦獻給大眾，也許是因爲現實世界裡人們永遠不會同意生活於其中任何一個烏托邦。普羅大眾都希望得到快樂與和諧，但這並不是說我們皆適存於同一個預備好的箱子中。座落於這混亂的、泥濘的世界中，平衡——因著不同的人、不同的事，而相異甚遠。甘地追求的是一種平衡，音樂家巴哈則是另一種平衡，對你和我而言則是其他情況。但我們仍可以在所有平衡的人身上辨識出兩種共有的特質，它們本身已解釋了爲什麼烏托邦總是失敗——因爲兩種特質皆因人而異。

第一種特質是找尋並致力於生命中所愛之事。人生中的使命可以是護理、園藝工作、賽車、做母親、做父親或一系列較小的承諾。有些人們來此是爲了經營事業，有些人來此則是爲了參與競賽。決定我們是否走在對的軌道上，唯有依憑它是否是爲我們帶來快樂。

第二種特質是永遠做自己。我們的天生人格，也是在花精系統中所描述的「類型花精」（type remedy），映照了人們的進化目標或高我的需求是有多麼大的差異性。進化目標或高我需求的重心因個人性格類型而異，所以人們以不同的方式和不同的旋轉速度來達到生命的平衡。平衡的矢車菊類型永遠不會和平衡的馬鞭草類型一樣。

以上兩種特質都是對抽象觀念「平衡的生活」的主要影響因素，當個人實踐這抽象觀念的時候，我們有自己的感知去看、去感覺、去嘗、去聞和去聽所謂的「平衡的生活」，人們可能會被引領至一條和自己預先設想完全不同的道路上（發現性格之內隱藏的心），或是在生命中扮演完全不同的角色（意想不到的天賦或機會開啓另一扇門）。

眞實情況甚至比以上簡述所顯示的更爲複雜和流動。我們遠超過一個簡單、直接了當的人格，對於平衡和諧狀態的想法會改變，就如同我們的需求、外在環境和心情，會隨著時間而改變，情況以無法既定的方式發生、衝擊我們。因此，達到平衡並非一次性努力的成就——讓我們超越過去，然後從此不變；平衡也不是一種已完成的加工品——我們努力去做了，然後會自此處繼續前進。相反地，平衡的生活是持續的承諾，是生命歷程中一連串的小抉擇，這些小抉擇創造嶄新的每一天。它是自然、具生命力、不斷增長的，是過程和旅程，而不是產品和目標。在生命中的不同時刻，總有需要努力克服的新問題出現，這將把我們帶回到花精或其他所知的平衡自我之技法上。英格蘭東南部一位人力資源顧問凱倫正是這樣對待自己：「服用花精有助將我需要審視的問題和議題帶到表面上來。」她說：「我已經從榆樹依序經歷了葡萄樹、山毛櫸、鳳仙花、龍芽草來到岩泉水。目前的我是偶而有一點山毛櫸的鳳仙花，時而冒出野生酸蘋果來。」

在我早期著作中，我陳述了花精的作用是恢復的（restorative）而不是渴望的（aspirational）觀點，另一花精服用者的經驗爲這觀點提供了例子。十五年前經由朋友建議開始使用巴哈花精的蘇珊表示：「一開始我希望花精療法能提供我所渴望的正面特質，就像從空氣中擷取一般。」她說：「但在過去的幾年中，我已經明瞭花精是牽引出我內心所存在的。人們說我擁有內在的寧靜，且這寧靜對他們具有影響力。我相信是由花精引領出我內在獨一無二的特質。」在蘇珊的例子中，服用花精並非使人們改變成不同的人，也不是代替我們履行靈性進展，讓我們置身事外地自行發生。它所做的是讓我們回到正軌，回到平衡的中心點，於此和高我更為整合一致，可以再次承擔生命所要教導的課題，並實現我們的天命。花精讓我們「恢復」原狀，成為自己。本章前段中的安德雅說過：「我知道我變得可怕，但我似乎無法阻止它。」花精是讓人們停止處於可怕的狀態，得以回歸眞實自我的方法。

一旦我們回到了自己，就絕不會只是置身原處。好似移動的陀螺跨越桌面，我們用自己的方式恢復了平衡且再次旋轉，但是已經移動了。遭受和克服負面情緒確保我們經歷進展——以巴哈的用詞來說，確保我們進化。經歷過抑鬱、恐懼或是失落消沉的黑暗面，我們將無法僅僅回到一個無知的快樂狀態；如同亞當，我們都不能再回到伊甸園。所以，儘管花精「恢復」人們，卻不「保留」於舊狀態中，不將我們帶回過去、曾經是誰，而是讓我們回到此刻當下、回到自己、有過豐富經歷的現今。花精幫助人們更有效率地學習和前行，協助我們採取下一步以達成未來的自己，花精幫我們恢復成為自己渴望的人。

ii 決定和難以決定

播種一種行動，你收獲一種習慣；
播種一種習慣，你收獲一種性格；
播種一種性格，你收獲一種命運。

——查理．里德（Charles Reade），十九世紀的作家和劇作家

瞭解這些花精背後所隱含的哲理，讓我以嶄新的視角看待它們。花精絕不止是另一替代性的產品而已。花精是我所知唯一能溫柔地觸及我們存在的核心，使我們的生命真實且持續地產生轉變。

——凱瑟琳

播種行動的六朵花

生命是學習、掌握機會並採取行動。但付諸行動之前，需要制定計劃；而要制定計劃，則

需要先有確定感：相信我們有前瞻及邁向未來的能力，有信心能在適當時間採取正確行動。每一計劃，每一行動之前皆需以確定感為先決條件，沒有它，我們感到不知所措、困惑、精疲力竭、沮喪，且於開始之前或遭受第一個挫折隨即放棄。這些時候，愛德華·巴哈六朵對治不確定性的花精可以協助我們。

野燕麥（Wild Oat）讓我們對於自己的生命道途有把握。當我們奮力掙扎於找尋自己人生中的使命時，野燕麥可協助我們。

線球草（Scleranthus）和各種大小輕重的決定相關。協助我們聽到內心直覺，也了解我們頭腦思想，不再猶豫不決、反覆擺盪。

水蕨（Cerato）明明已知曉何者對我們是正確的，但仍詢問他人的意見和建議、導致偏離正軌時，水蕨有助於我們肯定自己的決定。

鵝耳櫪（Hornbeam）當任務似乎耗損過多的心力時，鵝耳櫪可在此時強化意志力。幫助我們進入開始的狀態，並提醒我們可使用的力量是浩瀚的。

龍膽（Gentian）和**荊豆**（Gorse）兩個花精是為了不同階段的沮喪狀態。龍膽幫助我們穿越因懷疑自己能否克服挫折所產生的沮喪；荊豆適用於當我們選擇了悲觀的觀點，且絕望地感覺再也沒有什麼能幫忙我們時。荊豆協助更深層次的沮喪狀態。

目標與自由

環保志士和自然學家珍．古德（Jane Goodall），撰寫著作描述她在東非的經歷和她深入研究黑猩猩的過程，正是所謂的活在自我實現之中。「這是我所屬的地方！」她說：「這是我來到這世界上所要實踐的。」

當我們確信生命目標時，我們是受到祝福的。一個人可能會彈鋼琴，另一人唱歌或獻身於有機園藝或生態活動，另一個人奉獻心力護理他人或撫養孩子或創建企業或熱衷於打網球或股票市場；即使只是一生投注於賣鞋帶，也能擁有更多的深度和價值，如果這樣的感覺是對的；相較之下，如果感覺不對，建設房屋或成立教會也未必有意義。這種感覺的正確或錯誤，要比活動本身來得更重要，我們的人生必須適合我們，否則它就從不曾眞實屬於我們。他人的價值判斷「你的意思是你想賣鞋帶？」是一個障礙，並非引領往前邁進的最好方式，如果我們持著信念堅定地前行，每一途徑皆能引領至自我實現。

感覺正確與否是如此重要，因其給了我們行動的理由；而有意義的選擇來自於價值感。如果演奏鋼琴的感覺是對的，則無需再進一步的分析，它具有內在的價值，同時也成爲各種積極行動和決定的來源。如果在所有事情上無法發現內在的價值感（如果沒有任何事感覺是對的），就沒有做決定的支撐點，則自由的概念也失去其意義。在巴哈系統中要發現感覺是正確的，意謂著要與我們的較高自我聯繫。高我知曉我們的使命，而在地球的人格面可能對此沒有明確的想法；或許是還未發展至理解這樣的使命；或許理解此生之目的就是該人格全部的任務。與高我合作致力於自我實現時，人格則獲得自由，因爲他們擁有行動的理由。自由正是臣服於較高自我。

我對花精領域的知識和瞭解逐漸成長，也已走在自我探索和自我了解的旅程。我對內在自我和靈魂目的增長了覺知。經由花精，我已展開眞實療癒的旅程。

——瑪汀．艾爾

決定什麼：野燕麥

若是在農務產業領域中，耕種野生燕麥等於是一個錯誤決定，因爲耕種出的是低產量的野生穀物，而非高產量的栽培穀物。這句話延伸來看，意味著耗費青春活力於不羈的生活和樂趣中，而不是致力於人生中的正經事，這是一種錯誤的決定——如果我們從一開始頭腦清醒，則會收穫得更多的利潤——雖然此處並非道德上的譴責。

人們開始旅程時，手上都持有一些野生燕麥，要栽植它們，最好趁我們年少時，還有時間，也還有過剩的活力。之後，心境較平靜，擁有較多的經驗，我們該以較有架構的心智，規劃進入成年期的人生議題。也許巴哈心中也想到野生燕麥之隱喻，當他爲缺乏人生方向的花精命名為野燕麥時，這個名字比事實更具詩意，因為野燕麥花精並不是來自燕麥、野生的植物或其他，而是由拉丁學名為類雀麥（Bromus ramosus）的一種草所製得。

處於負向野燕麥狀態中，我們知道自己想在人生中做點有意義的事，但不能決定是哪件事或哪個方向。所以一樣接續一樣的嘗試著，卻無法得到想要追尋的滿足感，因此變得越來越沮喪。典型的野燕麥人嘗試一連串不同的工作、宗教、生活方式或哲學，但感到無法承諾於任何其一，每當他們感覺不好時就放棄。隨年紀增長，幻滅和失望漸增，且對於「錯失了過有意義、精彩人生之機會」這樣的想法感到絕望。

野燕麥花精讓我們對眞正的生命路徑展現之處有清晰的想法。當我們迷路時、不確定將前往何處時，它提供了一個路標，指點我們回歸內在價值中心。很顯然地，野燕麥是整個巴哈系統的中心所在，甚於其它花朵，是回歸喜悅、滿足感、目標感和成長的關鍵。佛陀說：「你的工作是發現你的任務，然後傾你畢生心力奉獻於它。」相關的的花精文章中，盡是因人們使用了此花精而尋得他們的天命以及走在正確道途的故事。

案例分享

關於我往後生命的想法，我的想法一團亂，沒有連貫性，也理不出一條路。在此狀態上，我使用野燕麥。第一個轉變是，我意識到混亂漸漸彙整成具有說服力且儼然成形的計劃。

——傑夫・錢伯斯

我從事護理工作已十八年了，有越來越強烈的欲望想改變目前生活方向，卻無法確定何去何從。工作坊中一位老師提及野燕麥，因此回到家中我立即開始服用。六個星期內，我開始接受芳香治療師的訓練課程。其中一個課程已經延遲了兩個月，而我趕在最後報名，得到僅剩幾位名額之一。

——伊蓮

我和先生在愛丁堡歷經十年不快樂的生活，於是考慮放慢生活節奏，遷移於鄉村。我們開始使用野燕麥協助我們找到方向。短短幾個月之內，我們在鄉村設置了房產。現在我們已經離開都市，在伯斯郡的峽谷過著喜悅的生活。

——迪爾德麗・巴倫

由什麼決定

加州大學研究員班傑明・利貝特（Benjamin Libet）將受試人員安置於房間內，讓他們和電極連接。他邀請受試者只要他們願意，隨時做彎曲一個手指的動作。當人們進行此活動時，他量取三處不同的時間點。

- 第一，當人們有意識地決定彎曲手指的時刻。
- 第二，大腦的電波活動顯示，手指將要彎曲的瞬間。
- 第三，手指實際彎曲的時刻。

利貝特發現，人們有意識地決定彎曲手指後的五分之一秒，手指實際彎曲；同時也發現，大腦開始想彎曲手指的過程更早發生，足足早於人實際上決定要彎曲手指三分之一秒。換句話說，無意識的心智自身具有決定能力，發生於有意識的心智開始意識到它之前。實際上，此人的意識「決定」在特定的時間彎曲手指，並非此動作發生的原因，這只是對一個已做好的決定之同意與通知而已。

利貝特發現了關於一般人假設決定過程之下的一個大洞。證明心理學家早就秉持的懷疑：我們的判斷不是意識的、理性的，而是遠超越來自於我們的大腦。有意識的頭腦其任務是付諸行動之前，找到支持決定的理由，或重新考慮，或中止決定。我們的頭腦運作如同議會分爲兩院：首先制定政策和法律；再來是蓋橡皮章通過，或審後送回變更修改，或是將它整個扔出去。無論是政府或是我們的頭腦，這是健康的、正確的運作。在理想的狀態下，最初的想法不需要被修改——事實上就是巴哈所追求的完美直覺切入法——但身處世俗的現實中，「決定」鮮少在當下剎那就會很完美，因爲我們不過就是凡人，無意識的決定可能來自於偏見和自我人格的詭計而非澄淨直覺的指引。我們需要有意識的片刻來修改，以避免產生錯誤與傷害了自己和周遭的人。

如同任何過程，意識上修正初始直覺也可能一發不可收拾，到頭來質疑、修改我們的內在洞見和念頭，初萌芽的良善直覺則像是小嬰兒被丟置於偏執和私利的洗澡水中。當這一切發生時，我們陷入兩種可悲的狀態：一是在意見選項之中擺盪不定，在無休止的利、弊和正、反兩方之間無法定下來。要不然，我們對自己做正確決定的能力失去了全部信心，並開始尋求他人的意見。以花精來說，我們不是處於線球草就是處於水蕨（又名紫金蓮）的狀態。

決定怎麼做：線球草

十四年前的新年除夕夜，我決定參加好友雙親所舉辦的聚會，而不是到酒吧或觀賞樂團表演。因著如此決定的結果，我結婚了，遷移至鄉村，育有三位孩子且開始與巴哈花精共事。如果未曾參與那聚會，我就不會著手寫下這本書。

基於事後諸葛亮，我們目前的生活都可以回溯至過去的關鍵時刻，雖然當時我們無法得知這些時刻將演變成未來的關鍵。對我而言，十四年前決定前往參加聚會，只是在當天眾多選項之中權衡之下的決定，所以不懷疑是自己人生中的關鍵點。重要的是，當我們為了每一瑣碎事項做出決定時，過程不致太左右為難。如果我們能順利流暢地做選擇，則更有可能選擇出接近直覺的正確路徑，而感覺正確的路徑更容易引領我們至更高、更具意義的目的，這正是線球草所能協助我們的。野燕麥協助我們決定在生命中瞄準哪一個大方向，線球草則協助我們用直覺的、不焦慮的方式決定該左彎還是右拐以到達目的地。

處於負面線球草狀態時，無意識的決定被困在意識心智當中，如乒乓球般來回往復於兩選項。一開始，這樣做似乎是對的，接著覺得另一個才對，然後我們又回到了第一個選項，通常猶豫不決的都是小事情。我們可能在去看電影之前花一個小時攤出一堆衣服——應該穿綠色還是藍色？靴或鞋？腰帶或吊帶？這或那條褲子？如果我們享受這個過程，沉浸其中，好的，沒有問題，並不需要花精。但假使我們因為難以決定而受折磨，線球草花精幫我們重拾對此情況的掌控，理想的話，趕在電影放映之前做出選擇。

綠色或藍色，靴或鞋的例子說明了線球草基本上是關於兩個選項之間的選擇，通常是事實，但絕不是一項規定，也可能有超過兩個的選項。如果我們無法在綠色、藍色和紅色間做出選擇，這也是線球草類型的狀態，如同無法在四百件上衣中決定要買哪一件。當我們考慮較重要的主題，例如：不知道是否要嫁給湯姆或羅傑是線球草的問題（如果目標是美好的婚姻）；

感覺對了，但我們不知道怎麼才能最好地達成它，線球草可發揮作用。反過來說，不確定婚姻或其他任何事情是否會給我們帶來自我實現感，這與生命道途相關，所以是野燕麥的問題。關於更重要的人生決策，這兩種花精之間的選擇取決於我們如何描繪問題：對於所有選項最終感覺仍是不滿意時（用野燕麥）；或在幾個選項中做選擇，感覺似乎都蠻好的，但各有各的選擇理由時（用線球草）。

人們處於線球草的狀態通常不會向外尋求建議，但有時在其他方面展現出自己本質上的優柔寡斷、情緒波動、反覆無常的行為和缺乏注意力，可能皆是根源於線球草的猶豫不決。上述情況，線球草協助我們再次聆聽內心感覺正確的細微低語，得以重返平衡狀態，面對眾多為我們開展的可能性中，冷靜且確定地做抉擇。

案例分享

我偶而受暈車之苦，發現線球草可為此發揮神奇的作用。這讓我聯想到暈車的原因：也許是部分的我不想參與那個旅程？或者，我並不真的願意花時間拜訪那個人？

——克莉斯汀・菲力浦

我正計劃於假期間造訪定居於海外的大兒子，但無法決定要搭飛機或以火車旅行的方式抵達。苦經思量、衡量利弊仍無所獲，直到決定嘗試線球草花精。規律服用三天後，我豁然意識到整個主意是錯誤的，綜合所有因素，根本不該進行這旅程。我如釋重負且喜悅地參與其他計劃和活動。

——海倫

信任你的判斷：水蕨

橡樹種子，落腳於離母樹數百英哩之外，在無任何指引之下，仍知道如何成長成爲一棵完美的橡樹；海洋和河中的魚，如同青蛙一樣，產卵，然後游離；蛇產卵於沙灘上，並繼續牠的旅程。然而於橡樹種子、魚卵、蛇卵之內皆已存在一切下一代所需的知識，足以讓它們長得如其父母一樣地完美。年輕的燕子能以所屬的方式遷徙到數百哩之外的寒冬居處，而母鳥仍然繁忙於哺育第二批雛鳥。

我們極爲需要回到內心的教導，所有的眞相昭然展現於我們內在。要記住，我們不需要任何來自內心以外的建議、教導。

——愛德華・巴哈

當巴哈開始尋找療癒花朵時，他不考慮那些需要人工栽培的植物；相反地，他尋找當地已歸化的鄉間野生植物。相較於用人工方式促成生長的培育植物，野生植物在成長過程中，為了超越貧脊的生長環境，更能證明其內在先天的活力及生命力，也更具有成為療癒花精的強大基礎。巴哈相信，大自然提供真實的療癒力量，正如她提供了人類一切所需。人類應該沒有必要藉由掌控繁殖或培育來「創造」療癒者。

如此說來，為何巴哈選擇水蕨❶（Ceratostigma willmottiana）這種植物為花精製作原料之一呢？這是個不太可能的選擇，因為水蕨並非是英格蘭和威爾斯當地的野生植物。然而，當巴哈在諾福克（Norfolk）海濱村莊某花園偶遇水蕨，他請求花園的主人讓他帶回一些花朵並製作成花精。之後他的腦海中似乎仍存有些許疑慮，因為水蕨的稀有，讀者將會很困難尋得和製備花精。真實的隱憂在於，當時倫敦一度只有少數藥局擁有庫存的花精，人們不得不自製。「水蕨並非這國家的本地植物，只能在一個或兩個私人領域上見其蹤跡。」巴哈寫道：「也許稍後可能會發現可替代的英國當地植物。」事實上他從未尋得英國替代品，倒是相反地，水蕨在此地越來越普遍，現在已極易發現。

巴哈發現水蕨花精的過程是此花精呈現其力量的很好例子。處於水蕨負面狀態，我們知道我們想要的，因為我們的直覺正引領我們到正確方向（巴哈準備做花精的花，生長於私人花

❶ 譯註：水蕨原產於中國四川岷江河谷，於一九〇八年首次被帶到英國。

園，儘管和他有意識尋找的野生植物並不相合）。但是，一旦我們抉擇了，疑慮開始湧上（已完成花精的製作，他仍對其適用與否產生疑慮）。這段軼事中唯一缺少的是水蕨類型的人需要尋求他人的意見而巴哈沒有。典型的水蕨狀態是會詢問很多問題，積極尋求其他可能的決定方案，我們向家庭成員、朋友、同事，甚而是聚會中的陌生人詢問如果換作是他們，將會如何決定。由於旁人並非我們，他們有其所屬的生命道路、直覺和個人利益基礎上的判斷，因此我們獲得各種不同的回覆意見。這種情況持續越久，我們越難聆聽直覺要我們如何決定，且極有可能的是，我們最終的抉擇會與所想要的、所需要的背道而馳。

當諾拉．薇克在巴哈中心時，經常遇到處於水蕨狀態的人們前來尋求指引和方向。她的回應始終如一：「我可以協助你選擇所需要的花精，它們可以在目前猶疑的狀態裡支持你，但我無法替你活出屬於你的生命，你必須做出自己的決定。」這也是水蕨的花語。這朵花讓我們信任自己的抉擇，並引領我們相信自己的內心深處知曉什麼是最適合的，沒有必要尋求他人的意見，眞正重要的意見是內在寧靜中指引的聲音。最終，巴哈維持他的決定，水蕨從未更換，在一九三五年巴哈完成所有研究時，毫無疑慮地，它被保留下來。水蕨是對的花，它在巴哈系統中的位置是穩固牢靠的。

選擇開始：鵝耳櫪

我們曾經歷過這樣的時刻：感到身心俱疲，不可能繼續下一步。我們有一早上的工作等在那裡，然而在即將開始的那一刻，疲憊感席捲而來，似乎無法尋得前進的推動力，意志力和力氣都逐漸消退。不過只要我們能找到初始的能量火花，任務就能如既定的發展，在我們還未意識之前便已完成了。「沒有任何人被賦予超出其所能完成的。」巴哈寫道：「也沒有人被要求做超出其內在力量所及的事。」假如在貫穿生命歷程的靈性旅途上，這是事實，那麼對我們日常生活中的任務，必定也是同樣道理。

有時我們可於內在迅速尋得所需要的能量火花，吐沫於手、挺直肩膀，然後開始，一切所需要的僅是第一步的努力：決定開始。其他時候，我們一直找些事來分散注意力。已穩坐妥當即將提筆寫作，這位寫作者決定先檢視電子郵件（這樣情形說的就是我）；該要熨襯衫或為花園翻土之際，先泡一杯咖啡或閱讀一下雜誌。我們可能會放棄一整天，還找藉口托辭：「我明天會做完這個！」，「這個」無論是填張表格、學習一種語言或將開始冥想，就是將拖延一天又一天的明天成為下一周、下個月或明年。如果我們以足夠的規律將事情延滯，則事情很可能永遠不會開始。我們開始認為自己是猶豫不定的和習慣延宕的人，如此自我定義的行為允許我們成為這樣的狀態。

鵝耳櫪（又名角樹）是能量的火花、手上之沫、挺直的肩膀。當我們的內在驅動力不管用時，就該立刻使用這朵花，它幫助我們對自己有信心能夠勝任下一個、再下一個和接踵而至的任務。自巴哈的時代起，鵝耳櫪就被暱稱為「星期一早晨」（Monday morning）花精和「隔夜早晨」（morning after）花精。前者意謂著要開始接受日常挑戰，因爲多數人於週末休息後，星期一返回工作；後者意謂在前晚的派對聚會之後，重返沉悶的任務。兩暱稱中「早晨」提供鵝耳櫪狀態中一個無形的線索。經過一夜的睡眠或一整天躺在沙灘上休息，生理上我們照理說應該得到充分休息而回復至舒適的狀態，所以關鍵不在於身體上的疲累（這樣的話，我們會以橄欖花精取代），而是心理上的倦怠，雖然此時也可能同時會感覺到身體疲憊，但這是幻覺的。證明的方式是：一旦我們決定開始後，這樣的倦怠感將如同雪花在夏天一般，融化消逝。

案例分享

當我無法面對這一天時，我將鵝耳櫪滴入於茶中。當我喝完的時候，鵝耳櫪狀態已隨之逝去。

——凱特・安德森

有一段短期時間，我需要夜間值班，此花精特別發揮作用。第一天晚上回來，我一想到接下來的夜班，就會感到疲倦和擔心。鵝耳櫪總是證明非常有用，讓我能夠應付接下來的任務。

——瑪姬

當事情出錯時

當事情出狀況時，我們以兩種主要的方式反應。健康的方式是接受問題本身和處理它；不健康的做法是將出錯的事件視爲一個模式，且在此模式基礎上作出假設，讓其也成爲其它事件的模式。舉個例子，想像兩位應徵職務者同時被拒絕了，他們甚至沒獲得面談的機會，姑且稱他們爲莎拉和鮑勃。

莎拉的反應是健康的，面對這事實情況，她尋找可能出錯的關鍵。前一個工作她被當成冗員而被解雇的原因適當地解釋了嗎？如果在申請表上無法塡寫「其它相關資訊」欄位，她能否藉由陳述其對社會團體的努力投入，來顯示她更明亮的活力和熱情？她的職務經歷和所期望的這類工作是否眞正相關？如果不是，塡寫下一份求職表格前，她能做些什麼來獲取相關的職務經驗呢？又或者她應該申請完全不同類型的工作？莎拉試圖將失敗的可能原因區隔，如此有利於改善下一次的嘗試。她的失敗讓她成爲一個有更好裝備的求職者，對於自己期望之處，有一個更新的承諾。

反觀鮑勃，對他而言，視求職遭拒遠超過於單單一次的挫折，反而讓它成爲模式的一部分。以此爲例，在他所建構的自我面貌中，總是會預期到失敗和失望，以他的觀點看不出從莎拉所採取的明智步驟中，可獲得對下一次求職的任何利益。他或許會停止尋找工作，或持續遞送不當措辭的申請表，或申請並不適合的工作，一而再的失敗將強化他的悲觀，失去對明天會更好的信心。

以略微不同的觀點重置，當莎拉聽到無法獲得此職務時，她感到沮喪，那是一種暫時具有的情緒感覺，是一種在她之外、可以處置的情緒狀態。而鮑勃的沮喪則成爲一種習慣——無論是隨時間累積或突然爆發的感覺。他視該問題爲生命模式，將自己和相對應的情緒認同了。他並不是「有」沮喪的感覺，他「是」沮喪感覺。因爲他「是」問題本身，無法置身於外並處理它。莎拉和鮑勃爲我們呈現「經歷一段困難的處境」和「決定讓自己低落」的不同之處，兩者差別也正是龍膽花和荊豆花的區別。

克服阻礙：龍膽

置身於迷宮中，每一個錯誤的嘗試皆有價值，可讓我們更了解此迷宮，就長遠來看，這能協助我們穿越迷宮。同樣地，生命中經歷的每一個挫敗、失望皆可成爲學習的良機。

偉大的成就常是伴隨著先前的許多失敗經歷。因爲沒有挫敗，我們無法學習，失敗讓我們更了解所處情勢、指點阻礙在哪裡、提供一個檢驗我們力量強度的機會。它提醒我們再次檢視自己想要成爲什麼、想要做什麼，以確認我們是否在正確道途上。多數時候，我們心裡明白當事情出錯時會有所怨言，但會再次挑起擔子並嘗試新路徑，直覺會引領正確方向，告訴我們將會成功。我們所須致力的是往前邁進，拒絕成爲沮喪。

這也是巴哈首次測試龍膽花精時所經歷的。薇克細述在牛津郡艾維爾米下的山丘，巴哈如何尋找、發現於秋天綻放的龍膽花歷程。當時正值七月，離摘採盛開龍膽花的日子太早了，同年稍晚他又回到克羅莫再次搜尋花兒。數星期過去了，巴哈沒能尋獲任何龍膽植物的蹤跡，他仍堅持不放棄，旅行至南部的肯特郡時，最終尋獲綻放於整片山丘之上的龍膽花，這足夠讓巴哈在九月底前，也正是花期結束之前製備首批的龍膽花精。

我們可以想像，巴哈漫遊於諾福克的平原田野，又是徒勞無功的一天後，垂著萎靡消沉的肩膀回到家中，這就是龍膽的狀態。在此狀態中，當事情發展不順遂時，我們懷著疑慮、感到心灰意冷；儘管受挫，我們仍採取下一步驟，再嘗試一次，就如同巴哈所做，但卻以較沉重的心情進行。使用龍膽花精將再次與內心中樂觀的火焰聯結，協助我們看待任何挫折的光明面。假使沒獲得期望中的遷升，我們就重新審視自己的事業，並去其它地方尋找新的機會。如果有問題的婚姻最終來到盡頭，我們以歡欣勝利地的心情爲自由慶祝，而不要將之視爲失敗。龍膽花提醒我們，沒有失敗這回事，只有更深層學習和往前邁進的機會。

選擇希望：荊豆

我記得在英國的深冬，漫步於海邊，灌木叢中飛躍著一塊塊、濃豔的鮮黃，如同油畫般強烈鮮明——荊豆（又名金雀花）是恆常閃耀的陽光。一九三三年，巴哈首次採獲它們的力量。

次年，巴哈在克羅默寫了一封信說明他如何決定製備荊豆花精：

有一天，我正躺在泰晤士河馬魯區岸邊的引道旁，因爲想著未來而讓我感到焦慮不安，我猜我們都可能有這樣的經歷，此時這訊息閃過腦海。這訊息不僅是爲我自己，同時也爲所有那些努力想要得到幫助的人。我如實記錄它，且瞬間注意到身旁盛開的荊豆花叢，心裡思忖著「眞漂亮！」我從未曾見過。接著感受到此一奇觀的景致：一片荒地被黃澄澄如火焰般的花叢覆蓋著。

大片荊豆花綻放生長於起伏的丘陵，其所累積的豐富能量似乎強化每一花苞的生命力和動能。這也是巴哈從這花朵中所汲取的力量。荊豆花的力量令人跳脫絕望和悲觀的窠臼，喚醒我們感知樂觀、信任生命和其可能性。

處於負面荊豆花狀態，我們放棄、遠離希望。有時我們會選擇悲觀主義，眼裡就只看到失敗，即使友人看到的是希望和機會；也有時，旁人告訴我們無計可施了，而我們接受了他們的判斷、也如此定論。無論上述哪一狀態，都如同之前舉例中的鮑勃，我們允許自己與問題本身認同，以致無法客觀地看待它。

壞消息是，悲觀是自我實現的預言；好消息是，樂觀也同屬如此。那些相信我們有能力也有機會做得好的人——即使過去歷經失敗——也總能做得比那些接受失敗、並認爲自己無計可施的人們來得要好，這是眞實的，無關所賦予的天賦能力，理由很簡單：樂觀者從不放棄！會一而再的奮起嘗試。這是我們戰勝最無法突破之困境的秘密——貧困、缺乏教育、生理和心理上的疾病和殘疾。我們知道，積極正向的狀態是一種生命的選項，無論身置何處，我們都必須致力展開此狀態。我們永遠有機會可以選擇生命、選擇光明、選擇荊豆。

案例分享

我大約七歲或八歲時，全家居住於波爾多附近。過去我們常開車前往大西洋海灘和松木林，度過冬日的週日下午。我的雙親總是處於爭吵，瀕臨離婚，且我母親因嚴重酗酒而難以相處、沒有愛心。一個二月天，週日的午後，我漫步穿過松木林，荊豆花叢正綻放，如同黃色顏料揮灑於天空和大海的灰色布幔上。我還記得那強烈黃色花朵給予我溫暖和驚奇的感受，在荊豆花叢令人絕望的荊棘之下也能帶給我和平、希望和溫暖。

——寇斯

3
信　仰

問題：信仰必要嗎？

若是我們發現談論較高自我、靈魂、天命等等話題讓我們很難接受，怎麼辦？一定要相信神和靈魂不朽才能從花精中獲益嗎？一定要相信輪迴轉世嗎？一定要有宗教立場（以廣義的來說）嗎？

我們可以觀察一些人們在自我和靈性成長上都有些什麼樣的信奉，來間接地回答這些問題。以下的調查試著歸納分析但或許不夠深入，我們從千百萬種不同思想家和傳統想法中，探究以下七種思考方向——選出這七種是因爲它們具有共同的基本價值或觀念，甚至到了令人驚訝的程度。我們先看四種來自東方的信念，然後再看三種差距頗大的西方現實觀點，然後我們會從這些信念中擷取一些特色，看它們如何影響我們使用花精。

孟子

中國哲學家孟子，逝世於西元前二八九年，相信人有與生俱來的智慧與善良❶，但那僅是美德的潛能，如果我們成長過程中不培養美德或著失去對自己本質的洞察，結果就是錯誤和惡。孟子形容人生就是一場爲了發掘內在本質的靈性旅程，我們要培養氣❷，氣可被看做是生命或靈性的能量，培養這種力量就是要行善避惡。眞正發展得宜的人是強大的、中正的，不管外在環境，無論身處皇宮或茅舍都完美自在❸，他和世界的關係、和自己的關係都平衡，保持

在正面情緒❹中。孟子珍視理的價值，然而他判斷是非時以心的理由（情）先於理。❺

聽起來，孟子就像是個在家用巴哈花精的人。

《奧義書》

《奧義書》（*Upanishads*）是一本包含印度詩和散文的集冊，始於西元前約六〇〇年到四〇〇年，這些神聖文獻教導我們要接近所有生命、存有及善的本源（即是梵，婆羅門Brahman），必須先完全了解自我的本質或靈魂（又譯作神我，阿特曼Atman）。因爲神我就是梵的一部分，是個體的火花，也是來自於整體的火炬。正因爲我們每個人都帶有靈性的火花，所以都可以發展到完美，這是宇宙最高原則的眞正化身，一種無私、純淨效力發揮的能量。

《奧義書》也提及自我的第二個層次叫做原人（又譯作自我，布魯沙purusha）。有著小我意識的個體人格，也正是被那些想要逃離幻相，追尋完美的聖者非要克服不可的部分。❻

---

❶譯註：人性本善，有良知良能。
❷譯註：吾養吾浩然之氣。
❸譯註：富貴不能淫，貧賤不能移。
❹譯註：以仁義禮智來表現。
❺譯註：依循情、理、法。
❻譯註：《奧義書》中兩個最重要的概念是「梵」和「我」。梵（Brahman）就是一切，也就是最高存在；人類的我（個體靈魂）來自宇宙的我，即梵（宇宙靈魂）。總之，宇宙就是梵，梵就是我；「梵我如一」這個最高真理就是奧義書主要宣揚的觀點。

古代的神我與原人的觀念，剛好對應到巴哈醫生所區分爲的高我與人格。如今，巴哈花精和巴哈醫生的哲學著作在印度也越來越有知名度。

泰戈爾

《奧義書》之後的兩千多年，它影響了印度詩人泰戈爾的哲學和宗教寫作。泰戈爾接受婆羅門超越人性的理想爲最高實相。做爲一個創作者，泰戈爾持續讓這種理想的能量加入他獨特的人格面。宇宙的靈性化身就是最高存有，祂創造了地球和地球的生命是爲了實現至善，也就是萬物彼此之間的愛。作爲宇宙唯一實相，婆羅門（梵）須在自身之外創造天地萬物彰顯這愛的形式。

泰戈爾這麼認爲，人類始於最低限度地發展時會深陷物質世界，不能以愛相處。我們的欲望是自私的，圍繞著權利、貪婪和擁有打轉，私欲會傷害我們，因爲它像陷阱一般阻擋我們的進化。相反的，覺醒的人們能從自我、自私和欲望的圈套中脫離。能接受自然之美的啓迪——這正是最高存有創造大自然的目的，啓發我們愛他人、愛植物、愛動物和所有大自然的一切。當我們可以愛整個神所創造的世界，就在對最高存有的愛中展現了我們的靈魂，這是創造的首要目的——藉由平衡與簡單的品質，與自然和諧共處的生命，愛得以表達。泰戈爾本身也是一個了不起的植樹者。

我們已經知道巴哈醫生對人類進化的觀點，他強調要用愛來將自私轉化爲無私。心理學家馬斯洛的需求層次理論也表達了相似的論點。泰戈爾的理解正好回應並確認了巴哈和馬斯洛兩人的看法。

佛教

早在泰戈爾之前，《奧義書》的內涵曾啓發了另一位偉大的導師，他創造了自己的信仰系統。佛教是唯一不把焦點放在「神」的偉大宗教，或宣稱自己被神啓發，最沒有什麼血腥門派之爭，跟隨者也沒有引發聖戰或異端審問或叛變等。佛教教導「中道」，提倡的生活方式是包容、溫和且平衡的，還有端正合宜的行爲。佛教創始者悉達多．喬達摩，或稱釋迦牟尼、佛陀、開悟者，他拒絕自私的欲望也拒絕殉道，因爲兩者皆無益。相反的，他教導如何藉著智慧的擴展提升、正確的行爲，以及對正確行爲的省思來解脫我們無止盡且痛苦的輪迴，他稱爲「八正道」。

根據佛陀，每個人都具有綜合的品質，包括情感覺受、身體、感官知覺、意識和衝動。因果法則意指無論在人生任何時候，一個人有過道德上的傷害行爲，都對其靈性成長有損；而一個對的行爲則能增益其靈性。在人死後，他的意識品質會以再生的方式開始一次新的生命。或善或惡的行爲會像遺產一樣從一段生命被帶入下一段生命，經由八正道漸漸改進，提升意識的位置，直到再也不需要輪迴，達到涅槃。

佛教理念最終目標是眾生的更高福祉。佛陀看到在浩瀚的存在之流中，個別的存在都只像短暫事件交集中的簡單節點。從這個角度來看，所有的生命是一，沒有「你」和「我」的分別，而是一包羅萬象的實相；當我們達到涅槃，就從你或我的幻象裡出離，形成一種極好、極平靜的完美狀態，從此自業力法則和轉世的洪流裡退出，這需要許多世的時間才能完成。佛陀自己是經過一整夜在樹下的深度靜心然後達到開悟的狀態，然而這是經過多年的準備及追尋之後。

巴哈醫生也談到所有生命的合一，而我們也已經知道他對個人進化及輪迴的觀點正如同八正道，花精代表平衡的中道，在靈性覺醒的旅程上耐心地陪伴我們進步。

現在來看看西方。

物理

在《物理學之道》（*The Tao of Physics*）一書中，F．卡普拉（Fritjof Capra）指出牛頓的老式機械物理與我們現在基於相對論和量子物理理論的基礎上對物理的新了解，兩者之間有很大的差異。其差異也十分清楚明瞭：

牛頓的世界：固態物質在空間中移動。

量子世界：固態物質和空間，是同一件東西的不同面向。

這一件「東西」（thing）是個量子場——能量在其中凝結壓縮以形成東西，我們稱之爲物質。這「東西」可以不同的方式來觀察，要看物理學家想從什麼面向來研究，從而以不同理論來解釋其行爲。今日物理學家試著把不同理論歸納爲一個，用愛因斯坦的話來說，整合後的理論所形容的這個「場」（field）就叫做「唯一實相」（the only reality）。

一如卡普拉指出，量子思想回應了東方傳統所看到的物質世界：自我只是幻相，暫時從底層單一實相中顯化出來。二十世紀以來物理學有了長足的進步，甚至開始找到了過去難以證明、東方所相信的「一個整體」的思想。我們是一，即使我們很難這麼看待。

綜合心理學

很快地我們從物理學跳到心理學。羅伯托．阿沙鳩里醫生（Roberto Assagioli）的綜合心理學（psychosynthesis）是達到個人和超個人成長的一個方法，自一九一〇年開創起，就是現代心理治療中最有影響力的一派。

冒著可能會把阿沙鳩里的理論太過簡化的風險，我將他的內在發展模式以障礙課題來看待，其中有四個強大障礙需要我們去克服：

第一，我們要完全了解自己現存所有的人格面。這表示我們要承擔自覺的旅程，並一路探究到潛意識，挖掘所有隱藏的恐懼、衝突，它們耗費了我們非常多能量。

第二，我們要學會控制這些恐懼與衝突。阿沙鳩里稱這過程為「去自我認同」（disidentification）。比如當我們害怕，我們通常說「我害怕」所以就把「我」和「害怕」看成同一件事，也就是我們與害怕的感覺認同了。為了要解開這個過程，我們需要找尋新的方式來思考、來談論這個害怕。我們或許會說「恐懼的感覺像要壓倒我」，這把情緒與自我分在兩端，幫助自我抵抗和重導情緒能量，而不是與它認同。

第三，我們需要找到（或創造）一個可以讓我們建立較高自我的中心，這中心是活著有意義的理由，是向上提升的目標，且與我們現況和發展程度相符合。阿沙鳩里特別提醒不要創造不實際、或不能實現的神經質類型理想。

第四，我們開始在這新的中心裡建立統合的性格，發展我們現在所欠缺的品質。

這跟我們用花精時的情形很相似：我們要誠實地觀看自己是誰，客觀地了解自我情緒，察覺目標，用花精來鼓勵、培養所欠缺的美德。

卡繆

亞伯特・卡繆（Albert Camus）出生於阿爾及利亞。他愛好希臘哲學、日光浴和運動。毫無疑問，他是唯一當過足球守門員的諾貝爾得獎者。他喜歡普通的生活樂趣和普通老百姓，不以理想化或高高在上的態度自居，就只當他自己是一介平民。地中海的陽光、海水經常在他的早期作品中閃耀著，但他也有黑暗面。他曾說他是對人性樂觀，但對人類情況悲觀。由於對生活的熱愛，更讓他氣憤時的感受顯得敏感尖銳，尤其是面對不可避免的老化和死亡議題時。

一九四二年，卡繆出版了《薛西弗斯的神話》，他把疏離和無意義的感覺定義為荒謬。在希臘神話中薛西佛斯是一個凡人，一直反抗眾神。活著的時候他背叛了宙斯，被關到死神的監獄；死後，他說服冥王普魯托允許他重返地球稍作盤桓，但時間到了他卻不願意回閻王那裡去，墨丘利不得不揪住他並把他拖回地獄。作為叛逆諸神的處罰，薛西佛斯必須永遠不停地推著一個巨石到山頂。每當他推到山頂了，石頭會再掉下來，他必須再走到底，然後重新推上去。

卡繆看到了薛西佛斯這個處罰，象徵著人性存在的無止盡掙扎，直到死方才減輕，但卻毫無意義，因為這對宇宙來說不算目標，卡繆說「我們每個行動都是空洞無意義的」，如同薛西佛斯推石上山。《薛西弗斯的神話》一書的核心問題是自殺傾向的問題，也就是說由於拒絕相信神，卻驚恐地發現一個無意義的人生。卡繆為何不自殺呢？因為他太熱愛生活了，不會願意自殺。由於相信了荒謬，卡繆開始面對問題，並從此處開始找到了他所需要的哲學解釋，他還是有個直覺該好好活著。那麼繼續活著的理由是什麼？

卡繆的道德哲學建立在勇氣、誠實、渴望與宇宙合一，或是至少與所有人類合一（因他認爲與神合一幾乎不可能）。他不相信神或任何超越人類的現實能夠提供希望、救贖或超越的意義，他描述出一條邁向做個聖潔無暇和純淨之人的困難道路，他說，那就是我們必須自行發展出一種存在的意義。他譴責司法判死刑，因爲死刑等於扼殺一個人改過向善的機會；他反對政治制度需要靠今日的苦難做爲換取想像中美好未來的代價。相反地，他支持的是隨著每個個人自由成長來找到自己的路。卡繆談到人類的試煉其實是來自上帝的創造，而想要創造上帝，除非變成上帝。他寫著：「靈魂並非已被創造完成，而是需在我們每日生活中活出來。」對卡繆而言，「活著」是靈魂冗長又辛苦的分娩過程。

一九四三年春天，卡繆在他筆記中寫著論證哲學（基於被認知的事實）和偏好哲學（基於有意導向的途徑）兩者的差別。他的論證哲學是人生充滿荒謬，無法在其中過下去，但他的偏好哲學卻堅持完成的可能性，才能讓精神和物質世界都處於公平與和諧的平衡中。在他的筆記裡，卡繆用刻意拒絕的方式擱下他的偏好哲學，以避免腐化他所看到的事實。但是在《薛西弗斯神話》書中最後出現令人驚訝的信心躍起，讓我們相信卡繆還是著重於他的偏好哲學，即使他並未察覺。因爲在該書結尾卡繆告訴我們，所有薛西佛斯推石到山頂的掙扎、痛苦並非無意義，其中包含努力和期望的元素都足以讓薛西佛斯變得難以置信地、美妙地快樂！

平行比較

我們可以看出卡繆絕不是一個鐵石心腸、自滿的無神論者。他根本是一個二十世紀最苦惱、最被折磨的思想家，有著真誠的欲望想幫生活在大屠殺或蘇聯勞改集中營中的人們發言，大聲疾呼出那一股屬於眾人的心理和哲理的煩悶。卡繆永遠留下懷疑的空間，不像其他更具系統的思想家那般傲慢。卡繆寫道：「智力有侷限，我們當然知道所有的理論都有一部分真理。」

這是眞智慧！如果我們回頭看巴哈醫生對人性及宇宙的觀點，與我們前面提過的其他思想系統比較，我們可以看出不但他們各自都談到了一些眞理，並且在各自論點之中都有同樣的眞理。

與孟子相似：巴哈相信我們應該要發展更好的品質，與我們內在本源聯結，表達愛、慈善、團結等正面情緒。兩者都相信我們需要眞實面對自我生命之路，無論貧富，我們都不應嫉妒，要與人爲善；兩者都認爲我們內在的平衡和整合會反映在人際關係以及宇宙關係的平衡。

與《奧義書》相似：巴哈著作中提到如果要充分活出內在的神性，我們需要了解內在自性的本質。正如《奧義書》中的神聖教導，巴哈也如此回應，在物質世界中我們以小我性格根植於人世間，但相對地，我們仍都具有更靈性、更純然本質的高我。

與泰戈爾相似：巴哈也同樣說到自然的美好，他看到植物、動物的愛，好似一條神性的道途引領著我們朝向更平衡、更精神面的生活。兩位都提到把自私蛻變成無私；把想擁有、貪心的需求轉化爲自由和愛他人。

與佛陀相似：巴哈強調平衡，譴責靈性藉由痛苦和殉道的極端做法來追尋完美。兩位都看到唯有藉由多次轉世的掙扎和努力，才能學習得到智慧；兩位都強調以殘酷對待殘酷、以貪心對待貪心、以自私對待自私等回報行爲所帶來的傷害，他們也都強調宇宙間萬事萬物的合一。

與當代物理學相似：巴哈相信宇宙間萬事萬物的緊密關連性。他能了解正興起的生態科學，這一幅生命之畫有著奇妙的、相互交織的圖案，就像一條美麗的掛毯，所有圖案底下的絲線是彼此相連的。

與阿沙鳩里相似：巴哈看出要從外層慢慢揭開內在隱藏的情緒。兩位都呼籲轉移情緒的能量，並鼓勵以正面情緒表達以顯化，也不要壓抑負面情緒；他們都認爲我們需要鼓勵、強化那些尚未充分發揮的正面美德，好讓性格與較高自我的認知做整合。

與卡繆相似：巴哈相信人們將會進展得更好，如果我們能致力於活出自己的特質，而非聚焦於自己的失敗。兩者都相信更深層的美德存在於平衡的情緒當中，不在壓抑的情緒當中；兩者都相信每個人皆有權利成長，並以自己獨特的方式找到完美；兩者都相信合一的理念，並譴責傷害他人或是干預他人自由的行為。

所有這些傳統覺醒之道都來自於了解我們與他人之間的關係以及我們與所有存有的關係。的確，個人和靈性的成長與更深入的了解所謂「彼此相互聯結」是同一回事。眞實自我的發展不等於那些批評者所以爲的自私，而是提升自己同時也包括了宇宙。若不是覺察我們與宇宙的聯結，人格很可能以自我表達爲前提，來實現脫韁般的狹隘私欲。一旦知曉整體合一的道理，它將成爲一個檢查標準，任何傷害他人、毀壞美善或以任何方式阻斷我們與本源的聯結，都是錯誤的。錯誤的行動讓我們和整體分離，當我們以自私自利來行事，必會削弱力量。成長是我們越來越大，而不是越來越小。如果卡繆是對的，我們想要變成神，那麼我們需成長到極大的地步以接受、歡迎和愛每件事，這表示我們要大步往前，不再專注那種日常瑣事，才能殲滅狹隘的自我。以巴哈寫過的文字來說明：

所有麻煩的來源是自我和分離。一旦對「整體合一」的愛和了解成爲我們本性的一部分，這些自我感和分離感就會消失。眞正的愛會無限超越我們一般的理解，是宏偉的，更高層次的無我，在整體中失去個別性，在完整中消融了人格。

回答：信仰是必要的嗎？

古希臘羅馬世界對宗教的容忍度、接受度很大，就像是異花授粉般地能包容並接受不同信仰。如同很多現代靈性思想家和宗教組織裡進步的元素，巴哈回到古代傳統，並在不同的靈性途徑中找到價值。他自認爲基督徒，但也帶著尊敬爲其他信仰體系說話，有時也借用他們的論點。這樣，他進化的模式——把人格自我帶進來，與已經完美的較高自我整合——並非正統的基督教，也並非輪迴轉世的信仰。

當我們分析世界宗教和人文主義哲學，我們發現它們都包含相同的人性渴望——朝向著成長、純淨、合一和聯結，都談到我們身處的娑婆世界，以及如何更臻完美，這也正是花精能帶來的。就像巴哈一樣，我們其實可以不拘一格，既可以將他書中表達的哲學概念當成眞理，亦可以當成一種譬喻描述其他信仰系統中所推崇之道德的、精神的、或個人的成長發展。當巴哈談到高我以及需要跟隨高我的指引，我們可以理解爲這是內在的需求，想要發展出一種更提升、更宏大、比現在更覺察的某種品質。無論我們稱呼那品質是高我、靈魂、精神、神、本我、神我、潛在美德、天性、最高存有、開悟、合一、涅槃、眞實自我、理想自我、純然的人、或其他名字……，都比不上想要成長的渴望以及想要超越現在的自己。不登山頂，我們想像不出山頂到底看來如何；除非下定決心開始爬山，否則我們永遠也到達不了山頂。

巴哈堅持人有權爲自己做選擇，在花精的使用上也不該例外。花精把療癒和自我認識的力量放到我們手中，不必顧慮我們在宗教、哲學、文化上的信念如何差異。的確，用花精時最眞實的概念是要把所有理論擱置一旁，只管體驗。巴哈醫生在他逝世前曾說道：「能享有花精——這天賜的禮物——最大利益的人是讓它保持單純；免用科學，免提理論，因爲大自然中一切都是單純的。」所以不只是佛教徒、基督徒、印度教徒、人本主義者、無神論者或其他人皆使用花精。但我們都以相同的方式來用：根據情緒來選擇，有需要的時候就服用，旨在協助自我發展與自我成長。

我們在本章開始時問了好幾個問題。萬一我們發現這些高我、靈魂、天命等話題太難以接受？必須信仰上帝，或是靈魂不朽才能從花精中獲益？必須相信輪迴轉世嗎？或是從廣義來說，必須有宗教觀？

答案是當然不必！我們不必相信這些或那些宗教論點，但是，對的！我們必須相信一件事，那就是——我們有變得比現在更好的可能性！這三十八朵花的哲學是博大的。任何信仰的人都可以擁有並好好利用它們，因爲正如日本巴哈花精整體療法（Japanese Organisation Bach Holistic Kenkyukai）組織的負責人布洛克威（Hermia Brockway）指出，「花精終歸將目標朝向讓我們的靈性進步。」她說：「巴哈花精的哲學背景是非常正向積極的。這是可以讓我們向上提升、達到理想的參考框架，表達出我們與生俱有找尋快樂的權利。」這才是精髓。其餘的，我們就依循各自信奉的神。

個人附言

在我撰寫這一章手稿時，一個讀者說作者好像在這裡消失了，她建議我或許該回來，因爲她說我突然消失很怪。我仔細考慮後，也許在這一章談論提升自我的需求時，讓「我」消失是對的。代名詞「我們」出現很多次，不是「我」，「我」不該出現。但是再進一步思考後，導致了一個另一端的觀點，一個新的，但更不舒服的可能性。或許我之所以抽離於這一章是因爲才發現我是一個覺得談論靈魂和天命很困難的人。過去教學和寫作都是像在家一樣自在地面對著使用巴哈花精的應用師們。廚房的櫥櫃（熟悉的事物）比起神聖的樹林（神秘的事物）要讓我舒服些吧——或許我在逃避一個挑戰呢！

話雖如此，但只到某個程度而已。其實我愛神聖的樹林，一直都愛。老教堂、石陣、大海——所有觸及永恆的東西，可能以某種方式超越物質層面的出生、交配、死亡——所以我爲何要在書寫這一章時失蹤？我爲何要特別覺得不舒服？

答案或許是這個：我不相信基督教個人化的神的概念。很多巴哈醫生的著作預設了這個信仰，當然這是巴哈醫生自己持有的信仰。我盡最大的努力在巴哈中心工作，來支持、推廣他的花精系統，尤其是幫助有個人信仰的人們看到巴哈的成果對他們有效。因而我養成習慣把自己的信仰放到一邊，這是爲什麼即使在這一章特別指出花精對所有信仰的人都有效，當個人化的「神」站到討論的中心，我這個「人」還是立刻閃到了一旁。我相信這是一個我常常掉入的壞習慣——巴哈明確地指出我們要對自己的眞實面直言不諱，尤其是要做眞實的自己——所以我接受讀者的建議，把自己帶回來了。

我個人相信什麼？這章內容已經說明這問題與你我如何使用花精沒有關連，也沒有影響。我們可以不同意彼此，但仍然一起工作，彼此學習。但作爲記錄，我必須說我愛卡繆，超過之前所提的其他思想家。但我也不同意他的一個中心思想，卡繆與他同時代的其他人一樣，覺得「意識」——作爲人類的精髓核心——必然與物質和自然分裂，我認爲這是錯的。意識和光和空氣一樣地自然，因此並不分裂，在自然界一切都緊密聯結。跟卡繆一樣的是，我也相信在人類歷史中沒有一個人一般的造物主；但是所有人都於自己的內在具有神性的品質。因爲「神」這個想法——正如同巴哈「高我」的想法——可以當成是一個目標，我們該努力朝向的標竿，是只要往馬斯洛金字塔的頂端前進，我們可以有能力達到自我實踐的程度。當我們超越了自己，完全看清楚並感受到彼此之間，還有我們與宇宙之間的聯結，那麼即使過去沒有一個特定的造物主，但未來仍可能有像神一樣的人類出現。帶著這樣的思考，我暫時打住這個話題並往下繼續。

iii 搖擺的心

在你的親友周遭，你能說得出有幾人是自由的？有幾人是沒有受到他人束縛或影響的？有幾人可以在日復一日，月復一月，年復一年之後說出：「我只順從我靈魂的主宰，而不受任何其他人的影響。」？

——愛德華．巴哈

四種花精給搖擺的心

我們都有自己的人生道途。要想在道途上走得順利，有時我們必須超越環境，打破舊有習慣；還有些時候，意見和想法會讓我們退縮（不論是來自他人或自己），我們必須抖落它們以利成長。這一章的四個花精將在這方面協助我們，巴哈醫生描述它們是為了幫助那些對影響和意見無力招架的人們。

龍芽草（Agrimony）讓我們了解自己的黑暗面與苦惱，並把它們重新整合到整體個性之中。龍芽草性格的人對她自己的負面思想過於敏感，因此想要保持祥和地過表面生活。她帶著笑容假面具隱藏問題，而不去面對問題。

矢車菊（Centaury）的獨特優點是服務與樂於助人。這也讓她開放到被無情的人濫用，因此她不可以再完全忽視自己的需求。

胡桃（Walnut）想要往前行，但發現她自己的過往或他人的意見、想法會阻止她改變、進展。她應該別再理會過去發生的事件或現在意見的風向。僅需跟從內在的聲音，只要她知道這是對的。

冬青（Holly）是被暴力的、對他人惡毒的想法所擊倒。懷疑到近乎偏執狂、憎恨、嫉妒、或想要報復某人做錯的事，不論是眞的還是自己想像的。這個花精幫助超越這些負面想法，釋放它們，然後讓她回到愛，不再恨。

偉大的小丑

約瑟夫・格里馬爾迪（Joseph Grimaldi）是一個滑稽歌手、特技表演者和演員。一七七九年他生於倫敦，他的家庭從義大利移民而來，已經在倫敦舞台佔有一席地位。格里馬爾迪從不到兩歲就在德魯里巷皇家劇院參與演出，是個嬰兒舞者。一年後，他在沙德勒之井劇院正式出道，到他二十歲出頭，他已成爲英格蘭最著名的小丑，他對服裝的應用影響了所有後輩的小丑。現在小丑又被稱作 Joey，就是依他名字而來，他的盛名可想而知。

他是這樣一個有喜感的人，所以醫生都叫憂鬱症的病人去看格里馬爾迪，而不開藥。

一八二〇年間，有一個特別不快樂的人爲了憂鬱症偷偷地、秘密地去看醫生，「沒有什麼能讓我振作，生命如此折磨人，而我不知如何過下去？」

醫生給他相同答案就如同給其他病人的一樣：「最厲害的小丑格里馬爾迪在沙德勒之井劇院演出，去看他！沒有人看了格里馬爾迪還會持續低潮的。」

「但是醫生，」這人說道：「我就是格里馬爾迪。」

過度工作、身體違和、精疲力盡讓格里馬爾迪在一八二八年從舞台退休，於一八三七年過世。

認識你自己：龍芽草

往往我們都會假裝自己比起實際情況來得好，或許這就是傳承自我們在成長過程中所被教導的「不要哭、不要鬧，帶著勇敢的表情，以笑遮淚。」不幸的是這麼說的人其實可能只關心自己的平靜，而不在乎我們的內心平靜。在痛苦的感受之外建起屏障並不能解決問題，只不過把它們埋到更深的土壤之中。讓痛苦在封閉的心靈中潰爛，當我們的防衛鬆懈時，就伺機再次浮出，例如當我們獨自思考時、想要放鬆時、躺在床上無法入眠時。心理學家羅伯特·霍登（Robert Holden）指稱百分之九十的痛苦，都是由於努力讓痛苦變成秘密而造成的。

屏障一視同仁，不具選擇性。如果我們在大大笑臉之下關閉了苦惱，那麼這個大大笑臉也阻隔了我們感受其他的感受——如果我們要感受眞正的快樂、信心、勇氣、喜悅，則需要眞實接觸所有的情緒；如果我們避開了孤單，將永遠不會感激眞正的友誼；如果我們老是開小玩笑，就無法激發內心深層的幽默感，那是愛、悲傷和歡笑一齊併發的感受；如果拒絕深入，就只能膚淺。我們必須先承認這黑暗的痛苦佔據半個心頭，才能從中找尋所需的特質以克服痛苦，得到眞正的和平。如同詩人大衛．懷特（David Whyte）說的：「想要靈魂生活中沒有黑暗，卻有溫暖的智慧來爲你解惑，就好像期待著蛋孵出小雞，但又沒耐心等母雞以體熱慢慢孵化。」

在負面的龍芽草情緒狀態時，我們逃開了孵蛋的煎熬和內心的黑暗，治癒的幽默變成了面具和屏幛，我們帶上明亮的笑容和勇敢的臉。私底下，我們被折磨所苦，心靈不平靜，獨處成爲一個試煉，因爲更難於躲藏。可能酗酒、用毒品或尋求熱鬧、興奮、亮光以緩解痛苦和維持固定的微笑；常有失眠的苦惱，因爲在黎明來臨前的幾小時中，那些磨人的思緒會一直回頭騷擾。

龍芽草讓我們有能力體驗黑暗，並穿越它，生命將得以豐富。它摘下假裝與遮掩，放大幽默的深意，讓我們完全覺知黑暗面，但仍能享受生命的喜悅。龍芽草永遠是和平製造者、和平愛好者，爲了妥協的可能性和社交凝聚力，她總能在相異的兩頭之間找到協議。她是好夥伴中的最佳陪伴者，相信如果我們以愛和歡笑來努力，就會突破困難。但她也要能讓自己的痛苦釋放出來，與人誠實地分享。如此她就能找到最有效的辦法減低痛苦。

案例分享

我覺得龍牙草給我很大的幫助。我不再那麼急於想讓每個人開心，當我討厭爭執時，即使不舒服我也會堅守原地。我能夠揭下勇敢的外表，也能夠哭了。

——林達．李克

我開始覺得不一樣了，一開始我承認這些不一樣並不令人舒服。但隨時間過去，我明白必須走過這過程才能感受好一些。由於內在一直隱藏我的真實感覺，而外在一直假裝我很好，無法察覺一些儲存於內心深處的東西。我竟然不知我扮演一個非真實自己的角色如此之久。謝謝你，龍芽草。

——艾微．哈維

當我第一次讀到龍芽草的描述，我立刻與它聯結，它在自我覺察上幫我跨越了一大步。我開始誠實地看到自己隱藏的痛苦和悲哀，也了解我用了怎樣的逃避手段。我開始看到酒精並非真朋友。我還不能把心掏出，但是我覺得有龍芽草幫助，我比較容易表達真實感受了。

——麥克．西勒

我跟朋友一起練太極。一天她告訴我她是如何看待我。她覺得我是龍芽草類型，因為我永遠是歡樂快活的樣子，即便在困難狀況中或是難過的時候。沒有人如此誠實坦白地告訴我，並且帶著友善關懷的態度。她給我一瓶龍芽草花精，建議我開始服用，它不僅幫助我較能打開心門談論我自己，也啓發我更深入地看待自己的行為模式，從而尋求一個更有品質的生活。

——伊蘭・艾西

爲自己服務：矢車菊

我很軟弱，是的，我知道我軟弱。但爲什麼？因爲我討厭力量、權力和掌控。如果我有點過於偏到軟弱那一頭，請原諒，那是我因爲討厭傷害他人而做出的反應。我將很快學會如何找到平衡，讓我既不去傷害也不被傷害。但現在這一刻，我寧願我被傷害，也不把一時的痛苦轉移到我弟弟身上。

所以對你的小矢車菊要有耐心。她軟弱，我知道，但是在對的方向上軟弱。我將會更長大，更強壯，也會更美，直到你讚佩我，因爲我將帶給你力量。

——愛德華・巴哈

當我們談到花精的個性特質時，我發現有時做廣泛的區分很有用。這些性格特質是內向，那些是外向；這些主動，那些被動；這些屬於短期性，那些長期性。把人和花精分類幫助我們以結構性來了解情緒。但是清楚的分類卻不總是能搭配整個世界，因爲大自然裡所有相反的兩極最後會相遇。在強與弱的極端裡，這格外是個眞理，尤其在兩極差異中，大聲發號施令的掌管者（包括馬鞭草、葡萄樹、菊苣等花精類型）和那些安靜的被掌管者（落葉松、枸酸漿，尤其是矢車菊）。到了某個程度，我們所有人都必須強大。

在巴哈中心的花園裡種植了十八種花精植物。每年實際數目會有所改變，因爲植物會挑選自己喜歡的地點，自然地播下種子。到了開花時節，有些花需要特地尋找，尤其是提早成長的矢車菊，很難在一片糾結的綠茵中被看到。但幾年前，有一株特殊植物一定不會被錯過，因爲它強韌地從小徑的裂縫中往上成長。我們通常不特別照顧這些花精植物，因爲想要它們自然野生，但對這株例外，我們以繩圍籬，以免來訪者在它開花之前不小心踐踏到它。

這株矢車菊的正面特質正是這種植物的正面性格：自給自足、獨立、決心以自己的方式成長。這株強悍的小草最後提供了花朵，製作了那一年的花精。我們或許可以再加上一個特質：渴望幫助人、爲人服務。的確，這是矢車菊個性的關鍵，也顯示了她在負面情緒狀態時會往哪個方向偏去。巴哈曾在某篇文章提及「愛是融合了智慧的服務。」負面矢車菊時，智慧失去了，要幫助他人的願望變成了不能拒絕他人，從一個自由的助人者變成了奴隸。

有責任心的女兒照顧年老的父親就是典型的矢車菊。兄弟姐妹們都很高興地把工作丟給她，父親越來越倚賴她的幫助，她發現否定自己比否定他人還容易一些，因此她錯失社交活動、工作和學習機會，然後她錯失戀愛、錯失有自己孩子的機會，她的能量和精力、所有她可以完成的事，還有她可以發展的方向，都拿去餵養他人生命的火焰。巴哈曾用嚴厲的字眼指責那些把孩子推到這樣可悲地步的父母：「無法計算有多少受阻礙的生命、無數錯過的機會所造成的悲傷和受苦，無數的孩子經年累月背著責任無盡頭，但是父母卻只是貪心地希望自己被關注。」

對於我們所愛的人這似乎很難，萬一是眞的有需求，而我們又是唯一能幫忙的照顧者呢？即使這樣，我們也聽出這訊息的代價。總是提供立即的服務並不是最好的協助，如果一個溺愛的母親給兒子解決所有經濟的困頓，那他永遠不會學到靠自己的雙腳站立；如果一個責任心強的女兒，有求必應地接受所有的奴役，她其實是鼓勵父親一步步走進依賴，漸漸形成一種盲目的自私，依賴於他的家庭、鄰居、甚至社會。先評估該對象自由與獨立的程度，才能恰當地幫助我們所愛的人；無力拒絕反而會傷害每一個人。無論我們有多麼愛，多麼能幫忙，也無論別人有大多的需求，我們更高的責任是給自己和別人時間及空間，來走不同的路。

如果是眞正矢車菊類型，她是非常樂於幫助人，應該應用在職業上貢獻服務，那會帶來正確感和自我實現感，這才是原本的價值，也會全面影響生活中的決定。即使拒絕走這條路之前，也要先確知我們所接受的人生使命，不是因爲在別人的權威之下、出於自己弱點而不得不做的決定。自由的說「是」跟不能說「不」是非常不一樣的。學著說「不」是定義自我，也是成長的一部分，我們所有人都要學會，才能完全參與這世界。一旦學會這課題，矢車菊可以在她選擇服務時服務，並且可以明智地服務；她也可以拒絕服務，當拒絕對她而言，或對對方而言，是一件恰當的事。她能感應自己內在的方向感，會聽從內在微小的聲音，而不去遵從一個世俗利益關係中發號施令的對象。就像巴哈中心花園小徑上生長的脆弱植物，她有這麼無法阻擋的強大力量，必能以自己的方式找到向陽茁壯的方向。

案例分享

矢車菊有驚人的效果。它讓我變得好似一個觀察者，察覺到他人如何對我，而我又是如何回應。我明白我不需要接受這種行為，我可以從這情況中脱身走開。我不再讓我自己被貶抑，被踐踏。

——蘇菲亞．瑞米勞

我在一家化學公司工作，老闆不讓我走。用了矢車菊花精，我能有辦法告訴他我要離職。最終是以溫和方式表達，分開一點也沒有痛苦或嚴重。離開讓我對自己滿意，也促進我的自信心。

——蘇菲亞．史班斯

我總是掏空了我的能量，因為我從不對人說「不」。矢車菊正是我需要的處方，因為我一直是一個體貼的人，但卻不知那對我產生不利的影響。

——潘蜜拉．海吉森

開始用矢車菊幫助我多為自己和自己的需求著想，我發現改變是細微的。當在一個困難處境時，忽然發現自己是正面思考、正面行動的，我停下來問自己：「天啊！這是我嗎？」然後記起來，是服用了矢車菊花精。接著問自己：「是它的效果嗎？」一定是的，這證明它有效。多麼奇妙的治療啊！

——席拉．班奈特

積習難除

想像一片平坦的鄉野，下雨時雨水匯集流到低處聚攏。起先所有水滴從各方濺打到土壤上，但是最低處的地表吸引了最多的雨滴，所以最先塌陷。經過時日形成渠道。當水流經過渠道會攜帶著被沖刷下來的泥土，所以兩邊就形成了淺淺的峽谷，渠道越深，峽谷就越寬，因此只要附近一下雨，所有的雨水一定會匯流到此。不斷加深、加寬的渠道形成了河床，越來越多的小支流匯集成大的河流，然後再形成深邃的、永恆的刻痕一路流向海洋。

我們每一個行動與思想在大腦都有其相關連的引發模式。就像水滴流經平坦的地面，大部分的思想來去不留痕跡，但一些不斷重複的思想會啓動同樣的模式。如果我們點燃那個模式足夠多次，就像在大腦烙印一組突觸序列，固定了那個模式，如同形成了虛擬的水道，讓臨近漂浮的思緒也都匯集過去。習慣好比溪流，舊習慣如河水一般，我們像電子般迅速的思想毫不遲疑地就順勢流淌在這樣的模式上。這是爲什麼突破舊習慣，調整以至改變是如此困難。改變習慣就等於要改變河道，讓思想電流移到新的軌道上。

如果我們只是讓河流改道，但仍在同一片鄉野之地，還是不夠好。倚靠他人來做改變，更困難。我們的朋友、家人對我們是誰、會做什麼有既定印象，那是他們腦中的固定渠道，會把我們定位得死死的。當他們看到我們努力想要改變自己的生活時，他們用舒服的聲調說：「那不會持久的，他就是老樣子。」我們只有證明給家人、朋友看，我們是如此堅定的向前邁進，與過去大不相同，以致最終他們不再把我們放在既定印象的河床中。除非我們能證明自己，不然在那之前，他們常常把手放在我們手肘上，想引導我們退回到原來的地方。而且有些人拒絕接受我們種種改變的努力是爲了個人原因，因爲改變他們對我們的看法，只會改變他們對自己的看法。我們長大到成人世界，就了解這的確會發生。對父母而言，我們保持當一個孩子，他們就可以繼續定義自己是爲人父母者；允許我們長大，代表他們也必須改變，必須在自己的生活中重新找點事做，他們可能不願意。上癮也是類似的模式，當酗酒者告訴酒友們自己要戒酒了，其他人的第一反應會是根本沒有這個問題啊！接受自己有個酗酒的朋友，尤其是自己還每天都跟他一起喝的朋友，這是對自我形象的挑戰。

最後，我們的文化背景也想把我們綁在老位子上。我們都會認同社會輿論，如果走另一條路，即使覺得這是對的、已經深思熟慮過，仍可能違背了許多約定成俗的文化定義，因此不是所有人都有信心突破——至少不是孤立無援地執行。然而，如果這是我們要走的路，自己覺得這改變是對的，即使世界自開天闢地以來所有人都覺得不對，我們還是需要找到意志力去穿越，否則就面臨阻礙成長的風險。這種停滯的風險，就好像一條沒被挑戰的河流，只會越來越深，一路流向走投無路的死海。

開創自己的路：胡桃

農人常在放牧地附近種植胡桃樹，因爲昆蟲會遠離胡桃的氣味，可讓牲畜不受蚊蠅等干擾。胡桃這個名字來自於古老英格蘭的字 wealh，意指「外國的」，也反映胡桃樹最初是從波斯來的。雖然胡桃堅果是外來的堅果，但胡桃樹卻在英國和歐洲已自然化，生長得很興旺，不受氣候影響。

胡桃花精幫助我們像胡桃樹一樣的生長，以我們自己的方式，不論我們是去適應異地的生活，或是掙脫其他人的意見，開始自我成長。它協助度過所有的改變，包括正常人生階段裡的變動：斷奶、長牙、開始上學、改變工作、結婚等等。有了胡桃的幫助，我們可以對新環境、新需求適應得更快，在任何時候都眞實面對自己。胡桃像是一個「對的改變」的經紀人；也像是一個保護盾，抵擋了所有外界的指指點點、批評聲浪，說我們可能做了「錯的改變」。當然，什麼是對的或錯的，都應依從我們的高我如何看待，而不是社會、朋友、父母、另一半如何看待。當我們想變得不一樣時，舊習慣或現有處境會想扯後腿，胡桃協助斷開鏈結。巴哈醫生稱胡桃爲「有效的咒語破除器，能切斷過去遺留下來的以及現在環境中的事情。」

在鋼琴家、作曲家艾曼紐．夏布里耶（Emmanuel Chabrier）的一生中展現出負面的及正面的胡桃狀態。夏布里耶生於一八四一年，他年少時就是一個有天賦的業餘音樂家，但他還是被父親說服去學法律，並準備從事公共行政的職業。學業完成後，夏布里耶服務於法國內政部十八年，音樂不過是個人愛好而已。這裡可看到負面的胡桃：允許別人的意見將我們轉離自己所想要的。

夏布里耶的危機發生在一八七九年，當時他參加一個華格納音樂劇〈崔斯坦與伊索德〉的表演。夏布里耶一向是一個友善可親、開心的人。但這次他深受華格納戲劇張力和宏偉音樂的影響，在這個表演之後立刻封閉了自己，想在這個經驗中獲取些什麼。當他破繭而出時，他堅信音樂才是他的眞正召喚。第二年他就辭了工作，全心投入在音樂中。

此後他一生都是華格納音樂的第一把交椅。除了少數例外（〈關德琳〉（Gwendoline）強烈愁雲籠罩的歌劇是一個），其他時候都是發揮自己本色的音樂天賦，輕快的歌劇、喜悅的鋼琴、充滿幽默的交響樂，反諷、風趣、帶點敏感。（根據傳聞，音樂家們第一次排練他的〈快樂進行曲〉時，笑得非常大聲，一邊演奏，一邊開心極了。）這當然是正面胡桃：從影響中吸收好的部分，但不會因此而偏轉；正面胡桃快樂地大步向前走，有自己的節奏。

案例分享

在我瑜伽的教學課程裡，我發現自己對於學生散發的憂鬱、負面感覺越來越敏感。練習瑜伽姿勢幫我釋放這種感覺，身為老師我曉得發生了什麼。胡桃幫我處理這情形，也讓我保持抽離。

——凱西・哈波爾

在與伴侶分開後，轉換職業，處理相關事情，我壓抑了許多年。我試著從沮喪中走出。我買的第一支花精就是胡桃。服用了六週，那之後我決定承諾一段新關係，不再酗酒，似乎找到這麼多年來的一支重要拐杖。要在多年之後回頭看，我才了解是胡桃幫我解脫了上癮症。

——金莉安．史密斯

雖然是我決定提早退休的。我也從很多方面解脫變得自由，但仍有好多部分我依然熱愛原來的工作，也知道我會懷念。胡桃幫助我適應新的情況。

——E. M.

我試著疏遠一位非常主導也頗會操控的朋友，她已變得太入侵我的生活。有人建議我服用胡桃花精。隔了幾天，我注意到鄰居家院子裡有一棵胡桃大樹，我發現的當時深深受到感動。喝了胡桃花精，我能與這個人拉開距離，享受到自由感。

——安琪拉

一九八九年聖誕節我在工作中出了意外，導致背部受傷，有六個月不能行動，也是生活中一連串變動的開始。服用胡桃花精讓我專注在我自己，我怎麼感覺，我如何處理日常生活。我覺得我能操控駕馭自己生命的方向盤，使其轉向我想要的方向。我理解這「意外」不是意外，而是生命的轉捩點，為我打開了許多新視野。

——珍妮特．德福

我變得對周遭環境過分敏感，容易被別人的意見影響而搖擺，聽不到自己內在的指引。幾次搬家時，我就是服用這一支花精。胡桃協助我降低壓力，減緩疲憊，也在我處於城市生活擁擠人群時，對散亂的能量比較不敏感。

——羅絲瑪麗．巴瑞

在結婚多年之後，我於中年又回到單身，這是一個大改變。我覺得似乎整個世界都倒轉了。我必須自己做所有的決定，在多年沒工作之後，自己養活自己。胡桃是我調適新生活中最愛的好幫手。

——裘莉亞

信任的心

在靈性實相中有個精微的投射，比起其他負面情緒，包括焦慮、壓力、匆忙症，「敵意」的確帶來更多對心的實質傷害。一項研究中發現，醫學院學生心中有高度敵意的人容易在五十歲之前死的機率，是沒有敵意受測者的七倍。想要避免二次心臟病發的意外，則在病人恢復中，需要一步步減低敵意並拔除思想裡的激進和懷疑。杜克大學研究者瑞德福・威廉博士（Dr. Redford Williams）總結他的發現，對作家丹尼爾・葛爾曼說：「要消除心中的敵意，必須建立信任的心。」

一個明顯發展信任之心的方法是：告訴自己別人不是針對我來，試著從別人的角度看事情。前面駕駛忽然開得慢了，擋住我們的路，並不是因爲知道我們剛好有急事而故意開慢的，她也許迷路或正在哄一個啼哭的孩子；朋友沒有對我們的新髮型或新衣服誇獎，不是因爲忽視我們或想批評，她自己也許有心事，我們卻不清楚。了解他人的觀點，不妄下斷言能帶來好處，其實我們自己也會這般，如此思考可以讓自以爲是、跑偏的思緒踩下煞車。如果我們能在怒氣升起來時就覺察並做到是最好了；多半我們需要冷靜一下，這是爲何心理學家建議有敵意情緒的人先離開對方，做些能讓腦袋從生氣中分心的事。分心的方法可以是：運動、放鬆、瑜伽、看電視……任何讓身體緩下來的事。二十分鐘後，我們可以再回到現場，用理解和開放的態度有建設性地處理事情。

可有時障礙仍然這麼巨大，一旦我們決定恨，就一直有理由餵養恨，懷疑的隧道一路深挖開到了北愛爾蘭上方的北極圈。我們都曾在有種族意識的政客或足球迷身上看到過這種自以爲是的憤怒；從電視、電影無止盡的故事裡也可以看出社會總給仇恨找藉口。「不要氣瘋了，要扳回一城！」似乎變成了可接受的和已經被接受的生活態度，且感覺良好。恨是一種強有力、興奮的情緒，充滿能量、血脈賁張、怒火高昂，這或許是爲何我們輕易地就失去控制的眞正理由吧！

選擇愛：冬青

民俗中冬青一直是神聖的植物，是阻止惡靈或黑魔法的守護者。紅莓果實與生命的鮮血聯結到一起，冬青樹充滿生氣，全年油亮常綠。最爲人熟知且引起共鳴的象徵是基督教裡圖標般的形象，冬青樹葉的尖刺提醒我們戴在耶穌頭上的荊棘皇冠；血紅的果實代表耶穌所流的鮮血，把人類從罪惡中救贖出來。冬青是愛的象徵，它如此絕對，捨棄了自我和私欲。同時這樹也象徵著愛的相反——報復、殘酷、痛苦的折磨——的確，當我們做這花精時常被樹葉刺得疼痛。

作爲花精，冬青表達了由恨轉愛的轉變過程。當處於負面狀態時，我們不信任人，還希望他們生病；我們要討回公道，以他們恨我們的同樣態度去恨他們。憤恨、嫉妒、羨慕、懷疑、報復都是負面冬青狀態。與其相反的，當我們思想正面時，我們給愛、給慷慨、以德報怨（耶穌把左臉頰也給人打的那種意象），冬青提醒我們，我們是有價值、被重視、可愛及被愛的，如此將不再對他人多疑，而是看到他人與我們相似之處，因而相信他們的動機純善，如同我們的一樣好。冬青讓我們從根本與整體宇宙聯結，當我們和他人都是整體的一部分時，我們就不會去恨他們了。

以下是應用冬青時的小提醒。粗淺學習認識巴哈花精系統的人們有時把冬青當成是對治生氣唯一的花精；或是有誤解，以爲服用冬青能讓我們正面啓發出愛心，而沒有仔細覺察自己是否在冬青的負面情緒狀態。我們任何人一旦有點嚴厲、或苛刻、或高傲、或自私就想用冬青花精來「增加愛的部分」或「幫助我們愛自己」，或者「打開心胸接受宇宙」，雖然立意良好，但效果不佳，因爲沒找對恰當的花精。生氣只是一個表面的情緒；選花精時，還需深入了解底下的原因。當你有憤恨、懷疑、嫉妒、衝動的負面情緒產生時，冬青能帶來有效的幫助。

案例分享

離婚三年後，我需要釋放對前夫以及對所有男人生氣的情緒。我對冬青的反應是身體、心理兼具，讓我好驚訝。它幫我敞開心胸。起先的確感到壓力、緊張的釋放，然後發現我對男女兩性的人們都放鬆了，感受到從我之內流出愛給他人，六週之後我覺得自己更自由了。

——芙樂・塔弗

有位好友發現他的新女友對我們之間友誼感到嫉妒，曾經我和我丈夫幫助這位朋友度過非常困難的時刻，如今他卻突然不理我們了。我覺得被背叛和生氣，我對這位前好友產生了有生以來最強大的憤恨情緒。與此同時，我讀到巴哈的文章，我覺得很嘲諷，但在簡短介紹中，我覺得冬青是適合我的花精。幾週後我的感覺消退了，這對我來說真是太神奇了！身為一個科學家，我總是被邏輯驅策，因此一旦發現什麼東西有效後，我打算了解其背後的原因。

——丹妮樂

說到花精，我認為用花精的名字象徵它們代表的態度和狀態，就好像擁有了新的表達語言，更容易也更客觀地說「我需要冬青」，而不是感覺「我恨他，我要用我的憤恨毀了他。」但只是對「感覺」一知半解時，就發現很難掌握與解決它。

——查理．凱樂絲

4
簡單性

巴哈的道途

愛德華．巴哈的生命故事，提供了一個「能及早找到自己的道途，堅持到底且不受金錢、地位與家庭關係考量」的例子，雖然當時巴哈並不知道他的道途顯然必須繞路。他在十六歲離開學校後，因為不想伸手向父親拿錢讀醫學院，就到位於伯明罕的家族銅工廠工作，這看似錯誤的轉彎卻讓他更了解勞工階級的生活，並從他們的觀點看待疾病：對於賺取時薪或日薪的人而言，生病代表這個人將失去收入，餐桌上沒有麵包餵養家人，因此就會對生病有所恐懼而更在意健康問題。這樣的洞見幫助巴哈進展出治療病人的新方法。

最終巴哈還是告訴父親希望能就讀醫學，父親同意支持他讀醫學院，或許是巴哈顯然缺乏做生意的天分而讓父親放鬆先前的決定。（巴哈曾與客戶開會後帶回所有訂單，但他無法與人議價、堅持該有的價碼，因此工廠無法從其商談的交易中獲利。）

疾病與復原

巴哈在伯明罕大學就學一段時間後轉學到倫敦大學醫學院，在此完成醫學訓練。之後他繼續居住倫敦多年，擔任過許多不同工作：研究者、顧問醫師、病理學家、細菌學者，經常是同時做兩到三份工作，成為工作狂並且長期待在研究室或病房。諾拉．薇克曾說到巴哈這位喜愛走在鄉野與廣闊空間的人，竟然在日夜以燈光照明的房間與醫院走廊投入他所有的精力，這可眞是夠諷刺的了。

巴哈會設法避開倫敦的公園，他害怕大自然的召喚太過強烈而妨害了工作。對巴哈來說，當時的工作是他能研究許多病人的大好機會，他認爲只有醫院病房和研究室，可以找到眞正方法來釋放病人的痛苦。他那時候還不知道自己這麼壓抑那分對大自然的愛，到最後竟然指引他去研究野外花朵，而那些花朵的花瓣之中藏有更強大的療癒力量，甚至超過用科學方法在研究室裡製作的任何藥物。

跟我們經常會發生的一樣，當巴哈太過努力的時候，就會有事情發生阻止他。工作過勞與缺乏新鮮空氣傷害了他的健康，最嚴重時期在一九一七年的七月，巴哈病到出血並且倒下昏迷，直接被送入任職的大學醫院動手術以切除腫瘤，清醒後醫師告訴巴哈癌症已經擴散，而他將活不過三個月的壞消息。

現在，巴哈證明了威廉．布雷克（William Black）格言的智慧：「若傻瓜堅持自己的傻氣，那麼他就會變聰明。」❶當巴哈剛開始能走路，他就離開病床又回到研究室。他決心要用

❶譯註：威廉．布雷克為十八世紀詩人，英國第一位重要的浪漫主義詩人、版畫家。

僅餘有限的時間盡可能留下對人類有益的貢獻。他的窗戶整夜通明，醫院工作人員因此給巴哈的研究室取了暱稱——「永不熄之光」（the light that never goes out）。巴哈埋首工作，完全投入而不費力，也不知道多少週的時間就這樣流逝，直到三個月的期限過了很久之後，他才了解自己已經恢復了力量，健康比前幾年還要好。薇克這麼說：

這個經驗讓巴哈停下來思考自己驚奇復原的原因，他找到能讓他回到以往生活的結論：當人有著興趣、帶著大愛與明確的生命目標，這些即是人在地球上快樂的決定性因素。巴哈也的確因爲如此的激勵而帶著他通過了困境並重拾了健康。

巴哈似乎進入了更高專注力與能力的階段，心理學家稱之爲「流」（flow），流是一種平衡與完整的狀態，本書之後會再深入探討。堅持自己的傻氣，一心一意、全心全然，讓巴哈再次拾獲失去的平衡。

發展

穿越這生命的考驗，巴哈的靈性更加發展，直覺力量也越加增長了。他在正統醫學研究中使用臨床資料與科學方法，他也會依靠自己的直覺與靈感建議新方法、新點子，所有的科學家某個程度都會這樣做。當巴哈離開細菌學的複雜技術，開始與植物合作，直覺對他也越來越重要。一九二八年，巴哈突然自發地想要去威爾斯，並在那裡發現了第一個花藥，巴哈回來時帶著兩種新的植物——鳳仙花（Impatiens glandulifera）與构酸漿（Mimulus guttatus），並以他先前製作藥方時的所有準備及檢測方式處理這些花藥。兩年後，巴哈再度依從直覺的決定，他離開了倫敦哈里街的收入與工作，將所有的時間貢獻給這個新系統。感覺對了，他就相信它是正確的，不管其他醫學同僚對此存有幾分懷疑。

這段時間我們見到巴哈的直覺快速地成長，薇克寫道：

> 巴哈待在倫敦的最後那幾年，特別是拜訪威爾斯的那幾週時間，讓他覺察到自己的感官被激發也更發展完整。巴哈發現自己能夠感覺、看到與聽見某些過去至今未曾意識到的。……巴哈會這樣說……造物主在人類身體內建的覺知力和直覺力運作如此良好，帶給他這般眞實的回應，是任何科學裝置無法相比的。

巴哈的直覺引導他找出一系列畢生追尋的新藥方建議：從茂盛成長的植物中獲致，只需要用到植物的花朵，有毒性的植物、原生性植物都不會包括在此系統之內。巴哈能將花放在手中或是舌中，感受花在自己身體中的效果。可以說巴哈自己就變成了實驗室，他有能力在將花藥用於病人身上試出效果之前，就可以親自檢驗。

漸漸地，巴哈的直覺也讓他能夠瞥見遠處已經或是正在發生的事情。有一次，巴哈曾警告克羅莫地區的漁夫朋友，說三週之內會有強風，聽從巴哈的漁夫們紛紛把船與漁網從海中拖上岸加以保護，當風暴準時來到時，那些懷疑論的朋友就後悔了。還有一次，巴哈突然在用餐時站起來並直接走向一位正處於失業中的人，這個人當時正處於幾乎要跳海自殺的狀態中，巴哈告訴他很快就會找到新工作，隔天這人眞的就有工作了。巴哈的傳記中還有很多類似的例子。

利用逆境

生命中有個目標，可以幫助我們將不快樂、疼痛和失望視爲挑戰而非失敗。有時疼痛會帶來非其它方法能給與的洞見與成長，在巴哈生命的最後幾年，這尤其千眞萬確。一連串的健康問題反倒使巴哈的花精工作有了戲劇性的開花結果，在他生命的最後幾個月，不僅花精的發現數量雙倍成長，也終於完成了整套巴哈花精體系。

巴哈當時生活在維農山的小屋中，他在這裡開心地度過了一九三四年的夏天與冬天，他依照自己喜好來設計花園，還爲空蕩的房間製作家具。但也需要去尋找更多花精。一九三五年的三月，其中一個答案以無預期的方式出現，巴哈因爲嚴重的鼻竇炎而倒下，他感覺自己快要發瘋，就像失去理性而非要有什麼抓狂的舉動才能讓疼痛停止。當櫻桃李樹開滿白色花朵的那幾天，因爲早春的陽光無法提供足夠熱能來供用原本的日曬法，因此巴哈試著煮沸帶著花朵的嫩枝，所製作出的母酊液立即釋放了巴哈那股失控感，也釋放了身體上的疼痛。

在那年春夏之際，巴哈重複這樣的模式找出後續的幾個花精，每朵花找到之前他都會先承受該花精的心理狀態之苦，就像櫻桃李是嚴重疼痛的身體症狀和伴隨的心理狀態，巴哈忍受著火燒般的皮疹、頭髮掉落、失去視力、潰瘍甚至是嚴重出血。八月時，他找到最後一個花精，人卻已經精疲力盡。

此時開始有人聽說索特威爾鎮上這位非傳統的醫生，新舊病人紛紛來找巴哈看診，他尚需撥出時間教導其他人如何使用花精。對巴哈而言，他很清楚這個系統屬於每一個人，所有想要學習的人都可學會如何使用。巴哈與一群訓練有素的當地人共同合作，他也會教導英國以外的國際訪客，讓這些人離開後可以將新知識帶回到自己的國家。

或許有人告密醫學公會巴哈的行爲，因而公會寄來信函，這是在巴哈刊登一則報紙廣告告知大眾有關花精訊息而公會再度找他麻煩之前，此時公會只是想要引起巴哈注意並讓他知道與非專業助手合作是違反規定的。但是巴哈醫生在一九三六年一月的回信寫道：「我已經收到公會關注與非合格助手合作的通知，但我很榮幸通知您們我將會繼續這樣與多位助手的合作關係。」巴哈以爲會收到被除名的回信，不過公會一直都沒有回音。

巴哈在世上的最後幾個月忙於發布有關發現花精的消息，並且著手編輯《十二個療癒者》

（*The Twelve Healers*）的新版本，含括所有的新花精。巴哈還計劃要來一趟講學之旅，他在一九三六年九月二十四日的五十歲生日時，在附近的威霖福特開始了第一場演講，他的助手團隊接著規劃鄰近鄉鎮的講座。但是在十月底巴哈病得嚴重，而在十一月二十七日，他於睡夢中逝世。

在西方有句諺語說：「人最終是一樣的」（Death is the great leveller）。「死亡」就是切斷過去所有，將我們縮減，變回源頭塵土。但是巴哈逝世時完成了他孩童時代的夢想工作，他發現了一個無與倫比的療癒系統：單純、有力又積極正面。對一個充滿目標的生命而言，死亡不只是「塵歸塵、土歸土」而已。巴哈活到自己該有的歲數，每一步伐都引導他到最後想去之處。

兩種簡單性

在《至簡之道》（*Simplicity*）一書中，愛德華・狄波諾（Edward de Bono）❷提醒我們「系統簡單」的兩個意思：

- 第一，可能指的是內容只有幾部分，很容易將之組織起來。我們可以說這種簡單爲**本質簡單**（simplicity-in-itself）。

第二，也可說是容易使用，讓使用者可以用最少訓練來取得最複雜的成果，我們稱這種簡單為**使用簡單**（ease-of-use）。

這兩種簡單通常被視為蹺蹺板的兩端。換句話說，「本質簡單」可能要為「使用簡單」付出代價，反之亦然。舉例來說，使用計算機計算開根號比用計算尺更容易，但是計算尺卻有著更簡單的架構。我們可以用茶盤來製作雪橇，這是「本質簡單」，但是要駕馭或煞住一個茶盤雪橇卻比使用市售更複雜的雪橇難得多了；我們可以要求工程師給茶盤雪橇添加頂端上翹的板頭與複雜煞車系統來增加「使用簡單」，但是每次壞了我們都得要拿回去給技工處理，而原本茶盤損壞時，只靠自己就可以將凹陷處敲打擺平。自製雪橇的複雜性是在所難免的，我們只好從蹺蹺板一端（本質簡單卻使用複雜）轉換到另外一端（本質複雜卻使用容易）。

理想的雪橇是快速、下坡時穩定、輕便、容易駕馭與極少會動的附件，換句話說，要有效地結合這兩種簡單性。通常要讓事物與想法能達到如此完美平衡的地步，需要一段很長的時間，因為所有的革新求變總是讓兩端中的一端更趨複雜卻又無法增加其效度。我們可以在雪橇

❷譯註：法國心理學家，在一九六〇年代末期提出「水平思考」方式，一九八〇年代中期提出的「6 Thinking Hats」思考法至今被廣泛採用。（愛德華·狄波諾《6頂思考帽：增進思考成效的6種魔法》，臉譜出版社，二〇一〇年）

上添加衛星導航系統與自動開飲機，卻無法讓它變成一個更棒的雪橇——也就是無法因此讓雪橇更穩定地滑下坡、或更容易駕馭與了解。

拋開冬季運動這個主題，書則是一個作爲系統平衡的好例子。書是由墨水、紙張與膠水製成，書的本質如此簡單，即使學齡前兒童也會很開心製作或繪畫自己的書（但需要大人協助使用剪刀）。一本書也是容易使用的：只要打開書然後閱讀。你可以把書放在手提袋、公事包、口袋或背包裡，也能夠在火車、飛機、船上、公園和吊床上閱讀書本；可以邊走邊讀、躺下來讀或是吃早餐的時候看書；可以用購物清單紙條、公車票或只是折角在書上標註，即便在這樣數位時代中，書本的有效、簡單仍顯得非常突出。這個時代宣示印刷死亡，但只見比過去更多人購買或閱讀書本。許多跨國的、成功的商業網站是書店。電子書（可以在手持電腦上閱讀的書）有其地位，但是相對於廣泛的傳統讀者，電子書還是很小一部分。書本就像是鐵鎚、斧頭和鉛筆那般永續流傳。

如我們所見，巴哈宣稱他的三十八種花精是完整的體系，因爲只有三十八種，容易學習、了解和運用。就像書本一樣，巴哈系統是「本質簡單」（只需要準備好三十八種花精與基本的自我了解）和「使用簡單」（容易挑選、組合與服用自己所需要的花精），蹺蹺板的兩端都平衡，卻達到最高可能的效益。這樣具備平衡的簡單原則是巴哈系統的主要好處，解釋了爲什麼大多數人仍然跟巴哈與其素人助理一樣持續地使用巴哈花精。

畫蛇添足

接受簡單的東西爲其實際價值，這點是需要信心的；若不具有這樣的信心，簡單會讓我們產生動搖與疑惑，覺得自己可能太膚淺，也許需要更深入看待。我們會這樣說：「事情不可能這麼簡單！」甚至在我們了解之前就開始畫蛇添足，讓原本簡單的這件事情變成繁複的巴洛克裝飾或成爲令人生畏的專家。

這些年來，很多人試著在巴哈系統中增加所謂的「衛星系統」與「自動開飲機」。一位德國治療師區分身體多個部位與不同花精，需要花精的人得先有這種人體地圖來運用正確花精。另外一位則是介紹所謂「新複方」組合，例如鐵線蓮與線球草是一組，鐵線蓮和伯利恆之星是另一組，這些複方的描述混合了每個單方花精的說明而變得無意義，只是添加許多複雜度。並非透過這三十八種花精運用在我們的處境中，且要翻閱幾百頁找到似乎合理相應的複方花精（一邊這樣做又一邊懷疑：爲什麼這幾百種複方會比其它幾百萬種沒被提及的複方更有用……）。還有些治療師則是爲此系統多此一舉地加料，使用脈輪（選花精之前先要學脈輪），或是占星術（選花精之前先要有星盤），或是同類療法（先要成爲一個同類療法醫師才會用花精）。這些結果是一樣的，「本質簡單」與「使用簡單」都變少了，卻又沒有增加其有效性。

以上所述都還沒有混淆劑量說明的問題嚴重，神秘的或個人偏見可能會混淆原本簡單無需多想的方法。劑量說明像是：每天使用三次、早晚各七滴、早上九滴晚上七滴，或是飯前飯後四滴，兩滴未稀釋使用三天後換成稀釋使用兩週、每天八滴等等……，難怪許多人與艾莉森·海德有相同的感覺，她說整脊師以靈擺來調配個人花精處方給她：「複雜的劑量說明，每次幾滴、使用幾天。我覺得要記得這些指示，還需調整生活以配合指示服用，讓我備感壓力。」

使用花精不應該有壓力或複雜度，我們也許同意狄波諾提到幾個人類會被不必要的複雜所吸引的原因，其中包括傲慢（擁護複雜的想法，好讓自己看起來在文化與智識上是優越的）和利益（複雜性才可爲原創專家製造工作機會）。溫和一點的說法，這些治療師缺乏自信接受簡單性並且與之成長。無疑的，我們可以建議一些花精來幫助他們。

比較巴哈早期與後期關於花精的著作，可以看到巴哈的想法發展朝著一個方向走。最早他從來自許多不同傳統的複雜想法開始，當他對自己的發現有自信之後，慢慢變得更簡單也更專注。我們可以從很多層面追溯巴哈的這種改變，但我想從兩方面來談：一個是身體疾病與花精的關係，另一是花精與占星的關係。

身體症狀

巴哈主張身體症狀與情緒狀態緊密有關，在《自我療癒》（*Heal Thyself*）一書中如此陳述：「任何讓我們受苦的疾病，都會引導我們發現藏在折磨之下的錯誤……，身體的任何一部位會生病並非意外，都是依據因果法則在運作，且是來協助我們的導引。」

不去了解背景地閱讀這則巴哈宣言會產生很多誤解，最常見的就是編造出花精與僵硬的假象關係：有僵硬特質的花精有山毛櫸、岩泉水與水堇，但身體上的僵硬意指包括脖子僵硬、肩膀不能動、痲痹與關節炎。

巴哈本身是醫生，他曾受的訓練是將身體症狀視爲診斷時的助援，他的正統研究是細菌，隨後轉到同類療法也是投入身體疾病主題。巴哈在一九三〇年六、七月寫下《自我療癒》這本書時，他才剛開始與三朵花合作，也剛發展出日曬法的製作準備（請參考第5章186頁）。在淺層與象徵的形式上，倫敦醫學實驗室的經驗仍然影響著巴哈，長時間身體疾病領域的訓練讓他以爲身體症狀與新的花藥領域有關。

但是巴哈很快就改變了，當系統加入更多花精，巴哈瞭解到他原本以爲某些特定花精與某些特定疾病的相關性並不存在。他在寫完《自我療癒》一書幾個月之後，又寫了一篇有關在夏天找到的新花精的文章，文中他明白地反對用身體症狀來診斷：「重點不在於患者的身體疾病，我們必須了解患者屬於哪種性格。」這個新系統超越了身體症狀，我們也必須只用「個人的感覺」來選擇花精，運用身體症狀來選擇花精會更複雜而且無用。有關節炎的人卻堅持告訴所有鄰居自己的狀況，這個人所需要的是石楠而不是岩泉水；另一個肩膀僵硬的人也許需要的不是山毛櫸，而是要用枸酸漿來幫助他去要求老闆更換一張新的辦公室座椅，或是用馬鞭草幫助這個人休息與放鬆，或者用橡樹、榆樹來處理過度工作。巴哈曾說過他的素人助理們挑選花精比他更爲厲害，因爲他們不用像他還要努力去忘記多年來的醫學訓練，他們比巴哈較容易忽略觀察人們的身體症狀，反而較能單純與有效地使用巴哈花精系統。

占星術

從散亂的資料中可發現，巴哈在某個階段相信占星與花精有類似的相關性。一九三〇年二月一篇發表於《同類療法世界》（*Homoepathic World*）期刊的文章，巴哈指出想要生產出最有效用的花精，「行星影響」可能是一個考量因素。一九三三年，巴哈寫給朋友的信件中提出花精系統看起來對於占星的純粹與瞭解有「極大幫助」。但是在同一封信件中，巴哈謹愼地希望不要太過頭：「說到占星，我要很小心，這是爲什麼我在《十二個療癒者》（*Twelve Healers*）中省略星座與月分……，在確認之前，我不希望太過武斷。」

占星與花精都是基於假設——能將所有人們分類並以有限的準則歸納之：行星和星座是一個系統、花精是另一種系統。在原始十二個花精與十二星座之間，巴哈一定是感覺到有某些巧合值得研究，事實上即使發展出更多花精之後，巴哈仍然覺得原始十二個花精是特別的。他在一九三三年與一九三四年出版《十二個療癒者和四個協助者》（*The Twelve Healers and Four*

Helpers）與《十二個療癒者和七個協助者》（*The Twelve Healers and Seven Helpers*）兩個版本的書中，均認爲這些「協助者」是用來幫助調節「療癒者」的花精，即有些人在原始十二個療癒者中用了正確花精之後，疾病雖已消除，卻沒有再改進時，協助者將是可採用的花精。

巴哈後來也捨棄了這個說法，他在最後一個版本的《十二種原始花精及其他花精》（*The Twelve Healers and Other Remedies*）❸書中，列出比之前十二個類型或個性花精更多種類的花精（例如葡萄樹、山毛櫸、橡樹、石楠，這些不是原始的十二個花精），巴哈在書名保留「十二個療癒者」的唯一原因是巴哈知道讀者已經熟悉此書名。我們會去分辨這十二個花精與其他二十六個花精的差別，出於標註上的區分，沒有哪些花精優越於其他花精，甚至這些標註也可能是出版商加上並不是來自巴哈本人。

所以，那有關占星和其純粹性呢？

我並不想在本書維護或攻擊占星的效用（或任何其他信念系統），幾千年來占星師爭取到他們自己的位置，也不需要我的幫忙，但是不論我們是否相信占星，我希望大家可以同意的是這些都是運用歸納法來描述人的方法。占星師用的語言（黃道星座或是行星位置）是描述某人的情緒或靈性狀態。「約翰是處女座」想告訴我們一些關於約翰這個人。花精也是這樣，想

❸譯註：上述之前的版本均為原文直譯，此處則用中文版出版時之書名。

用花精的組合來表達語言，「約翰有一點葡萄樹、還隱約帶有一些野玫瑰」也是在說明某些事情。我們可以用兩種語言來描述某人，但是這並不表示兩種語言包含同樣的字眼。

再來看看口語的例子就會更清楚我的意思，當我想要描述壞掉的車子，我可以用法文說「一團糟」（elle est dans les choux）或用英文說「全毀了」（it's up the spout）這兩句表達同樣的意思，卻包含彼此無關連的元素。我無法只是逐字將 dans 與 choux 的法文翻譯成英文，因為這樣英文最後會變成「它在包心菜中」（it is in the cabbages），而完全錯誤地描述車子狀態。我反而會看著車、看著損壞之處，然後以正在使用的語言來表達。同樣緣故，當想用占星與花精來描述約翰這個人，總是要從約翰開始，這兩種描述有其各自方式，兩者雖彼此元素不同，卻都是正確的描述。

因此，我們需要非常謹慎（巴哈也是這樣謹慎）形容某個花精（例如線球草）與某個星座（天秤座）有單純或直接的相似性。就像不同的語言，兩個系統之間是無法用相同方法互相對應的，「天秤座」與「線球草」即使展現出相似性，卻有著不同的功能。假裝彼此有關連，會對兩個傳統幫了倒忙。巴哈也清楚地看到這點，黃道星座在《十二個療癒者》任何版本的書中都沒有收錄進去，巴哈的系統已經完整，並不需要提到占星。

鷹架

巴哈將其每個階段的發現都付梓出版是爲了對人們有立即性的幫助，即使他知道可能幾個月後就要重新修訂內容。爲了避免混淆，巴哈總是告訴出版社，每當有《十二個療癒者》新版本出現，就要銷毀舊版本。有一次，巴哈自己在維農山小屋的花園生起火堆，燒燬手中所有筆記、信件和個人文件，這個舉動嚇壞了朋友們。在巴哈眼中，這些筆記、想法和理論只會帶來困惑。他視這些爲鷹架，協助建造房子的過程中需要，但現已不再適用——是房屋建造完成可以入住時的正面障礙物。在各種理論之中，《十二個療癒者》的最後版本是實踐簡單原則的模範。

巴哈從複雜想法到最終簡單陳述的過程，公然違抗了我們一般以爲的原則：越複雜的系統才能把異於常態的發生和需要特別照顧之處都包含進去。巴哈堅持的簡單原則才是非比尋常的，他將工作提煉到最基本的樣貌，除去任何不需要的裝飾與猜測，他就好像是一個反向的畢卡索，開始時創作巨大的油畫〈格爾尼卡〉(La Guernica)❹，然後一路解構，回到了鉛筆與墨水素描那般，以最簡單、最純粹的描繪表達他的遠見。

---

❹ 譯註：一九三七年，畢卡索受西班牙共和國政府委託，為巴黎世界博覽會的西班牙區繪一幅裝飾性的畫，從而創作了這幅偉大的立體派藝術作品。作品描繪出受炸彈蹂躪之後的格爾尼卡城。

巴哈專注於呈現理想且實際的成果，而不是多數所謂後代的我們心目中的樣子——以爲要靠數量的堆疊和成果的厚重——幫助巴哈創造了獨特的系統，巴哈證明這個完美工具不再需要修正。簡單性讓這個系統更好學習、更容易使用、更輕易介紹給其他人。我們只需要了解花精，對自己感受有基本了解即可。你、你的醫生、你的牧師、雜貨店老闆和塔羅占卜師都可獲得療癒——不論信念與偏見爲何的每一個人都可以獲得療癒。就讓我們回到巴哈所講的：「保存其純潔性、擺脫科學研究與理論帶來的屛障，這樣，人們將受益於這份天賜的禮物，因爲大自然裡一切就是那麼樸素單純。」他的話告訴我們，運用這個系統的純粹與簡單形式，將會對使用者有更好的成果。

iv 活在當下

把握今日，不要信任明天。

——賀拉斯（Horace），羅馬詩人，西元前六十五年至八年

七個把握今日的花精

此刻只有一次，一旦錯過就無法活在其中——這是簡單卻也是最難學會的課題。我們的思想總在別處：困在過去、著眼未來、擔心許多尚未發生的事情，以致對現況不感興趣或缺乏專注，每天我們錯過無窮的當下。我們明明可以做到的事以及可以抵達的高度卻都掌握不住，好似流水從攤開的雙手中流逝。要讓時間慢下來，需要專注在當下並認眞對待生命中每一秒，需要將每一刻皆視爲充滿滋味的美味珍饈，不論苦或甜。

巴哈的這組花精可以針對對當下沒有興趣的人們，並幫助專注於此刻，包括七個花精。

白栗花（White Chestnut） 當腦袋繞著過於瑣碎的事情打轉時，可幫助安穩思緒，幫助將困擾的思緒放在一旁，更全然投入正在做的事情。

野玫瑰（Wild Rose）是活力和熱情的花，在我們開始隨波逐流，覺得在混日子時有所幫助。

忍冬（Honeysuckle）幫助我們從過去回到現在。如果我們深深地被困在過去，無論是後悔還是懷念過去的美好，都無法在當下找到喜悅。

橄欖（Olive）當我們太過疲倦而再也沒有能力展現興趣時，可幫助重新恢復元氣。

栗樹芽苞（Chestnut Bud）關於經驗與學習。在負面狀態時，我們會重蹈覆轍，故態復萌，因爲不會注意到或無法爲自己的行爲負責。

鐵線蓮（Clematis）當思緒迷失在未來，我們流連在夢想中，但沒有實際行動，因此失去夢想成眞的機會。鐵線蓮讓人扎根於現實。

芥茉（Mustard）當我們失去生命中所有喜悅的意識，感到無法解釋的沮喪——沒有什麼不對，但就是感覺低落——這朵花幫助我們提升並感覺自己是深受祝福的。

中國哲學家孔子說：「一直保有快樂或智慧的人，必定常處於變動中。」❺，但除非我們注意並從中學習，變動才不會毫無價值。有時我們的思想被佔據了，以致無法專心與注意到自己的成長，總彷彿在半睡半醒之中。這組花精好比喚醒的鬧鈴。

使用巴哈花精之後我變得更為敏感，對氛圍的變化和天氣改變也有反應，這是因為刺激與發展了更多覺察的緣故。以往我不曾花太多注意力的那些事情，現在我對它們變得更有意識了。

——林米淇

安穩思緒：白栗花

一位失眠的人以抱怨的口氣說：

「我做了工作，而這就是我的代價？」

「是的！」一位回答。

片刻之中，雙方無言以對。

「你無法想像我有多麼渴望休息，如同飢餓與口渴那般地盼望極了。足足有六天，每當工作後思緒就像洗衣機轉個飛快、不間斷地來回繞，思考滔滔不絕卻又無處可去，持續快速旋轉……，旋轉，旋轉，旋轉，旋轉。一直在繞圈，不停地在繞圈。」

——威爾斯

《當睡眠者醒來》（*When the Sleeper Wakes*）

❺譯註：「智者動，仁者靜；智者樂，仁者壽。」

馬栗樹（horse chestnut）又名七葉樹（Aesculus hippocastanum），這正是白栗花花精的來源。植物本身呼應花精安靜的特質。其一呼應是在粗壯樹幹之上安靜、挺直地開著蠟燭般的花簇；另一呼應則是樹上結的果實，外殼雜亂有尖刺，打開裡面則是一顆光滑、閃亮的果實——這帶給我們一種意象：如果看透麻煩與煩惱的表面，就能看得到裡面的寧靜，而這股寧靜始終在該處。想要找到寧靜，我們必須敞開並放下憂慮，必須要保持安靜而不要急於結論。冥想、吟唱與儀式目的都是要讓心移動到更趨近安穩與內在智慧。巴哈是眾多導師之中，說出「讓心智安靜下來的需求至關重要」的其中一位。

處於白栗花的負面狀態時，這是我們眞正掙扎之所在。花精應用師通常描述白栗花的思考是擔憂，的確如此。但有時也會誤導，因爲我們有時會以爲擔憂（worry）等同於焦慮（anxiety）。白栗花的眞正擔憂是像狗對骨頭緊盯不放那般執著，意指持續著、不間斷、一直來回繞著某件事情。多數的心智活動並不是這樣，而且這樣的模式不利於思考；心智能力擔憂某個問題，能讓我們檢驗並找出可行的解決方案。但是白栗花狀態是人們的擔憂已經失控，以致擔憂本身就變成最終問題。當思緒帶著我們跑偏了，跑到溝槽之中，思緒接踵而來、來回縈繞，卻沒有方法可以脫離。有時在溝槽中重演過去事件，我們整天頻頻回頭想著這些發生過的事情，或是重複自己說過的話、對方說過的話，以及我們應該回應而沒回應的話。有時思考會聚焦在未來，都是有關明天會如何如何的假設，一直在腦中轉圈。抑或有時是一些非眞實的，也與生活無關的思緒，像是電視上播出的話，或是街頭聽到的話，好似輪子一般在腦海打轉。

花精應用師認爲失眠與白栗花有關，是因爲擔憂的心不能夠安然入睡。我們不必排斥這樣的聯結，但失眠也可能有其他原因。活躍的思緒確實也會造成失眠，像是龍芽草（在安靜的時候，壓力思緒就會回頭出現），或是馬鞭草（無法關掉思想，還計劃著明天的活動）。若在選擇花精時有疑惑，一個小撇步就能確認白栗花的環繞特質：思緒轉啊轉個不停而沒有想出所以然，此時白栗花就是正確的花精。

當我們已經在別的層面失衡時，白栗花的擔憂是最具破壞性的。當過度擔憂又找不到解答，我們原本已存在的負面情緒狀態就會更被強化。例如：如果沮喪時，我們可能會選擇對沮喪的某個方面過度擔心，因此更讓人感到疲倦，以致形成鵝耳櫪狀態，並且變成主要問題。或是可能憂心自己的外表，導致野生酸蘋果情緒。照說我們該將疲倦僅僅當成是沮喪的因素之一，而爲此做點什麼（例如運動、進食），但是白栗花狀態則是讓人感覺無助，只能耽溺在自己所認同的情緒中。因爲擔憂通常會伴隨並惡化其他負面狀態，因此白栗花是最常被使用的協助者花精，它可能打開一整個療癒過程，協助穿越許多潛在層次的負面情緒。

案例分享

我有許多不必要的擔憂想法，因此晚上無法入睡。腦中持續喋喋不休而無法休息，同樣問題在腦中會攪動很久。這個白栗花花精真的能幫助我。

——克萊爾・應雷

我曾經驗過印象最深刻的花精效果就是某晚用了白栗花。因白天的工作纏繞腦海中而無法入睡。我躺在床上約二十分鐘，思緒颼颼而過，沒有減少的跡象，然後，卻彷彿有人到我腦中拔起所有思緒，接著就像一塊木頭般地熟睡了，真是太好了。

——琳・希藤

倫敦的一條街

我在九歲的時候，應該是六月或七月某個夏天的午後從學校返家，我走下家門前水泥台階，左轉，跟著媽媽一起走，我們打算到對街臨近的商店，我期待著當媽媽購物時，自己可以到便宜塑膠玩具堆挑選玩耍。

但是整條街烤熱了的人行步道上覆滿著飛蟻，它們停在我的鞋子和褲子，隨意飛來飛去，很難不踩到他們。街上聞起來都是熱氣與灰塵，陽光壓在我的頭頂，還有成千上萬的小飛蟲到處亂竄。

這天的強烈感受一直沒有離開我，記憶中的黃色亮光有如梵谷的太陽花，彷彿仍可聞到當時街上瀝青融化的味道，還能感覺當時嘴唇與腦後方的汗水。這個強烈、活生生的感覺如同當頭棒喝，銘刻在心。雖然沒有特別什麼事情發生，只是跟著媽媽閒晃到當地商店買點東西，但我仍能看到或感覺每一刻歷歷在目與屬於我童年的清晰五感。長大之後許多更戲劇性的事情我都忘了，卻還是感受得到這個許久以前六〇年代在倫敦的午後塵埃，仍然聞得到地上鋪設的石塊，聽得到空中翅膀的拍響聲。

感覺活著：野玫瑰

我在六〇年代夏日所感受到的是：閒晃，但非常鮮活、好奇、敞開並且收錄一切正在發生的事情；也可能有另一種完全不同的感受：閒晃，但忘記了覺知。這差異正可用來評估是處於正面野玫瑰狀態還是負面野玫瑰狀態。

在負面野玫瑰狀態，我們會感覺生命從旁流逝，在每一時刻與每一場所之間，自己是漂流晃蕩的，無法找到喜悅及承諾於任何事物。我們缺乏動機與意志，因此也很難改變。並不是對處境感到深度沮喪而是感到失聯了，因此強烈負面情緒的力量也不見了，換來一種遭受慢性且低落的冷漠感，退縮回到單調的生活，忍受著任何事情的發生。我們對疾病、痛苦豎白旗，也對快樂如此，因同樣地缺乏熱情。我們可能會拒絕改變，也從來沒有積極行動過，只是聳肩說：「喔！我能怎麼辦呢？就只能接受啊！」

野玫瑰可以協助促進目標感和成長的渴望，移開冷漠感並教導如何有目標地遊蕩。在正面的野玫瑰狀態，我們會關注生命中的每一刻，好好享受每個當下的美妙滋味。我們不需要刻意嘗試，而是放鬆地讓世界到來。如同原野上的百合，我們是無瑕的人，無需勞苦或瞎轉，也會自然有序，並在光輝的意識中。我們是孩童，總是在學習，充滿著好奇、疑問與喜悅地仰面對生命呼喊：「是的，我願意！」

案例分享

我鮮明地記得，自己像個小孩找到了路旁樹籬邊的美麗淡粉色玫瑰時，很想要摘下花朵回家，但花瓣一摘就散落，讓我很失望。一旦花的生命源頭被剪下，它就放棄了，沒有能量或欲望存活。我仍記得看到花的枯萎與死去的悲傷，但最糟的是竟然是我造成的。很高興知道巴哈醫師已經發現這些小玫瑰的療癒力量，釋放了我的罪惡感。

——吉兒．海德

記憶的夢魘

俄羅斯的一位記者史瑞夫司基（Shereshevskii），天賦異稟，具有驚人的記憶力，可以在幾分鐘內記住七十字的清單，並於十五年後還能完美清楚地回想，順著念、倒著念，以及所有細節，當時第一次聽到的地點、誰在現場、坐在哪裡、穿著如何等等，都可以回想感受，明亮精確有如仍處在當時。這個人光想著他在睡覺或奔跑趕火車中，就可以戲劇性地降低或提高自己的脈搏；或是想像自己一手放在火爐上，另一手握著冰塊，即可同時讓一手提高溫度，讓另一手降低溫度。

多年來，心理學家在他身上做研究，史瑞夫司基的天分最終變成了詛咒，因爲他無法遺忘。到了晚年，他累積了非常多的回憶，每件事都圍繞著他喚起過去的意象、滋味、聲音和氣味。他在當下無法工作、閱讀、講話或思考，因爲回憶總佔據著他，讓他不能從過去學到課題或看到生命的模式，他可以回想每個事件的完美細節卻無法歸納整理，這個人已淹沒在回憶中。

接受過去：忍冬

這種花的香味總會餘留芬芳，鄉村小屋的花園裡常常看到它，自然地讓忍冬花精與鄉愁連上關係。我們老想著：如果還是當年該多好，再也找不到那分愉悅了——這是忍冬狀態的一種。另一種則是當人感到後悔：一切都做錯了，要是我能回頭重新做不一樣的選擇就好了。這股懷舊或後悔的思緒纏繞著過去，讓心離開了現在與未來，結果無法計劃或改進事情。我們處於這樣悲傷的狀態，迷失在回憶裡，就像上述那位史瑞夫司基無法遺忘一般，只是較爲平凡版的夢魘。

一般認爲老人家與忍冬有關，有幾分道理。大眾文化都繞著年輕和身體活力而打造，一般傾向將不再年輕的族群邊緣化。當現有機會漸漸減少，回憶就漸漸顯得更吸引人。同時，不論是文化或身體的原因，時間隔得越久，童年與年輕時期的回憶會變得更生動。但是有忍冬狀態的人也可能包括小孩，當小孩被送到了新學校，他會有想家情緒，這也被認爲是典型的忍冬情緒。

忍冬植物俗稱 honeysuckle，來自臆說蜜蜂會從這個甜香植物 Lonicera caprifolium 吸取花蜜而來，但卻是一錯誤的說法。因爲蜜蜂從這個植物身上根本得不到任何好處，就像我們無法從負面忍冬回憶得到好處一樣。這植物另一個俗名叫做樹藤（woodbine），是因爲它有纏繞樹的習性。藤勒著樹，讓樹無法生長，有如被忍冬回憶緊抓不放的類似影響。藉此延伸，我們可說忍冬花精是讓我們吸取過去的甜蜜美好，但不致被困在其中。在正面狀態時，我們可以歸納出經驗並化爲條理與原則，可從舊有的悲傷與後悔中向前邁進，以今日視野而非過去來看待，不讓過往陰影黯淡了當今。我們可以從往日痛苦中習得好處，從陳年弱點中獲取力量。「不要因過去錯誤的思緒而抑鬱，」巴哈說道：「它過去了，也結束了，從中獲得的知識能讓我們避免重蹈覆轍。」

增長力量：橄欖

橄欖的負面狀態是我們身心耗竭，急需要找到新的元氣。橄欖花精提醒我們總是可以在自身找到更多的元氣，並回到與這種能量的聯結。橄欖花精的特質與橄欖樹的果實、橄欖油的特質都很接近，皆以不同方式促進健康與活力。

我們通常認爲負面橄欖狀態是勞動工作的後果。其實就像身體爲生病而掙扎後所產生的疲憊，心智爲讀書、思考或過度擔憂的付出後也會形成一種消耗殆盡。情緒上的精疲力竭也屬於橄欖狀態，常發生在創傷或家族糾紛的慢性侵蝕與工作壓力之後。關鍵就在於「之後」這個詞。橄欖狀態總是某種程度努力與費力「之後」所造成的疲倦，對比於跟鵝耳櫪（參考84頁）的疲倦，鵝耳櫪只是「思忖著」要去努力就覺得疲累，換句話說，是在開始奮戰「之前」。

光用橄欖花精就可幫助我們短時間內恢復。倘若我們的所作所爲總是讓自己疲倦，也許更需要思考使用其他花精。持續或重複的疲倦似乎是在建議我們需要發展出某些特質幫助自己更能衡量生活。頑固的橡樹、熱情的馬鞭草、愛助人的矢車菊或愛社交的龍芽草——這些都可能會讓生活失衡、令人疲倦，需要暫時休息。在這些清況中，橄欖是協助者花精，要靠其他花朵來「治療」（cure）以重新平衡形成疲倦的主要原因。

自古以來，橄欖樹被認爲是和平的象徵。即使今日，我們手持含有隱喻的橄欖枝遞給某人，依然象徵希望與之締造和平。這也提醒我們橄欖花精常被忽略的第二種正面潛力：橄欖花精能帶我們回到休憩之處。極度橄欖狀態會讓人十分痛苦，每天生活中沒有樂趣，每件事都是不可能的任務，即使在安靜與入睡時都是如此。橄欖讓人可以收回自己、喘息一下，讓人放下煎熬，不需藉由意識就可信任身體與心智會找到自己需要的力量。

案例分享

我使用橄欖花精時，並不曾有如一般人期待傳統藥方的那種立即能量，它比較像是我已經完全忘記自己的疲倦。唯有經過一段時間後，我才能真正發現疲倦已被抬走了。

——史道特．葛夫格

我發現橄欖處理疲倦真的很神奇。似乎能立即喚醒我，我經常使用橄欖花精。

——艾蓮．摩爾

學習

作為嬰兒，我們從出生起就知道如何索取所需之物，並且會避開殺害自己之物。我們會依偎在母親懷裡、會吸奶或吸奶瓶、會以哭泣得到溫暖、食物或是安慰，會避開看似危險的形狀物。我們可以形容這些能力為本能的聰慧，因為它們不必思考或經驗，不需要有人對我們示範技巧，也無需事先練習，我們就是知道怎麼做。

眞正的聰慧是另一個層次。意謂著適應環境以便讓功能更好，不同於達爾文靠物競天擇的物種適應法，在一生中努力適應，是與學習有關。基於發生過的經驗，學習如何對新的情境做出不同的反應。若無法發展這點，人就只會在不明形狀物出現時，轉身哭泣求助。感謝學習可讓我們分辨對方拋來的是球或是手榴彈而有因事制宜反應，我們越能從經驗中學習，或向身邊人學習，就越能走在個人進化的旅程上。從這點來看，學習和成長是同一件事。

身爲老師與作家，蓋．克拉斯頓（Guy Claxon）認爲最有效的學習方法通常是緩慢的，也是無意識的，需要從經驗找出模式與發展「如何做」的感覺，而不只是坐下來學習規則。駕駛訓練課就符合此原則，人無法在教室中學習煞車與離合器，而是應該坐在車內，先有些基本知識（這是方向盤、這是煞車）然後開始駕駛，當我們開車時，教練會有更多的指示，當然也要有安全保障，但眞正的學習是記住每一舉動的效果，慢慢建立良好駕駛模式之感覺。當我們漸漸勝任，就能夠做出正確的行爲而無需思考。

無意識的學習不限於機械性技術如開車，更常應用於智性的能力上。舉例來說，科學研究中，預感會告訴科學家怎麼去找下一步。相較於突然直覺跳出的一個美妙、有正確感的假設，科學家試著用邏輯公式發現新事物，通常是遲緩又沒有效率的。因此，科學訓練的關鍵部分其實是緩慢與無意識的直覺發展，想要超越教科書的公式與數學，科學界的學生可以藉由嘗試錯誤學習什麼是好科學該有的感覺。語言學習是另外一個例子，我們不能只用教科書和句型學外語，最好學習中文的方式是住到中國，直到感覺出中文是如何運用的。如我們所知，小孩是極佳的語言學習者，小孩不用請教文法或翻字典，他們就只是活在該文化中像個海綿吸收語言，七歲或八歲的小孩就可以優雅並流暢地講著母語，學者也無法相比！

我有一位朋友在孩提時代廣泛閱讀，他發展出一種能寫好文章的感覺。當學生時，他很享受這個令人羨慕的能力，坐下來考試時他從來不用構思就可以寫作文；在十五歲左右，他開始準備要寫更正式的論文報告，他的老師停止講課而開始教學生如何寫論文。老師列出嚴格理性的規則，教導如何規劃前言、重點與結論。作爲好學生，我朋友在第一次模擬考想要用老師的規則來回答問題，卻突然發現自己無法寫作了。每件事都好像需要拐杖，因爲他的用字遣詞彷彿受傷跛行，論述像打了死結，並且無法做出結論。他第一次失敗寫不出東西來。

這個經驗指出一個我們都很熟悉的有趣現象：當人開始意識到原本無意識學習的經驗法則，反而會讓我們表現更糟。在考取駕照的多年後，想要有意識地開車，在操作之前想著每一掌控、每一舉止，這是方向盤、這是煞車，我們就無法好好開車了。當我們講話已經像中國本地人時，某日決定要在說出口之前先想著每一措詞，就會發現舌頭已經打結了。

我的朋友放棄了規則，回到自己感覺對的方法才得以考試過關。但這些不代表老師提供的規則是錯誤的，或是我們都不需要規則。無意識的知識可幫助人處理反覆的同樣情境，例如倒車就是倒車，如果想要開鉸接式卡車而非轎車，我們需要能夠應用原本的駕車知識到這個新情境，即使知道手煞車不在原本位置或後照鏡也不在同樣位置，我們也不會完全傻住，會更有意識知道它們必在，只需花點時間找出來。知道該找什麼並將其概念化的過程，讓我們明白如何生活且能控制預料之外的事情，當事情感覺不對的時候，才會有更好的機會找到問題的原因。大學時，我的朋友奮力適應寫作格式以符合歷史學位的專業要求，這時寫作手冊的理性指點則證明有用，幫助他看到何處出錯，並且修正在新格式中的撰寫技巧。

對任何事來說，平衡才是關鍵。最有效的學習是擅於建立無意識模式，也同樣擅長擷取意識的規則。無意識與意識都是我們需要注意並在生命中學習的。

學習：栗樹芽苞

栗樹芽苞狀態是因爲我們看不見生活中的模式，也就無法從經驗中學習——無論有意識或無意識。有負面的栗樹芽苞行爲的人一直重複錯誤：一個女人一而再與暴力、虐待的男人交往；或是某人總是辭掉一個他不喜歡的工作，又去一個類似的公司擔任類似的職務；或是學生總是因爲幾年前的同樣原因而又考試失敗。栗樹芽苞可以幫助一位酗酒者的女兒，她以服用毒品來度過父親過世的傷痛，或是幫助賭博成性的兒子，其父親是因不謹愼而生意失敗導致生活頹廢。他們若能找到前人經驗中的模式以爲他山之石，自身則可免於犯同樣的錯。我記得曾經在癌症病房中看到上述兩種栗樹芽苞的例子，在電梯等待區總是齊聚老煙槍們，一些是訪客，一些則是穿著病袍的病人，雖然虛弱且呼吸困難，但他們仍然想討根火柴，點根煙來「放鬆一下」。

所有的智慧都是基於經驗，端看我們如何利用它。栗樹芽苞讓我們開竅因而成長，讓我們不會在事發之後又很快就遺忘它，而是謹記教訓、銘記在心，以致培養評估能力並從中學習。我們看見思考、決定、行動與結果之間的關連性。我們從過去經驗學習什麼是感覺對的，並根據此知識做出正確行動。這將帶給我們堅實的基礎去規劃未來並向前行進。

栗樹芽苞和白栗花的花精皆來自同樣的樹，芽苞先被製作成花精，接著等到花朵全盛開時再製成第二個花精。製作栗樹芽苞花精的時候，我們需要用正確的樹種，諾拉·薇克提到：「請確認選擇的是白栗樹而不是紅栗樹。」不幸的是我們尚未看到花色前，就得先盲目進行芽苞花精的製作。或許薇克學習時也遇到困難，所以熱心地想將經驗傳遞給新手。

築夢：鐵線蓮

「你只給我冷冰冰的唯物主義，生活在世上有種種的困難與悲傷，我的夢想與理想離得那麼遠，你卻怪起我追隨它？」

鐵線蓮出現並且說：「你的理想上帝是理想的嗎？你確定事奉的正是創造你、給你生命的祂？還是你聽從的只是另一個要求你的人類？你忘了自己是上帝之子，靈魂帶有神性，這美好光輝的事實，而讓自己被另一普通人類誘拐了？」

「我知道人都想要飛往更美好的地方，但是人類世界的兄弟們，首先讓我們完成任務，甚至不要說是任務而是喜悅，願你妝點自己的住家，努力使之更美麗，就像我努力讓這片樹籬更為光彩亮麗，以致他們稱呼我是『旅行者的喜悅』（travellers' joy）。」

——愛德華．巴哈

我們需要夢想跟熱情，並且往前看到未來的快樂，因為這可幫助我們感到活著並積極面對未來。但這依然是個平衡的問題，只有築夢於現實中才有其用，夢想本身無法建構未來，這是鐵線蓮給我們的課題。

我第一份工作是擔任市政單位職員。我討厭那裡的一切：檔案、辦公桌、電話、電報機和汶萊買來的無意義皮帶扣與蒙巴薩的軍事徽章。為了逃離，我會拖延很長的午餐時間，並在臨近西敏寺泰晤士河旁那個充滿灰塵的公園休息，然後自言自語地閒晃，想像自己正對著一位記者描述逃離了平凡生活後如何變成搖滾明星的故事。在一小時或一小時半的獨白過後，我回到那個監獄，整個下午不停看鐘地工作。這就是負面的鐵線蓮——幻想、想像，但沒有意圖改變。

在負面的鐵線蓮狀態中，我們會用自己的夢想逃避現況。當事情發生而我們不想面對，於是就躲開它。我們會中斷，一點點風就讓我們飛離自己，就像鐵線蓮植物 Clematis vitalba 羽毛狀的種子。逃脫是一種幻想，真實情況並未被改變，白日夢是空白的也缺乏意志力，巴哈提到鐵線蓮的極度負面狀態時，將其特點形容爲「有禮貌的自殺」，眞正鐵線蓮類型的人常睜大了眼睛卻聽不進去別人說的話，她的思緒已經飄到九霄雲外，跟仙子們在一起，她會講到一半停住然後失去頭緒，她感覺沒有活力、容易失去意識、容易睡著或總是睡很多——這些都是心智無法專注在當下的徵兆。

正面狀態則展現在有創造力的人身上，他們能夠讓夢想栩栩如生，能夠允許並想像心智遨遊在各種可能與不可能之境。處在正面狀態時，我們知道向前進的方法就是利用現在，採取實際的步驟讓夢想成眞。我們不會只是夢想當一位偉大的藝術家，而是拿起畫筆在畫布上揮灑；若有熱情想要幫助動物，我們會在學校選修生物學，然後與銀行主管討論財務資助方案以攻讀獸醫學位；若想要孩子有成功的職業並成爲快樂和諧的人，我們會現在開始加入孩子生活，爲他們閱讀、幫助他們成長。正向的鐵線蓮是務實的夢想家，專注定睛於遠方目標與未來生活，但雙腳是落地並向前走的。她的夢想是在眞實生活中扎根，因此她的成就無可限量。

案例分享

寂寞的童年讓我活在自己的想像裡。兒時的白日夢延續到成年後，成為逃避的方式，我沒有真正的活著。鐵線蓮幫助我打破這長久以來的模式，我將創造力轉化為書寫詩作，已真實累積許多作品得以出版。

——蘇珊

五年前因為搬到這個房東留下很多家具的租屋處，讓我必須將一些東西放在倉庫。我總是告訴自己這裡只是暫時居住，等我下次搬家時就把東西都帶回來，然後可以如何如何。這樣告訴自己五年了，直到使用鐵線蓮。用過之後，現在房東已經把他的東西都拿走，我就可以拿出倉庫的東西，將我自己的窗簾掛起來了，我也比較開心了。之前很討厭待在這裡，就想像自己是住在別的房子內。但我現在能規劃未來的事情而不只是活在幻想的世界。

——路易絲

在學校時，我曾是個做白日夢的人，甚至現在，與人談話或看電視也會錯過很多內容，我需要做意識上的努力才能將心帶回當下此刻。我也有需要規律睡眠的習慣，總是在從工作回家的車程上陷入熟睡。

——J. C.

不需要花很多時間就知道我是鐵線蓮類型的人，去年六月時我用了這個花精約三週，我的專注力和吸收力有顯著進步。若是在我的學生時代，能這樣該多好（因為在課堂中我總是做白日夢，注意力很難集中）。我很難解釋清楚現在變成這種自己各部分都「在一起」的感受。

——大衛・布萊登

找到生命的喜悅：芥茉

眞的，我不知道自己爲什麼這麼悶悶不樂。
我自己也感到厭煩；你們說見我這樣子，你們也都厭煩了；
我怎樣染上了憂鬱，我怎麼遇見、邂逅了它，
憂鬱究竟是何物，它從何而來，還有待我去認識；
憂鬱讓我變得遲鈍，我都搞不清楚我自己了。

——莎士比亞

《威尼斯商人》第一幕，第一場（Act I, Scene I）

道途是內在喜悅與平靜的穩定基礎，只要持續走在正軌中，我們就能感覺得出腳底的踏實。當某些不好的事情發生時，我們會被帶離道途掉到沮喪的沼澤裡，那裡有許多花精幫助我們回到軌道和踏實地面上。當似乎沒有什麼原因，生命中每件事都很好，但我們仍然失去喜悅（有如莎士比亞劇中的安東尼奥不知道自己爲什麼悲傷），這個時候則該考慮使用芥茉花精。

花精應用師通常會描述負面芥茉狀態是自然而然且不可避免的現象：一片烏雲、一層濃霧，抑或夜晚降臨。連「沮喪」這個詞都好似天氣預報借來的用字，這反映了我們所感受的無助和無緣由的低落感。「憂鬱」似乎以它自己的時間來去自如，就像是下雨，我們能做的只是

坐著等，並希望雨不會下太久。我們退到內在休息，讓思緒往內漫生卻遠離光。

芥茉花是陽光的舞蹈，可以爲我們驅散雷雲，讓陽光很快照射下來。它爲生命帶來喜悅的感覺，幫助憶起宏觀永恆的正向、生命與其內在價值，還有微觀來來去去的小確幸，我們可以像快樂孩童那般活在兩者當中。芥茉花精喚醒我們對生命的興趣，平靜與我們同在，讓我們得以抵抗愁雲慘霧，因爲我們打從內心知道自己很好，我們生來就是快樂與完整的。

案例分享

某天我感覺總有方法可以離開這個黑洞，但又不知道那是什麼。當我第一次讀到芥茉，就再次確認我所經驗的是一種能被指認的情緒，這是非常簡單的自然藥方，也有效地幫助我。

——琳・霍爾

這十七年來我時常為陷入灰暗沮喪而苦惱。我很高興芥茉敲醒了我的頭！我持續喝了幾個月，而不是只在痛苦時喝它。

——愛麗絲・威肯蕭

5
高峰與典範

高峰經驗

一九六四年，在馬斯洛寫完《存在心理學探索》一書幾年之後，又在另一本書《宗教、價值觀和高峰經驗》（*Religions, Values, and Peak Experiences*）中談到「超越」（transcendence）。他在書中把先知們和宗教創建者所經驗的神密洞見與藝術家或一般人所描述的相似狀態做了一番比較，馬斯洛稱這些狀態為「高峰經驗」（peak experiences）。他發現不論他們的教條或宗教背景，這些經驗都有相似之處，都是靈光一閃的洞悉、勢不可擋的意義感、合一感、完整的滿足感，一切有了目的，又有了歸屬感，正是想要自我實現的人所追求的。馬斯洛假設這些高峰經驗是自然的心理活動，為所有人類所共有，即使不同文化對它有不同的解釋。

也許要解釋高峰經驗最簡單的方式是舉幾個例子。文學中有很多例子：沙特的《嘔吐》（*La Nausée*）一書中，沙特的敘事者進入一個高峰經驗，一個對「存在」厭惡、噁心的人，當他漫遊在無目標的暮日中，看到了卡利伯特燈塔的亮光——它是這黑暗小鎮的第一盞亮起的燈——當下一個小孩驚歎這景況。忽然，無法解釋的，生命有了意義，好似電流的光芒和孩子驚喜的歡叫聲呼應了他靈魂的感受。因此一種好奇感、一分覺醒兀自從他之內成長。他寫著：「我好開心！」不管對於現實中其實並未發生什麼這一點仍有著奇怪的困惑，簡單的一個開燈就啓動了他，為他不圓滿的生活中帶來統一與滿足。赫爾曼．黑塞（Hermann Hesse）的《荒原狼》（*Steppenwolf*）書中也敘述他在咖啡館有類似的經驗，在他的例子中，啓動他的扳機是音樂，從無趣的環境中把他帶著飛往天堂看到上帝的畫面，「我卸下所有防衛，也不再害怕。」他寫道：「我接受所有一切，也願意對一切給出我的心。」

這些突發經驗是如此經典，就是接納一切和宇宙之愛的感覺。正如《荒原狼》和《嘔吐》中所寫的，相對於一個更為支離破碎、惡意看待的生活，這些高峰經驗簡直是個明顯對比。

再舉第三個例子：塞繆爾．泰勒．柯勒律治（Samuel Taylor Coleridge）在〈老水手之歌〉（Ancient Mariner）一首長詩中，寫著他脖子上掛著被射死的信天翁，站在滿是死屍的甲板上，充滿著對自己人生與海上生活的厭惡感：

多少美好的人！
遽然離世，躺在甲板；
而萬千濁物卻仍然活著，
我也還在苟延殘喘。

我望著腐爛的大海，
趕緊把目光從那裡移開；
我望著腐爛的甲板，

躺滿我死去的同伴。
仰望蒼天 我想祈禱，
但是禱詞尚未湧出；
聽到一陣邪惡的呢喃，
抽乾我心似塵如土。

邪惡的呢喃者阻饒他不能禱告，讓他這位老水手無法聯結自己或他人的生命。但在幾行詩句之後，他也在突然達到的洞見中，接受了所有事。在接受了所有事之後，他回到了恩寵的狀態：

在那船身陰影之外，
我看到水蛇：
游移在白光之中，
當它們豎起蛇身，如精靈一般，
頓時濺落無影無蹤。

在那船身陰影之內，

蛇身顏色多彩冶豔：
蔚藍、碧綠、晶黑，
盤旋縈繞之中，
留下一簇金色火焰。

喔 幸福的生命！活著的美！
沒有言語能夠形容：
一陣熱愛湧上心頭，
我情不自禁祝福他們：
必是神明對我憐宥，
我情不自禁祝福他們！

就在此刻我能祈禱了；
我頸部自由了，掛著的信天翁，
自己掉了下來，
如沉重鉛塊落入大海。

爲了避免我們只從小說和詩詞中體會高峰經驗，現在我們轉到眞實的個人經驗。在《希望的理由》（*Reason for Hope*）一書中，是科學家，也是環保衛護者的珍・古德形容兩個她所經驗到的片刻。第一個是在一九七四年，她在巴黎聖母院，一場婚禮在這巨大建築的遙遠一角舉行，不然那裡幾乎沒有什麼人在附近。當她看著玫瑰窗子，當風琴敲出巴哈的音樂〈D小調觸技曲與賦格〉時，這個地方、當下的寧靜、音符的跳耀，讓她突然一下子提升了。以她自己的話來說：「剎那之間抓住永恆的一刻。」在那其中，宇宙的美好精髓忽然變得顯而易見。

第二個例子發生於一九八一年，珍・古德在一場熱帶暴風雨的中心被困住，只好在棕櫚樹叢下避難。而她觀察中的黑猩猩一家則在矮樹叢之上躲藏，她和牠們在閃電打雷、大雨傾盆的狀況下坐等超過一個小時。終於風停雨歇，她和黑猩猩重新回到下山的某一處，可以俯瞰一片湖水，每樣東西都掛著晶瑩的雨珠，在暴風雨過後烏雲離去的地方，太陽探出頭來。珍・古德形容自己似乎溜進一個意識被提高的狀態，一個無法言喻的狀態。她失去了自我，取而代之的是感受到自己的生命與其他一切生命合一，黑猩猩、樹、空氣、大地、天空，讓她的感官超越平日，能強烈覺察出顏色、聲音和氣味，這是個神奇經驗，一種以心和靈魂直接接意識世界的方式。「似有一隻無形的手拉開簾幕。」她這麼寫著：「頃刻之間視野大開，我了解到永恆和寧靜的狂喜，也感受到科學只不過是宇宙眞理主流中的一小部分。」

卡繆也報告了一次他個人的高峰經驗。儘管只是記錄在他不太重要的筆記裡，但是他特地記錄是一九四三年五月二十日寫的。事實上，正因爲這少數有登錄日期的筆記讓它顯得不尋常，也顯示卡繆這個經驗的特殊意義。那是個炎熱、沉重的晚上，卡繆躺在草地上，想著如果死了會是什麼感覺，他寫著：「第一次！忽然有了奇異的感覺——滿足和充實感。」

最後，另一個高峰經驗的例子是我們從巴哈醫生自癌病中奇蹟似的恢復，可以知道他也曾有這經歷：那就是一股「流」（flow），更讓人易懂的是運動術語「區域」（zone）。心理學家用這些詞彙來描述我們達到高峰的片刻，不用在意識上努力而發現我們自己有如神奇恩寵似的，一切都好極了。丹尼爾．高爾曼引用一個在一九九四年得到冬季奧運金牌滑雪者的話，她不記得當時滑下來的細節，只記得那像一股「流」，她說：「感覺好像瀑布般的流。」

這些高峰經驗的例子讓我們能稍微感受到箇中滋味，馬斯洛在他書的附錄裡列下這些特色的成分。

- 第一，有高峰經驗的人們能說出清晰、直覺的感受，就是宇宙是整合、完整的。每一部分，包括正在高峰體驗的人，也都與他人聯結；衝突消融了，相反的兩極合而爲一。
- 第二，這經驗把人的認知變得寬廣又深邃，能夠含容包括全部，一切都變得沒有問題、都可以接受。以往的標準或評斷不再適用了。我們以平等完整的態度認知事物，宇宙中所有都同樣重要。

第三，這經驗把我們昇華到某一個點，以致我們可以客觀地觀看宇宙中的人事物。這如神識般對宇宙的洞見是如實存在的意義，並非因爲人類需求或特定個人需求而有的意義。

第四，當我們看到宇宙是如此客觀眞實，此時此刻我們也就轉化並遺忘了小我。高峰經驗不自覺地就讓我們從自我中解脫。焦慮等等負面情緒早已融化。

第五，不必再解釋高峰經驗，爲它找理由。我們會感覺其本質之價值，也就是說那種存在本身就有價值，不是因爲它們能帶來什麼。

第六，除此之外，高峰經驗顯示生活中有我們值得活的理由，有其本然深刻的價值。高峰經驗駁倒所有的懷疑論，毋庸置疑。

第七，這經驗終止了時間空間的概念。可能感覺是所有的時間都在此刻，或是感覺一刻即一世，亦或失去了在哪個特定地點的感受。

第八，我們體會宇宙中所有一切都是眞善美的，包括我們平常會覺得醜陋或邪惡的。疾病、死亡、殘酷都是周而復始模式的一部分，我們也都如實接受。（這不是暗示對邪惡之受害者的冷酷無情。冷酷無情是來自與自我的分離感和自私的小我感。在高峰經驗中我們和受害者並無二致，超越了無情或受苦的感覺。）

第九，以神一般的視野來觀看宇宙，讓我們不再有罪惡或驚嚇的情緒，這樣的反應只存在於我們感到不完整或是自私的宇宙觀。

馬斯洛的第十點特別有趣，因為與他價值觀念中的自性本質有關。他稱之為「B價值」（B Values）❶，包括眞實、簡單、正義、美、合一、善、超越和完美，這些都是所有靈性傳統的不朽眞理。在高峰經驗中，在我們最覺知、最開放時，這種「B價值」就會成爲看待宇宙的本然事實。也就是說宇宙原本就是眞實、簡單、正義、美、合一、善、超越和完美。在高峰經驗中，這些陳述不是基於相信或主張，它是事實，是直接覺知的單純報告：這就是我所看到的！

馬斯洛進一步指出的特徵還有：自由感、自我做主；更像自己了，雖有個人差異性，但是不再自私、不再關注自我；具有高度的自發性與開放性；能夠看到、經驗到在日常小事中的神聖性。這裡所描繪的宇宙跟巴哈認爲完整合一、有意義的宇宙之間有明顯的關連性，我們已經不需要再度強調。

❶譯註：全名是「存在價值」Being Values。

典範轉移

當我們思索科學是如何建構我們對世界的知識時，我們常常把它想成加法。兩百年前我們知道事實一和事實二；一百年前我們知道事實十，還有事實十一；今天我們累積到了事實十九和二十；明天還會增加二十一。科學是事實的累積，每個科學家在實驗室裡辛苦地加一兩塊磚到我們所知的這座知識高塔。這是常識化的看法，但只能算部分正確。

湯瑪斯・孔恩（Thomas Kuhn）在《科學革命的結構》（*The Structure of Scientific Revolutions*）一書裡，說明科學的突破其實完全是以另外的方式躍進。科學不是加法而是革命。當對世界的觀點改變了，事實一和事實二就破滅了，被別的事實所代替。我們並不是慢慢疊加造塔，我們是推翻它，重建新的。

孔恩的觀點認爲眞正的科學必需等足夠的人們同意第一座塔要蓋在哪裡。比方說，人類歷史直到牛頓時代，都沒有關於光的「眞正科學」，因爲尚未有一個單一被接受的理論。每個研究者都是自己摸索出一條路，依據他自己的理論、方法或自設的問題假設，然後草創一個新的結構。人們花了許多精力在基礎上定義又定義，然而，屬於這座塔的上層、更深奧的問題，從來沒人解決過。

在牛頓的《光學》（*Opticks*）問世之後，這才開始改變。牛頓《光學》一書中陳述光的理論，有了足以解釋的力量說服他人也來這領域研究。當具備足夠基礎知道要建造什麼時，科學家才會開始同意有些什麼問題要進一步研究，然後聚焦在這基礎上研究。這是一套共享的假設——塔應該從這裡開始蓋起，要蓋得像這樣子——這就是孔恩所說的「典範」（paradigm），典範是眞正科學的開始，倘若沒有這個典範，一切將顯得太支離破碎，無法整合。

科學之初就是在一片研究之中創立典範。每個理論包含著所有在這領域努力的人於眞實世界中解釋這些事件的承諾。要顯現這承諾，就需要設計許多的實驗、測量，這是正常科學的手法，也是大部分科學家的志業所在。典範告訴我們去尋找什麼，期望什麼，給我們信心和方向，把研究深度帶領到不可或缺的地步。但是典範卻不見得完美，不是每件事都可套用。經由時日，不可解釋的現象會累積，起先可以被忽略，或以反常來解釋實驗的問題，或當成特例，但是最終夠多的例外堆積成了危機。危機的存在讓更多科學家用更多的創意的和不尋常的方法與理論來處理這棘手的問題。最後，其中一個新點子能提出強而有力的解釋證明問題所在，因而一個新的典範成立了。每個人都看出原來那座塔形狀不對，地點也不對，只有取下所有的磚，重新蓋起，這以新換舊的過程，就叫「典範轉移」（paradigm shift）——原本被接受的實相被新的替代的那一時刻。

基於孔恩的改變模式，也說明了人類如何將藝術和文學分成不同時期：古典主義退位給浪漫主義，現代主義坍塌然後進入後現代主義等等。如果我們把典範定義得更鬆散一點，當它是一連串信念，那我們很容易看出醫生、牧師、建築師、廚師也都是依循一個又一個短暫的典範而工作下去。這個典範轉移的概念也可以應用到所有人類時代精神（Zeitgeist）的改變，正如每個個人意識的改變。根據瑪麗蓮·費格遜（Marilyn Ferguson）在其書《寶瓶同謀》（*The Aquarian Conspiracy*）中所說，我們今天都活在一個新的典範中。過去我們看到人類對抗自然，我們想要馴服大自然，想要控制住它就好像它是一個危險的敵人；現在從我們的新塔裡看到我們就是自然的一部分，分享著所有大自然無窮創造與超越限制的能力。

費格遜形容高峰經驗就如同典範一樣。一次高峰經驗可以是一次個人的典範轉移，是一個超越且擴展的時刻，讓我們找到新的意識層次，以新的方式來看待一切。一旦我們有過這個經驗，它將能永遠地改變我們，我們就可以推翻過去那道牆，重新起建，這效果或許是驚心動魄的。當索爾變成聖保羅，當悉達多·喬達摩一夜之後變成佛陀，我們就看到了經由勢不可擋的高峰經驗而形成永久性的典範轉移。但這並非唯一或最好的形容方式。

馬斯洛在《宗教、價值觀和高峰經驗》一書再版時增加了序言。他把以下兩者做一個區分：一種是偶而一次的「高峰經驗」，好似沒來由的巧遇經驗；另一個是比較持久，自願式的覺醒，他稱之爲「高原經驗」，兩者的名字就已說明其中的不同。高峰是兩塊延伸的陸地之間的高點，高原是一塊在高處延續的地方。我們觸及高峰後無處可去，就不得不返回低處；我們爬到高原，可以待在那個高處繼續我們的旅程。從聖保羅和佛陀的故事已知，要在高原生活就不僅只是觸頂，要有可應用的方法達到那裡，也需要努力與時間。兩位聖者中之前者——索爾，在他開悟之前，早在十四歲時就被訓練成爲一個先知，嚴格獻身於法利賽人；而後者——悉達多．喬達摩，在他那神奇開悟的一夜之前，有六年時間嘗盡嚴峻苦修。高原經驗的概念提醒我們一個眞正的典範轉移——如同聖保羅和佛陀經歷過的——在一連串像一般科學那樣慢速進行的努力之後，而成爲一種永遠轉移後以新的眼光來看一切。所以說無論從何處開始，我們必須盡力開始蓋第一座塔，這總是需要耐心的。

超越語言

在《自我治療》一書中，巴哈醫生建議了一些靈性練習，如靜坐、靜默省思、刻意的沉澱思想，以便讓我們對自己的感覺能有清澈的想法，也才能與靈性自我建立密切關係，這也呼應了很多傳統中要達到揚升的狀態必須超越思想，這是爲什麼我們用聽音樂、禁食、刻意獨處、靜坐、誦經、儀式、舞蹈、祈禱……等，這些靜默、重複、催眠的技術協助改變內在。如同求道者追尋直接的眞理體驗，我們也需要放棄語言文字，還有腦海中一直想要找理由的毛病，轉換到一個能暫停思想、不再分心，只在當下的一刻。

然而這超越語言的需求，又讓我們一直回來找些不合適的隱喻和比喻來形容感覺。其實這經驗是如此完整、簡單，以致無法解釋，這是爲什麼卡繆稱他的感覺爲新奇的，因爲他的理性難以置信。當高峰和高原經驗來臨時，是單純又直接的，單純到當我們寫下來時，似乎就變得微不足道。的確，馬斯洛建議別以文字辯解，不然立刻減低了它的價值。要了解它們是什麼樣的感覺，只能直接認識它。

天賜的禮物

在《自我受苦》（*Ye Suffer from Yourselves*）一書中，當巴哈醫生描寫花精如何增強與較高意識的聯結，巴哈以靈性傳統的直覺力來知曉和接受如何使用花精這件事：

> 這些花精的作用是提升我們的振動，打開我們的天線來接受靈性自我。給我們的天性添加豐沛的，也正是我們所需要的美德，並洗滌那些帶來傷害的缺點。花精就像美妙的音樂，或任何耀眼閃亮的、能提升振動的東西所帶來的啓發，提高自性，讓我們更靠近靈魂：經由花精的作用，我們重回平靜，釋放所有痛苦。

藉由「提高自性」，花精打開我們與較高自我、我們的心、靈魂以及更高宇宙的溝通管道，一旦建立了聯結，較高意識能以直覺般的低語和意識來指導我們，當然，這也是巴哈如何在最初發現花精時的能力，薇克提起這些時說：「要有智慧才能發現隱藏的眞理。」

如孔恩所展示的，科學世界要朝向典範轉移，需要經過漫長時間才會發生。當內在開始準備典範轉移，並開始使用花精或靜坐或其它靈修練習，都需要時間。花精不會忽然把我們帶到天堂，而是慢慢增加我們的覺察力，漸漸把我們帶上山；花精的效用比較像高原而不是高峰，它們帶來永久的改變而不是一下子的激情。

對於薇拉瑞·米勒（Valerie Miller）而言，花精帶來效果的經驗是很典型的。從一九八五年開始，當她在伍斯特天主教堂地下室聽到了花精介紹演說後，就開始使用巴哈花精。現在她是一位顧問，也是心理治療師。

頭兩年開始發現這些花精後，對我是個啓示。人生可以有新的意義，過往的憎恨、遺憾、憤怒慢慢改變成爲對現在、未來的正面思想。很難說在哪一個點上，我發現我的外表、態度都有了深刻地改變。改變如此幽微，我只記得從未如此的感覺到與所有圍繞著我的都融合爲一。一切過往的負面都釋放了而且不再影響我的感覺眞好。

當巴哈離開倫敦，開始他的跨英格蘭和威爾斯的旅程，找尋治癒性的植物時，他即選擇了簡單、安靜的途徑。他的選擇是基於相信大自然中每一件事都是單純的——當以恰當的層面來看時。這三十八種花精系統是天賜的禮物。他說，它們是大自然的完美萃取，來自神的禮物，不需要增添，不需要解釋。如果我們走其他途徑，或是理性解說，再依據這解說來定下理論，把它們變成小我的工具，發掘其中活躍的元素，蒸餾，倒入膠囊，強調優點，又對服用劑量擔憂，又對副作用操心，我們就遠離了直接體驗這禮物的經驗。我們的質疑會破壞了它們特殊價值，就好像我們一旦用語言敘述高峰經驗，也就讓它的價值削弱了。

與大自然聯結

讓我們看看花精是如何製造的，會更明白所謂「大自然萃取」是什麼意思。花精製作有兩種準備方式，就是眾所周知的日曬法和煮沸法。兩種方法都直接了當。

日曬法中，我們在一個透明乾淨的玻璃碗中注滿潔淨的水，可以是當地小溪中的水或泉水，或是水質好的瓶裝礦泉水，或雨水。我們從植物上擷取花朵，讓花直接落入水面，然後將碗置放在地上，要能曬到完全的陽光。大約經過三小時，移開水面上的花朵，把充滿能量的水與等量的白蘭地酒混合，酒是爲了讓水質保鮮。（我們用的是有機的法國白蘭地，但任何烈酒都可以，如果對花精中酒精成分有顧慮，請看309頁。）這就製作完成了母酊液。

煮沸法中，我們剪下六吋長，新開花的小枝，將它們放進一個搪瓷或不鏽鋼大鍋，加水覆蓋所有的植物部分，不加蓋煮沸後，再小火慢煮半小時，然後離火，蓋上蓋子，放置在花園，直到冷卻、過濾出液體，也如同之前所述，加上等量的白蘭地酒，製成母酊液。

薇克說明巴哈如何努力把「人的因素」在製作過程中去除。取花時，他避免觸碰花朵（我們今日仍然是用剪刀），完成後也是用小枝或草刀去除碗中的花朵，而不用手指頭。雖然拿著一枝新剪下的花不可避免，但是薇克建議可以手握著一片大點的葉子，以避免碰到花朵。所有人影也都要避免，在巴哈中心我們會引導訪客不去擋在正曝曬於太陽下的花精水碗，這樣在水碗附近不會形成人影。過程成功的關鍵是單純的大自然，而不是複雜的人。花精製作者是必要的代理人、是僕人而不是巫師。任何人都能製作花精，即使是情緒不夠平衡的人。有傳言說必須有些什麼靈性入門的人才能開始製作好的花精，這是個誤會。

不論我們用哪種方法，製作哪個花精，製作花精這件事都是在大自然中發生並與大自然一起完成。花精都是在早上製作，最好是在九點以前，一天正清新時。用日曬法時，太陽必須強烈，天上必須無雲；也因爲很多植物是早春開花，不易同時獲得又明亮又生猛的太陽，而以煮沸法完成。在八月底的高溫下，我們趴在地上收集龍膽；或是站著從帶刺灌木中收集有著豔陽顏色的荊豆；或是向高處攀搆爲了摘採怒放的櫻桃李花簇，我們都是直接接觸自然。也會有些傳統儀式，正如長久以來當人們從自然收獲禮物做食物、衣物、藥物、或宗教用途時會做的儀式一般。當然，很多人製作他們自己的花精時會在這些活動中發現意義。一位羅馬心理學家戴安娜·安東納若里（Diana Antonaroli）的經驗很經典，她用花精九年，她說：「當我準備做第一個花精時，一個通道開了，能與植物接觸是不可思議的經驗。我眞的感覺花精是地球通往較高自然的橋樑。那個較高自然中也住著我們的較高自我，眞實生活著。」

大部分花精使用者不自己做花精，但仍然感覺像與植物或自然有所聯結一般。其中一位是英國的花精應用師凱倫·布瑞斯康（Karen Briscombe），她說：「從我的心中之眼聯結眞實的植物或想像的樹，幫助我與未知世界和其療癒力量建立更深的接觸。」、「我一直都能聯結植物的自然靈性。花精更協助這過程的延伸，加深了我們之間的關係，讓我想以更感激、感恩的心情回報它們。」澳洲的羅絲瑪麗·百瑞（Rosemary Barry）也同意：「我很強烈的認同自然，觀察自然的美和它要教我們的課題，放下我從書中的印象，直接與自然在儀式慶典中合而爲一。走在國家公園或矮樹叢永遠都是愉悅的。可以感受到不同植物、動物生態所給出的不同能量。花精就像自然一樣地讓我熟悉。」

花精產品與自然的聯結依然強烈，因爲每樣東西從來自開放的鄉野，到製成母酊液，到店鋪貨架，都是簡單、直接。花精不是用震盪法或人工電流或基因改造這些方法完成。

「花精所帶來的特別感受導致某種形式的療癒，完全與眾不同。」克萊爾·畢可頓（Claire

Bickerton）這麼說。她在一九九六年買了第一瓶救援花精，「它們代表大自然的溫和、象徵起伏的山丘、春天的味道，以細微溫柔的方式帶來希望，讓人從冬天裡解脫。」

運用簡單原則

選擇、服用花精就像如同餓了要吃飯，渴了要喝水一樣簡單。我們只要想著自己有什麼感覺，然後就服用所需花精。這過程幫助我們聚焦在情緒，把它們帶到意識上。花精給我們生活中一個寧靜的空間，滿足的一刻。很多花精應用師建議人們把花精滴在嘴中停留一會兒再吞嚥，這可以讓我們思考爲何服用它，這並非是花精起作用的必要步驟（畢竟花精也對嬰兒有用，他們並不知道爲何而服用），但是這讓我們貼近現有感覺，還有我們想要有何種正面感覺。「一個客戶說喝花精能允許她安全思考，而不評判那些掛心的事。」艾莉森・墨菲（Alison Murphy），一個西英格蘭的花精應用師這麼說，「她覺得當花精滴在舌上那些時刻，眞的形成明顯的外在改變和內在平靜。」

至於用量？何時該服用？何時該停止？一樣，簡單就是基調：一天幾次依你所需，需要時就服用，當不需要時就停用。這使用指示太簡單了，讓許多第一次用的人感到困惑，覺得好像遺漏了什麼。不就是因爲太簡單了嗎？沒有警告提醒不能服用過量或小心上癮嗎？沒有長長禁忌列單和副作用說明？沒有！服用花精不需要喋喋不休的擔憂，只要覺察、服用就好了。

「只要覺察，然後做就好了。」這正是以禪的方式進展。禪修大師教導即使最簡單的小任務也可以是開悟的方法，只要在每一個行爲和每一個片刻中完全體驗著。所以在茶道中每一個動作，從向客人致意、煮沸水、奉茶、鞠躬送行都是儀式。主人、客人都全神貫注在每個動作上，儀式可長達四小時方告完成。但是因每件事都帶著個別意義，所以這四小時不會被浪費虛度，每個片刻都意義重大。根據威肯信託基金（Wrekin Trust）的創始者喬治·特里威廉爵士（Sir George Trevelyan）所言，未來世紀中，生活中的每一行爲都是神聖且有意義的，就像在茶道過程泡茶一樣，感謝更寬闊的視野——宇宙中更寬闊的典範——我們將會看到生活中小小的事物形成偉大的模式。我們會在縫製一條褲子中，或在花園翻土中感到愉悅。就像巴哈住在維農山時那樣感受，也像二十一世紀慢生活者的今日感受，活著的每一刻都可以感受到我們與宇宙的關係。選擇、服用花精這件事要越簡單越好，「純淨如是，免用科學，免提理論。」當我們將喝花精的單純一刻變爲富有意義的滿足一刻，則如同茶道，如同禪。我們的人格就有機會培養更豐富的覺察，更能朝向達成個人的典範轉移。

這就是簡單的眞正用處。

V 聯結

沒有人是孤島。每一個人都是大陸的一片，主體的一部分。一塊土地若被海水沖走，歐洲就少了一塊。就像海岬的一角，就像朋友的莊園，或像你自己的莊園一樣珍貴。任何一個人的過世，也削弱了我。因爲我是人類的一員，因此不要以爲喪鐘只是爲某人而敲，它也是爲你自己哀悼。

——約翰．道恩（John Donne），十七世紀傳道者，詩人

花精的意義讓我們與一切有情生物有了更大的聯結。我對園藝著迷，創造一個花園；養護植物和樹，讓我找到快樂，我的花園也回報我滿園翠綠青蔥。每當移植或重栽時，我喜歡給我的植物救援花精或胡桃花精，它們會適應得更好，長得更興旺。

——裘蒂．畢福瑞吉

三種有助聯結的花精

雖說在偉大洞見的那一刻，我們能感受到與萬生萬物的聯結，但是當遠離那些高峰或高原經驗，我們又覺得自己孤單或與他人隔絕。巴哈系統中消除孤單感的三個花精都與「互相聯結」或「缺乏聯結」有關。它們幫助我們有效地朝向他人成長，即使我們選擇獨處時，也不會孤單。

鳳仙花（Impatiens）加強體會並欣賞安靜和慢下來的滋味，讓自己和他人能以適當的速度成長。需要這朵花的人，想要以最快速度做任何事。他們生活中排滿了行程，而忽略了朋友、同事、家人、愛人。他們變得孤立，不耐煩的態度也令人無法打破籓籬而靠近他。

水堇（Water Violet）幫助從獨立自主移步到互相依靠。負面的水堇狀態時，從原本享受獨自的思想與活動，漸漸演變成疏離和內縮。這花精能幫助我們打破屏障，進而提供他人陪伴與幫助，也能要求他人陪伴與幫助我們。

石楠（Heather）如果人們在負面鳳仙或水堇狀態中尋求孤立，那麼負面的石楠就努力避免孤獨。當在負面石楠狀態時，是完全自我中心，宣泄般地告訴別人心中所關切的事。但是往往忘了傾聽，以致不能互相支持了解，反而因爲自顧自說嚇跑了對方。

星星

我曾經需要每天坐火車往返住家與工作地點好幾小時，下車那一站又離我家好幾英哩，如果回去已超過晚上七點，就沒有巴士，必須走路回家。我常常七點以後才抵達車站，因爲有好多的工作，又總是喜歡趕快做完；我享受速度和滿的感覺，我叫它火上眉梢。我喜歡工作到很晚、也喜歡一大早工作，遠超過在上班時間工作。因爲一早一晚的時間都很安靜，較少人打攪我，較少電話干擾，也沒有那些惱人的東講一句西講一句而吃掉了時間。

走過幾條街和一間酒吧，就走到了兩旁灌木圍籬的開闊鄉野，不再有路燈。馬路很直，當冬天黑夜來得早時，我可以盯著汽車尾燈拖曳的紅色光影好幾分鐘直到它的閃光消失在幾哩外的轉彎處。

我總是追趕著汽車走快一點，低頭看著車燈過去而遺留下來映在不平路面上的陰影。如果趕路得夠快，回家的路程恰好是四十二分鐘，而我總是趕個不停。終於，有一天，我忽然停下來，眞是趕得夠了；我抬頭，看見了不曾注意過的滿天繁星。

發現沉靜：鳳仙花

幾年前電視上有個節目，一個資深的兒童保姆爲家有問題兒童的父母做建議。一個技窮的媽媽上節目求救，每次當她帶她的小男孩逛街買東西時，小孩都會玩不停，大叫、亂丟東西。

節目攝影機跟著他們到超市，秀出這對母子的行動。的確，這小孩很麻煩，我們可以了解媽媽想要快速地買完了事。她把他綁在購物車裡，最簡短地回答他的問題，這樣他就不會一直纏著她問不停。她到處疾走，頭髮亂散，眼睛亂飄，手忙腳亂地抓取東西，以至結賬時，她被折磨到滿臉通紅，而孩子大哭著。這時難題被拋出，看看資深保姆會如何處理？

處在負面鳳仙花狀態時，我們不給其他人時間，想要獨立完成工作，這樣慢的人就不會絆住我們了。如果需要讓別人完成什麼，有時得忍著想發脾氣並搶過來自己完成的心情。在負面狀態下，我們是壞老師、壞經理、壞領袖，因爲授權、教導、指引太花時間了。雖然我們有很好的直覺，超過平均水準的智力，但缺乏智慧，過於關注在速度和行動方面，而錯過動作慢又惹人煩的那些人才會注意的細節。如果事情進行得不錯又快，我們還有蠻好的耐心，就不算什麼挑戰；但是對速度慢的挫折感卻讓我們精疲力盡。要是激怒了壞脾氣，會甩門、踢東西，最後會受傷。幸虧就健康而言，我們的脾氣來得快，也消得快。

當那個專業保姆接到這棘手的任務，她的處理方式就是在正面鳳仙花的狀態：對他人的需求有耐心，願意待在當下的片刻裡（購物中），而不是只想到完成任務（購物完成）。保姆是慢慢來的，她跟小朋友討論每一樣要買的東西——問他知道東西的名字嗎？他能搆到嗎？幫著放進推車裡好嗎？問他喜歡這種烤豆子，還是另一種？結果是小孩開心極了——明朗、感興趣、想學習、有禮貌、也很乖。保姆只多花了十分鐘的時間完成購物，並且每個人都平靜快樂的離去。

鳳仙花是沉靜與耐心的花，它教會我們感激生命中慢步調的事，給我們時間聯結，把時間給我們的孩子和所愛的人。暫停一下聞一聞花香（看看星星、考慮買哪種豆子），我們可以欣賞小事如：燙衣服、洗碗（還有購物、去這去那的），只要不急著儘快完成，我們可以花點時間讓事情變得有趣，也變得有意義。打斷我們、讓我們慢下來的那個人，也許有可分享的洞見，因而改變我們一生也不一定。只要一個小小的典範轉移，我們決定在行動之中也同時關注過程，並關注會帶來可貴經驗的一些偶發狀況。

鳳仙花是很容易記得的一種花精，因爲它的拉丁名字（Impatiens glandulifera, Impatiens 心急的意思）反映了它的習慣；它的習慣反映了它是爲了協助我們什麼。這朵花是一九一三年才引進到歐洲，到了一九三〇年就快速散播整個大不列顚。作爲一年生草本植物，它幾個月內就能長到六呎高，喜歡河岸旁低濕的土壤，很快就長成豐饒一大片高高的叢林，擠走其它生長得慢的植物。不耐煩與急脾氣的鳳仙花個性的人，就像它鋸齒狀的葉片，這植物的急性子還延伸到種子發散的方式：當你一碰到成熟的種子莢，就會有爆開散落的種子，像炸彈開花。

案例分享

我從事旅遊業，有自己的公司。我的問題是很不願意做重要的工作，加上不耐煩，想要每件事都儘快做完。兩者乍聽好像有矛盾，但意思是我每天只做那些能迅速做完的事，更困難的事就被延遲到最後。做簡單的事用盡我的時間，困難的事就越排越後面，久久不動手。我試了鵝耳櫪和鳳仙花，有立即的效果：我能穩定地處理那些困難的事。最後清理完所有事物時，真是巨大的解脫啊！

——琳・英騰

屬於現代的花精

教授巴哈系統花精幾年後，我對於聲稱哪些花精特別適合當代人非常謹慎。我聽過學生主張：比起以前，現在有更多人需要龍芽草，因爲我們都太意識到需要表現出歡樂的樣子而藏起眞正的感受。我也聽過人們這麼宣稱枸酸漿，因爲現代讓人害怕的東西好多：食物、核子武器、戰爭、還有壞消息等。另外有人推銷胡桃才是現代人主要需要的花精，只消看看這些生活中所有大大小小的改變，還有我們所受到轟炸式的外在影響。哇！英國人平均每週就遭受數千則廣告訊息的襲擊。

生活在一個有趣的時代，讓我們覺得特別和重要，所以傾向於相信我們的時代獨特又複雜，而以為事情在過往時代要更容易些。但是當我們不帶偏見的看，立刻發現在歷史的每一階段中，都有同樣的挑戰和情緒不平衡。在過去，妻子、僕人、奴隸、信差都受制於需要隱藏感覺，假裝快樂。南北美洲的原住民也受外來影響衝擊而需要改變，比如說電腦化和廣告，這些在他們原本的生活中不存在，需要加註解釋才能明白事物；就像歐洲農民也受到圍場和工業革命的影響。還有當上億的人們受到內戰、世界大戰或是宗教政治衝突時，一定都需要安靜的勇氣面對那些具體的、說得出的威脅到性命交關的恐懼。

知道這些，我個人就不想給出我所認為典型的時代花精。相信我選出來的也會同樣的被批評，但如果一定要逼我做個選擇，我會挑選鳳仙花代表現代生活方式。的確，這是近代歷史以來的生活方式。

自從工業革命以來，西方把效率、生產力當成比其它更重要的價值，已經把這種偏見連同機器、工具和生產線工廠一起推展到全世界。用數字測量效率和生產力，這個習慣已經讓我們到了執著於把所有能數的東西都變成商品的地步，讓有血有肉的男人女人變成了一雙手、人頭、勞動的單位、人力資源。讓時間——我們在地球上珍貴的一生——變成了金錢。很多現代科技以節省時間來創造價值（這說明電腦就是個成功的產品。），為了經濟效益，我們喜歡充分利用時間聚焦以得到實際的產出。解決問題——運用智力做字謎、計算利息收入——務實極了，學習知識和技術也很務實，但是沉思和靜坐卻顯然不怎麼有用，不能變成財富，所以不太值得投入。

正如蓋．克拉斯頓（Guy Claxton）在《兔腦龜心》（*Hare Brain Tortoise Mind*）一書中指出，我們低估了沉思的狀態。愛因斯坦就以花大量時間不做什麼、只發呆而著名，很多藝術家、作家也是如此。當他們畫畫或寫作時，都花好長時間盯著天花板或看雲。各類宗教都強調從邏輯思緒中抽離，花時間沉思是有價值的。想慢一點——套用克拉斯頓的用詞「龜速思考」——是創意和智慧的泉源。的確，研究指出，當我們的老闆或老師催促我們做事快一點的時候，不論是提供酬償，或是以處罰威脅，或者只消說一句「不能做快一點嗎？」我們都反而做得更差，更沒創意。

或許我們都需要考慮鳳仙花，也需要慢下來、停下來，重新發現自己，還有那些今日因忙著追求結果而忽略的智慧。但是我必須要聲明這也是我個人感興趣之所在。所以這結論可能有點偏袒，因爲鳳仙花正是我的類型花精，我人生的挑戰就在於學著有耐心，還有區分「趕著過生活」與「過生活」兩者的終極差異，還在努力中！還好，我還有時間努力。

伸出援手：水堇

水堇（Hottonia palustris）是一種安靜、挺立、獨特的植物，它只長在池塘、溝渠、安靜的小溪中，通常遠離陸地。薇克建議用一種頭部彎曲的手杖，把植物拉向河岸邊來收集花朵，才不會被弄濕。水堇羽毛般的葉子長在水中看不見，有一根長長直立的莖幫助植物往上生長，在莖的頂端開著小小的花簇。

正面水堇狀態是自給自足，有自己的價值，對居住環境有點貴族式的挑挑揀揀。水堇人喜歡獨處的時間，與自己為伴，有自己的追求，他們帶有朝向星空成長的天性，而不是朝向他人。他們少數的親密友人就是他們的根，他們也有隱藏的葉子為基礎，協助他們用自己的方式成長。平衡的水堇，當他們評估這是該做的事，就會給予珍貴的支持以回應他人。他們是有思想、有能力、也有智慧的。

負面水堇狀態是當正面成長過了頭，變成極端，水堇人會遠離其他人，不再有聯絡。負面極端時，水堇人會孤立自己、冷漠疏離、離群索居。當我們不願彎腰時，別人認為我們驕傲、不理人。人是群居的動物，對群居動物而言，與眾人分離是一種厄殺，它剝奪了我們的自我認同感，因為失去了與他人的關係就無法定義自己，這讓我們更沮喪、失去意願和目標。

我們成長的一部分是要漸漸從自私變到無我，較高成長更需要參與整個世界，而不是退離這個世界；此生是為了爬得更高，而不是掉頭而去。我們從痛苦、受苦的其他世中已經學會這個需求，如果不這麼做，就沒有利用天賦、就不會發展完全。人們如果靠近不了我們，我們也幫不了他們。水堇花精幫助我們重新聯結這寬闊的世界，錨定在土壤中才能穩定的成長。

案例分享

一般而言我很安靜，但不是害羞。回顧我這一生，從花很多時間社交，到現在花很多時間獨自遛狗、騎車、思考和閱讀。我喜歡人們，但容易被那些喧譁自滿的傢伙弄得好累。記得小時候我就與眾不同，明白表面生活下自有其深沉暗湧。我覺得很多我的同儕都是只會傻笑很膚淺的人，我只有與之隔離。

——M. M.

當丈夫過世後，我忍受著巨大的寂寞之苦。我驕傲到不願要求朋友陪我看場電影，似乎寧可不去，也不需要同伴。我在自己周遭建起藩籬，卻發現與世隔絕了。現在我可以享受與朋友或同事的陪伴，也可以保有獨處的需求。

——琳・蘭雷

木柴

她是個大個子女士，住在我們這條街尾。即使在夏天，也穿著一件緊緊扣好的斜紋軟呢外套。大約五十歲，有歪牙，潮紅膚色，兩個黑眼睛，好像鳥一般的明亮直視。

我承認以前走過公園時都會避開她，當我們都走同一個方向，我就慢下來，以免跟上她；

如果她朝我走來，我就快快揮手，咧齒給個微笑，但是趕快掉頭朝遠遠的出口走。即使繞道走遠路，也是更快的方法，總比冒險說你好，然後聽她像打開瓶蓋，無止盡的獨白冒泡般地說個沒完沒了好多了。

有時兩者都不可能。一下子不注意，我已經跟她並肩同步了；或是她盯著我，好像我是她眼中的一條蟲兒，我已經來不及轉頭改走第二條道路；或是早上我剛打開門離開家，而她正好經過；或是當我轉進來時她就站在街口，害我差點撞到她而不得不停下來。我就被困住啦！

她的聊天都是一連串陳述。她不問問題，不讓我有空間插入一個小槳撥開這滔滔洪水。我從聽她說醫院門診，她說了什麼、醫生說了什麼，沒有逗點或明顯的連接詞，她又轉話題到親戚做些什麼、朋友做些什麼，只要與她有關，那些名字冒出來表面就回不去了。還沒空問他們是誰，因爲她已經又開始談起天氣和對她花園的影響，她家外面的馬路，所以那些評議會……，還有昨晚的電視節目，從來都不一樣……。

我發現自己一直退，點頭微笑，抱歉地動一下肩膀，揮揮手，她還會跟來，她的臉就像一盞巨大的探照燈，她的眼睛要不是失神不聚焦，要不就是向內聚焦，她喊我回來，似乎沒有發現我的痛苦扭曲和慢慢轉身的模樣。

有一天我們中央暖氣壞了，恰巧是聖誕節前一天，我太太告訴了一個剛好經過的鄰居（在我們等修理人員到來時），幾分鐘後，有敲門的聲音。

她來了，剛才她跟我們鄰居談過話，所以知道了，她來是爲了不想讓我們聖誕節在屋裡受凍。她知道有人以伐木營生，他有非常多的木柴存貨，她帶我去那裡。感謝她驚人的討價還價本事，這個人給了我整綑裝滿手推車可供壁爐燒火的木柴，免費！當我裝貨時，她離開了。那個賣木柴的男人在她身後關上門，說：「那就是她，百萬中難得一見的傢伙。」

傾聽：石楠

德國哲學家尼采在《查拉圖斯特拉如是說》（*Thus Spake Zarathustra*）一書中宣稱，一個人能經驗最偉大的事是完全不把自我看在眼裡。所謂不把自我看在眼裡是不再顧慮每天中的小事，把充滿自我和私利昇華爲一種無私的能力，把我們的自我認同與整個宇宙融合，這種高度是正面石楠人的提升境界。的確，這花精的發現正是要把狹隘的自我轉換到廣大的宇宙觀。巴哈醫生說了以下這個故事：

> 我起身走向一個我認識的女人，她非常自我中心，非常鄙俗。我問她你覺得什麼是世界上最美的景象？有什麼讓你覺得那裡可能眞的有一位上帝？沒有猶豫，她回答：「有啊！覆滿石楠花的山頭。」

星塵

根據現在的思想，宇宙初始沒有現在這些複雜的原子，只有最簡單的氫和氦和少量的鋰，然後來到了所謂的大爆炸，在一篇評論文〈科學能解答所有問題嗎?〉（Can Science Answer Every Questions?）裡面，天文物理學家馬丁・里斯（Martin Rees）討論其他元素從哪裡來。他回答：是從星星來。

一顆星球開始是一個巨大的球體，大約百分之七十五的氫和百分之二十五的氦，由於重力的關係而呈穩定狀態。氫是最簡單的原子，只有一個質子在細胞核，藉著一個電子運行。重力會把氣拉到中心。當氫原子聚集，開始發熱，當這顆星球中心達到足夠的熱能，原子也達到聚集得夠緊密時，原子中的質子就互相撞擊，力量強大以致開始熔解，熔解造成星球發亮。這也是核子彈熔解的威力。但對星星來說，這超大量熔解的能量被重力所控制，因而變得緩慢、平均，不那麼突然，或具爆炸性。

當單純的氫原子一起熔解，它們產生了更重一點的元素——氦，最終星球會把所有內部核心的氫都熔解而成爲氦。在這過程中，星球的核心漸漸增加密度，讓重力、氣溫也都更增加。當核心密實到一個地步，再會聚攏一些氦原子，形成力量後，同樣也會爆炸熔解。經由這過程，星球漸漸以自己的方式形成不同階段表。每個時期，核心中前一個的原子能量會熔解以產生後一個新的元素。星球最後一層一層像洋蔥，從最單純的原子朝外擴展，最後產生的複雜原子在核心，對地球生命而言，在所有原子中產生的氧和碳就是我們的基本。

我們的恆星——太陽，只能爆炸到碳。當一個非常大的恆星用完所有的燃料到最後將會瓦解並促成巨大的爆炸，一個超新星的爆炸，炸開洋蔥皮，散出原子（包括更重的原子像是金和白金在瓦解後產生了）繞著宇宙轉，最終這些會形成新的太陽，假以時日，也將創造出新的太陽系，包括像我們這樣的行星。遠在太初，我們的太陽系誕生時，就是這般的過程：遠古恆星的星塵彙集產生了新的星星，一部分的星塵最後形成了地球這顆行星，創造了我們人類以及所有的生命，若不是因爲這樣，就不會有我們今日所看到的一切了。

像里斯這些天文物理學家把宇宙看成巨大、不可思議的、互相關連的單一系統——「我們是一個整體」——的概念並不是一則信仰，而是事實的陳述。我們要放棄一人獨居、與世隔絕、遠離自然的浪漫想法，我們根本不可能與他人或與宇宙分離，因爲我們是由同一種物質組成的，每個我們身上的碳原子，每個血液裡的鐵元素，即使是我們身體燃燒後的氣體，我們結婚時交換的戒指，所有這些元素都來自星星。你和我和所有我們想避開、想鄙視、想忽略的人，都跟我們有著同樣的元素，分享著同樣的傳承。億百萬的星星就是我們集體的祖先，當身體死後，當我們的太陽系淡化成無垠宇宙中一個白色的小點，上億的繁星將是我們的未來。

6
朝向直覺

內在的指引

我們已經看到「直覺」是愛德華・巴哈眾多成就的關鍵。從他發現諸多花精，以及預言暴風雨和預先阻止自殺的事跡上，都使得奇蹟般的事情實現了。諾拉・薇克告訴我們：「他遵循心裡出現的第一個想法，並在理智涉入之前立即採取行動。」巴哈的直覺意謂著培養自發性與自然性，並防範來自其他人們的意見及想法。它意謂著當時看似對的事，不管是什麼馬上著手去做，而不要有第二想法或嘗試過多合理化。巴哈寫信給一個朋友：「所謂的直覺就是恰如其分的自然狀態，完全遵循自己的渴望。」

對巴哈來說，直覺就是高我的聲音。當人格在平衡狀態下，高我就會指引並示現我們該走的路，如他所說：「我們的靈魂會指引我們，在每一情況，每一困境，只要我們願意傾聽；身體與心智就會被導引穿越生命，就如純然信任的小孩一般，完全沒有擔憂和責任，綻放出幸福與擁有完美的健康。」

只要我們願意傾聽……，但是傾聽並不總是那麼容易。我們的人格——被想法充斥的分裂自我——當它們越不平衡時，就變得越固執和被想法說服。我們永遠找得到理由對抗靈魂安靜的暗示，熟練地將第二個想法偽裝成自發性，將合理化當成常識。巴哈說，經由放鬆進入我們的本然，經由嘗試以純潔之眼來看這世界和經由簡單的靜坐技巧，我們可以再次開啟能力，聽聞來自直覺的微小聲音，幫助引導我們穿越生命。或者我們可以藉助於花精，它們的存在本就是爲了給予幫助。當人格離靈魂太遠，無法聽到直覺的聲音；當它們太過自滿時，也無法聽到直覺的聲音，這就是我們尋求所需花精的時候。

直覺形式化

傳統與輔助療法的執業者珍視直覺是他們最重要的技巧之一，讓他們可以與個案感同身受，能更有效地幫助他們，對花精應用師❶來說也的確如此。我們明瞭巴哈將強調的重點擺在簡單原則上，看待直覺是一項可遵照的手法。當我們爲某個對象選擇花精，我們動用所有感官系統，包括第六感，幫助人們了解和表達感受。預感和本能是高我沉默的聲音，可以幫助我們爲她的所在處境挑選正確的花精，並幫助她探索爲何需要這些花精，以及服用後什麼是她所想要達到的。當我們以花精幫助他人之前，需要先知道如何幫助自己，這在花精應用師之間是司空見慣的事。花精應用師如果從未用過花精，很容易與直覺失去連接，反而聽從了他們的自我。

知道巴哈運用自己的直覺法，讓一些花精使用者踏出激進的一步，將直覺形式化而創造了

❶譯註：Practitioner 一詞在本章中多次出現。當提到巴哈中心註冊的花精師，翻譯採用官方中文名「花精應用師」，當提到一般執業的治療師則譯為「執業者」。

「純憑直覺選擇法」，這些新的執行方法企圖繞過意識層次直接選擇花精，他們聲稱簡化是爲了促進花精的篩選，因爲我們可以不必知道它們的作用，也不必了解或察覺我們或個案有何感受。選擇的方法從機械式的使用一些工具來幫忙篩選，到單獨使用直覺、不參考任何工具或任何意識想法。

或許最知名的機械式花精選擇法是靈擺。傳統的靈擺工作者使用叉狀榛木嫩枝來尋找水源、失物、或地球上的能量型態，這是一門古老的藝術，極有可能摩西也做過類似的事情，他在沙漠長途跋涉前往應許之地時，曾使用魔杖尋找水源；許久以來，很多靈擺使用者也都靠著運用靈擺成功找到水井或隱藏的泉水。近代的靈擺使用者實驗了其它木材、金屬，甚至尼龍做的魔杖，但是與花精的篩選較有關的靈擺是擺錘。

擺錘基本上是一條線下方掛著重量，這個重量可以是任何材質。很多靈擺使用者用水晶，但是陶瓷、金屬、木材和玻璃也一樣勝任。執業者使用靈擺選擇花精，或在一組花精瓶上方逐一篩選，同時看靈擺在不同的花精上如何擺動。或者他們會大聲提出問題，如「我需要的花精是a、b或c開頭?」或「我需要恐懼類的花精嗎?」可能順時針旋轉代表「是」，逆時針旋轉代表「不是」；並沒有硬性或快速的規則用來解釋靈擺的移動，不同的執業者使用不同的準則。

第三種純直覺的技術依靠特製的花卡，猶如塔羅牌大小，每張牌卡上有該花精花朵的彩色圖片。執業者會將花卡面朝上的排列在桌上，並要求個案選出任何特別吸引她的牌卡（我聽說很多個案都選中野玫瑰，也許因爲它是其中最美的花），另外她也可以把花卡面朝下或置放成一疊，或結合靈擺在不同的花卡上擺動以決定每一個「是」或「不是」。

第三種方法是把花精瓶放置在盒子裡，但是看不到標籤，然後要求個案選出任何特別吸引她的。有些執業者要求個案觸摸或握住瓶子，看那一些瓶子感覺比較溫熱；最後個案挑出的就是她所要的。

最後，還有一類完全純憑直覺的執業者，只要看到或觸摸到個案，她的腦中就會跳出正確的花精，這類的執業者不需要深入爭論或分析，因爲她說「她就是知道」。另一方面來說這種極端——純直覺的技術，聲稱不需要外來的支撐，例如花卡或靈擺——實際上繞完一圈又回到更像是經典的諮詢方法。我們已說過就算最嚴謹的經典花精應用師，也當然需要且無例外的總會有部分地仰賴直覺選擇花精。然而對於只是單憑直覺技術選花精，以下將陳述好幾個反對理由。這些理由同等地適用於那些「我就是知道」的人，及會用靈擺的人和抽牌卡的人。

分享知識

第一個反對意見來自那些強調喝花精以自助的花精應用師，這個系統的簡單性讓任何人都可以使用它（如同製作花精一樣，選擇花精並非專屬於專家或開發者），巴哈強調這是它的主要優勢。追隨這一條目標的花精應用師，就會旨在對個案分享她們的知識，她們發現如果用日常情緒語詞描繪花精，將會更容易分享。談到任何特殊天賦（例如只是看著或碰觸手臂便能知曉某人最內在的感情）或特別技巧（你必須先去學靈擺或靜心冥想或先連接你的內在小孩），只會弄得花精越加複雜，且讓自用者打消使用的念頭。很多靈擺執業者的個案就一路持續是靈擺執業者的個案，因爲他們覺得自己是不可能學會使用靈擺的。因此我們看到純直覺選擇者如何與經典的巴哈花精應用師相背馳。巴哈花精應用師（Bach practitioners）在乎分享一個簡單的技術給每個人，而不是讓自己佔據治療師（therapists）的位置。治療師相信任何對健康帶來正向影響的好方法都值得接納，不論困難或獨門與否。花精應用師則相信就長期而言，個案從花精獲得的最大好處是——能爲自己選用花精。

本章的後段將提供這一信念的理由。與此同時，我們要看一下愛德華巴哈基金會（Dr. Edward Bach Foundation）頒布的執業準則，它是經典巴哈花精應用師立身之處的最佳代表。註冊於愛德華巴哈基金會的應用師們（BFRP）都簽署了一份聲明，闡明以「會談法」選擇花精的重要性。他們承諾當一個「促進者、引導者」，承諾將教育個案「以致他們在不需其幫助下也能使用這套系統」。準則的第 5.2 條款特別明確地說明花精選擇法的使用：「當與三十八種花精一起工作時，應用師要永遠且唯一使用簡單的選擇——使用會談法，一如巴哈醫師撰寫《十二種原始花精和其他花精》書中所概要的，並且不可推薦、提及或使用任何其他選擇方法、輔助或工具。」

愛德華巴哈基金會頒布的應用師準則所規訂的切入方法，目的在於盡量能夠賦權給人們；相對的，純治療師的切入方法，以盡量治療好個案爲目標。好的治療師一再一再看診個案，因爲無論何時個案一有問題就會回來尋求幫助；好的應用師讓他們的個案自由，期待並希望越來越少看見他們。（我該強調這個區別並不是批判治療師的工作，很多治療形式需要經過多年研究與訓練，才能辛苦地達到專業。有的治療甚至需要加入另一位專業人員，比如麻醉師、護理師等，才能有效地進行。甚至有些個案在初學者手上是危險的。我們期望個案們在需要更多幫助時回到同類療法、牙醫師、物理治療師、按摩師處，我們不願多想像一個針灸師交給我們一盒針和針灸位置圖表，告訴我們有問題再回來找他。應用師的切入方法——鼓勵自助，只有如巴哈的簡單和安全系統才有可能。）

個案的舒適感

經典的會談程序是一種開放的邀請，個案在他允許的時間裡，用自己的語言討論個人感受，這種方式除了教育意義，還能獲得本質上的益處。人們平常少有機會被允許自由地談論個人情緒，當應用師專注聆聽，它會是個案極好的釋放經驗，本身就具有療癒效果。但是技術性的醫療卻助長醫院病房成爲一個讓我們又恐懼又敬畏的地方。越祕傳難懂的花精選擇法，越會將個案推離。有些個案會感覺聞所未聞，或者覺得困惑，好像掉到新時代這些靈擺與牌卡的陷阱裡，不也如同身處在充滿嗶嗶聲和數據解讀的現代醫院一般。一旦討厭這類選擇方法，個案可能覺得怪力亂神，莫名其妙而導致他們拋棄了花精本身。我們或許考慮這些個案需要山毛櫸花精，但是除非我們找到一個方法說服他們山毛櫸是值得服用的，否則無法觸及到他們。而且當粗糙的使用或不良的選擇方法導致所選花精無效的狀況時，個案當然會用懷疑的態度評斷。

撇開難理解的祕傳，另類診斷的其它走向是想要模仿血液檢驗及電腦斷層掃描般的科學客觀性。基於同樣理由，這些也難令人滿意。當凱薩琳已經接受傳統的癌症療法，希望補充更親切的、更能輔助的治療方式，她尋求人體運動學治療師進行肌肉測試，她發現兩者幾乎一樣，她說：「只是強調身體而已，治療師很少跟我對談，讓我感覺很受傷且孤單。整個療程我給了治療師所需的訊息，他提供我有關身體需要的食品及補充品，但卻完全沒提到我的其他需求。」

多數執業者在只有隻字片語的空間裡冷淡地挑選巴哈花精，似乎遠離了對象，只把注意力朝向所苦惱的外部症狀。花精是爲了表達、瞭解我們的情緒和感受，我們的內在想法和夢想，我們不能也不應將它降至肌肉測試和條列式的項目逐項打勾。這的確是黑爾格·布若恩（Helga Braun）首次考慮執業時使用花精所下的結論。她是一位德國的獸醫師，同時也是合格的共振治療及針灸師，當她開始選擇花精時，「共振測試也可有效運作，但是這也意謂著將我的患者簡化在一堆表單上，而這不是我想要的，也是我起初爲何開始使用輔助療法的主要理由。」她的結論也是很多前後期治療師和應用師所想要表達的，「巴哈系統有其自有的正確性，可單獨使用或與其他方法併用。」

什麼在指引

以上的反對是與專業的執業者以何種方法助人有關，如果我們只是幫助自己比較沒有關係。那麼，使用純直覺選擇我們個人需要的花精會有什麼問題嗎？如果我們覺得自己能使用花卡或靈擺或允許腦中跳出的直覺選出正確的花，何不就去做，看會發生什麼事？

一個反對使用直覺爲我們自己選出花精的論點是：我們很難只對自己有興趣！（如果我們剛好在場又剛好有花精在手可以服務他人。）我們可能一開始用花精是爲了協助個人成長，但是遲早都會推薦給朋友、愛人、家族成員、工作夥伴。當我們如此做時，就會面臨與執業者同樣的進退兩難：我幫助這個人以致他能幫助自己，還是我擔任治療師角色？如果我們選擇應用師的切入法，我們就站在應用師的位置領悟到最容易和最自然的方法談論與解釋花精——當我們害怕某事時，使用枸酸漿；克服氣餒時，使用龍膽。如果我們的所有經驗都是靈擺，當我們想要幫助有麻煩的朋友時，我們會發現很難改變我們原有的處理方式。

第二個反對的論點是我們可能只是戲弄了自己，因爲太容易接收較低自我的訊息而把它當做較高自我的內在洞察。病態的小我意識是非常精於美化自我推銷和虛榮，還稱之爲洞察。

可能我們以爲是內在指引，實際上是小我意識導向的自我興趣；可能我們使用神性的靈感當藉口，而選擇讓我們看起來很好的花精；或者藉機進行自己的幻想，反而不去選擇較少吸引力，但卻是眞正需要的花精。有非常多的花精使用者描述自己是馬鞭草或水堇或龍芽草，卻很少人承認自己骨子裡的石楠或山毛櫸，我對此簡直啞口無言，因爲在這種例子中，連第三者都清楚地看見石楠或山毛櫸才剛好對應她的特質。或許最負面的馬鞭草個性就是電影中反派主角的性感方式（狂熱的、極端的、永遠不停歇等等），但好萊塢鮮少製作有負面石楠個性的主角，讓話題僅僅圍繞自我中心而能轟動的動作大片。

捷徑和智慧

接下來是第三個，也是最重要的反對論點。

摩瑞．斯帕克（Muriel Spark）在《簡．布羅迪小姐的青春》（*The Prime of Miss Jean Brodie*）小說中的同名女主角簡．布羅迪所定義的教育是「引領出早已存在於學生內在中的靈魂。」巴哈應該會接受這樣的定義，對他來說，所有的品質早已潛在我們的某一部分，只是還沒引導到人格的日常之光中。「所有眞理都在我們的內在。」他這樣寫著，「我們不需在我們之外尋求建議及教導。」引領（leading out）意謂著形成意識（making conscious）。直覺選擇法無法形成意識，因其無法「迫使我們思考有關我們的感受」。靈擺與抽卡有時可選出正確的花以致恢復情緒平衡，但這就是它們的功能，使用花精然後就結束了。有時甚至隱藏了我們的感受，不知錯誤的地方。因爲這樣我們就不需看到當下臨在的自己，也無需確認自己的情緒爲何，以及它來自何處，一樣可以使用花精及時支撐起自己，而不需知道爲什麼要使用它。我們把整個系統降低到救援花精——快速修護而不需知識。

初看這個反對的理由似是而非，我們早已在提及馬斯洛所謂的高峰經驗時說過——最深的洞察和知識來自語言和理性思考之外的空間。巴哈曾談到不需再三考慮就去做一件正確的事，只因爲我們是被正確地引導。如果那是眞的，我們只能藉由將思想所駕馭的人格暫時擱在一邊，以了解我們在宇宙的位置。那麼要選擇花精時，爲何又要把同一個人格帶回舞台中央？爲何把花精選擇變成有意識的思考和省思？這個弔詭有兩個答案：

- 第一，需要花精是因爲我們在聽從高我這方面有了麻煩。巴哈解釋直覺的角色是高我與人格之間的溝通工具，幫忙人格找到正確的道路。要有完美的直覺，我們必須與高我有直接的溝通。因此「實現直覺力」是使用花精的目的，而不是選擇花精的工具而已。依賴純直覺爲我們自己選花精就像寄一封電子郵件詢問網路何時可以恢復，或是用壞掉的電話打給電話公司，或是決定開五百哩路去加油站，因爲油箱裡已經沒有汽油了。
- 第二，使用花精幫我們學到一課，但學到一課比使用花精更重要。每一個負面的感受都是一個需要跨越的障礙，也是一個表現內在正面品質的機會，表現正面品質讓我們學習與成長。快速地跨越障礙並非學習本質的最好方法，也不是表現正面品質的最好方法，尤其是跨越時繞道或抄捷徑更不可取。通常慢速跨越是教訓中最重要的部分，慢速克服意謂著全然的意識到以及了解自己負面的面相，一步又一步，該花多少時間就花多少時間。投機取巧的直覺技法減少了我們做這單純事情的機會。

經由更加認識自我之過程，以經典方法選擇與使用花精將會讓我們取得較佳的平衡。我們先學習體會感受，然後爲了更好才去改變它們。這個過程推動我們帶著那些原本封鎖的、貯存的和裝滿的感受，整個人朝向巴哈所相信的自發性直覺生活。如果我們依賴靈擺或我們的手沿著一排瓶子直接得到花精，這將是非常不同的狀況。我們預先假設直覺已經與高我連接定位，而不是藉由花精來幫助我們達到理想，如果我們的直覺始終都能作用（就好像壞掉的電話也接到信號），我們不經知識就可以用花，就像有人在我們的咖啡中放進東西影響了我們卻不告訴我們。重點是——負面情緒原本是要我們在這個領域能成長和學習，這一部分不見了，我們的人格依然原地踏步。如同女學生要求媽媽代做功課，得到解答卻不知道問題的用意。

更極端的是在障礙出現前，直覺篩選就讓我們直接跳過跨欄，如此快速以致我們未曾有機會自己跨越過去。我們就像紡錘頭才開始覺得不穩定就已被垂直推回去，因此在更短的時間內它會產生更加的不穩定和搖晃。如果只是利用能量流過手指刺刺的感覺當成新的花精選擇法來支持自己，我們就永遠沒有一個僅靠自己也能獲得平衡的空間。相反地，經典的方法能以有意識的反思允許我們所需的空間。「學習使用花精的過程幫助我更認識了自己。」在英格蘭一位新註冊的花精應用師者佛羅倫詩．莎璐霞（Florence Salooja）說：「我必須客觀的看待自己，有些我學到的事還眞讓我吃驚。」另一位應用師安德瑞雅．阿拉狄絲（Andrea Allardyce）深表同意：「你必須面對和分析你的感受才能做出選擇！」她說：「我發現這對了解我自己和我是甚麼類型的人非常有幫助——我的軟弱、需改進的地方、以及我的強處。」

當我們回顧巴哈的生涯，是如此引人注目：一個深度直覺的人卻仍需經歷多年奮鬥與努力方才創造了他的體系，他盡其所能地使用直覺，而直覺也就更加引導他；但是他仍然需要在他的道路上一步一腳印，途中也會犯錯。當他協助其他的人選擇花精時仍然使用經典方法——坐著、傾聽、教導，尤其是耐心花時間。對他來說沒有捷徑，對我們來說也是如此，學習需要時間，生命也需要時間，所有眞正開悟的人從佛陀到聖保羅都知道。現在我們了解巴哈在《十二種原始花精和其他花精》中所陳述的背後有其更深意義，如果我們就他所展現的簡單和純粹的方法使用這個系統，我們將獲得更多。當成是每天的例行運作和跟大自然聯結，僅以最簡單的「廚房櫥櫃法」爲自己選用花精，就能幫助學習我們是誰。我們可以在內在培養花朵，直到它完全的盛開。

急於評價學習的過程以便創造一種診斷的機制，其實是錯誤的引導，就如同依賴問卷或其它封閉系統以爲可加速篩選過程。實際的狀況是，以直覺篩選法，「治癒」看似容易達成，但通常也很快失效。儘管在靈擺選出我們需要落葉松時，我們可以查閱參考書了解它的作用，卻仍然沒有以人格的立場花時間承認或經歷落葉松的狀態或思考它所帶來的課題。雷克．史匹潤（Rixt Spierings）說：「我發現靈擺可以找到深處的情緒，但是錯過剝洋蔥過程中重要的外在層次以及療癒路途上重要的前期步驟。」他是一個紐西蘭人，曾在靈擺法上實驗了很多，但現已放棄靈擺，改爲教導花精的經典選擇法，他說：「我開始注意到我會到達某個地方（比如另一個空間），但不知其所以然，我寧願回到近乎規矩的原則。」

加速和進展並非同一件事。若在選擇花精的過程中移除了自我覺察，讓巴哈簡單的系統更加簡單，然而代價是首先它離開了使用花精的主要目的，也減弱了力道和效果，讓我們盲目的前進。簡單變成過度簡陋，或者簡化主義，簡化的解決方案大都源自忽略。我們應牢記於心，隨後的篇幅還將對於「慢慢來」提出更多的好理由。

自我覺察

我們已看到負面情緒提供我們機會學習和成長。在我們能從感受中學習之前，需先學會如何感受。因爲有些人甚至對於表達感受都有嚴重的困難。

哈佛大學的精神病學家彼得・西弗諾（Peter Sifneos）在一九七二年首次使用「述情障礙」（alexithymia）一詞，這個詞來自希臘字 a（without 缺乏）、lexis（speech 言語）、thumos（soul 靈魂），如果我們受苦於「述情障礙」，我們的靈魂無話可說。我們說「我感覺很糟」，但無法更深入說出「很糟」的是恐懼、憤怒、憂鬱還是任何其它。就臨床狀況上看，「述情障礙」是罕見且有缺陷的問題，已超出本書範圍；或許需要包含深度療癒和專業協助才能治好。但是一般來說我們都有可能瀕臨「述情障礙」的邊緣。當無意識的心情與需求互相衝擊，我們被擱淺於自己的理性之島，渴望摸索我們尚未標明的深度。一位少年受到無以名狀的感受衝擊，一位工作中的父親掙扎著定義、溝通他的感情需求，可能都是受害於一種無言的形式，可能都是因「述情障礙」爆發而影響波及。

「述情障礙」讓我們很無助。如果我們能覺察「很糟」意謂憤怒或悲傷，那我們就可做點什麼來清理這些情緒，無論是所謂的靜坐，或看一齣喜劇錄影節目，或使用相對應的花精。但是未能診斷出來的情緒則難消除，它們在表面之下悶燒著並影響我們對後續其他事件的反應。已經感覺沮喪或煩躁，但又無能力處理它，這將會讓我們越來越有理由如此感受，而更加深負面狀態。

任何解決方案的核心都是給予情緒足夠的時間。心理學家研究心情（mood），有時發布測試主題，每隔數小時以警鈴提示，並要求受測者當鈴聲響時或嗶嗶聲響時花幾分鐘想一下他們的感受，這在每天生活中有點極端（這個警鈴系統本身就造成很多的煩躁），但是在一天的時間裡建立思考小時段是一個很好的原則。我們都有些個人習慣，無論是在早餐時聽廣播，或在沖澡時唱歌，時不時地打破這些習慣，將爲我們開啓靜謐的空間。我們可以利用這些時間反躬自省，甚至會發現書寫感受也很有幫助，這正是詞藻所附帶的益處，它是我們心智中一個有意識的功能，同時能協助將情緒帶到最清晰的焦點。對一個情緒有清楚的感受並能爲它命名，立刻讓我們能有所選擇，能用另一種方式感受它。不妨撰寫日誌、紀錄感受，或僅於我們感受特別糟或特別好時寫點什麼。這裡還有一些方法讓我們更深入思考情緒與心情：

- 我們可以向朋友或伴侶談論更多的感受。
- 當我對某人感覺很糟的時候，讓自己停下來——可能某人在一長排隊伍中耽誤我們、或酒醉、或任何事——想像一下如果我們是那個人，將會如何感受。（我們也可以感同身受一下連續劇或電影中角色所做的事，尤有甚者，回想過去在某些情況中，有一些人表現出不理性和難以理解的作爲時，他們眞正的感受是什麼？）
- 經由本書中的花精，回想過去我們曾在哪種狀態，即使我們目前已不是那種狀態。

無論我們選擇何種路徑通往更多的自我覺察，重要的是盡可能具體。如果我們感覺憤怒，我們需要明確說出哪種憤怒，例如敵意（定義某人是敵人且想要攻擊他），或不耐煩（希望他們滾遠點），或煩躁（被他們所做的事惹惱），詞庫的清單裡有各式各樣的憤怒，都有微妙的不同。如果我們感到害怕，是甚麼觸發我們的恐懼：屬於個人的安全？還是因著另一個人的狀況？是模糊不清的？還是特定明確的？當時是沮喪、退縮的？還是混合著一種要趕快做點什麼的需求？

命名我們的情緒讓我們了解並能疏導情緒，就不至於傷害自己和他人。當我們更了解自己的感受而運用花精，將它們轉化成正向狀態，將更能了解我們的人際關係，其他人的負面情緒波及我們的情形也就鮮少發生。黛比．韓德生（Debbie Henderson）說：「當我開始使用花精時，家人的關係並沒有改變，」她在加拿大經營一家綜合健康診所，「但是我對這些關係的反應改變了。事情就變得輕鬆一點，也順利一點。那時我正在求診於一位治療師，她注意到我的改變，我看起來較放鬆、較少焦慮。」越放鬆、越不焦慮意謂著我們可以爲周遭朋友們的情緒健康提供更多貢獻。理解、同理、同情是一體的，其開端來自於自我了解與自我覺察——選擇去看，且深入看到我們內心模式的底層。

vi 正面積極

愛所追求不是自身的愉悅
也不是自身的關懷
而是讓他人自在
在絕望的地獄建立天堂

——威廉・布列克，十八世紀詩人、藝術家、雕刻師

我總是感恩生命中的逆境，無論這聽起來有多麼古怪。它幫助我對於一路上所學習到的充滿感激之心，且感謝能夠幫助別人和現在充分發揮自己才能的生活。

——琳・賀爾

八個正向充電

適當的悲傷可以是正向的情緒，它讓我們撇開了娛樂消遣，轉向內省的心境；它給了我們

時間適應和接受所失去的，或者計劃著該如何逆轉，以這樣的方式實際幫助我們前進。但是太過頭的悲傷則快速地轉向負面，悲傷就不能成爲暫時休息和重新開始的跳板，反而成爲黏附的、隔離的、讓我們停止前進的沼澤。當我們需要幫助以解救自己時，八個對應依賴和絕望的巴哈花精可以引領我們離開泥沼。它們幫助我們用最正向的方式領悟黑暗的感受，走過沮喪而非身陷其中。

甜西洋栗（Sweet Chestnut）當一切都陷入黑暗時，幫助我們找到希望及感到平靜，特別是那些痛失親人及疾病末期極端絕望的人。

伯利恆之星（Star of Bethlehem）是眾所周知的憂傷安慰者，幫忙釋放創傷和震驚，供人們在受病痛治療之苦或喪親之痛時使用。

野生酸蘋果（Crab Apple）幫助我們接受自己，給予我們能力判斷生命不同面向中何者重要何者則否，讓我們不會對無關緊要的小事鬱悶。

楊柳（Willow）有關慷慨。在自己沒那麼幸運時仍有能力感受別人成功的愉悅。楊柳在感覺傾向自憐自艾時幫助我們。

橡樹（Oak）橡樹的正向特質是力量、耐久、可靠、抱著決心及按部就班的生活，當我們將這些特質發展到極端時，它們就會變成負向：我們以爲力量是源源不絕的，所以埋頭苦幹直到吃不消了，橡樹花精幫助救起耗竭的我們，用自我覺察鍛鍊應變能力。

榆樹（Elm）是有關處理大量責任時所需的自信。在同時我們承擔了過多的需求，開始懷疑誰能處理得了，又不想讓人失望，因此會陷入煩惱。榆樹能夠幫助這種情況。

落葉松（Larch）給我們充滿希望的正向力量，告訴我們別人能做的我們也能做，如果我們嘗試然後失敗，將明瞭那也是一種前往成功的必經之路。

松樹（Pine）松樹的正面特質集中在有能力公平判斷自己的行爲，而非逗留在錯誤之上。如果我們傾向責備自己，每當事情有差錯就怪自己而消沉時，即可使用這朵花。

找到希望：甜西洋栗

當我們所愛的人瀕臨死亡，或者我們面對難以挽回的可怕事實，如疾病末期或極度財務困窘，歡樂聽來就像瞎扯，像一個遙遠的傳說。然而就算身處最深的井底也總有可以看得到星光的洞口。看似絕望的狀況，往往也能導向充滿勇氣和明瞭的神妙行動，這是一個能讓普通人提升到英雄般高度的重要時刻。承受苦難的人有時竟能成長到一個地步，讓我們其他人（這些不需面對眞正絕望的幸運兒），投以不敢置信的尊敬和羨慕。

人們只有經歷甜西洋栗（又稱甜栗花）的狀態才能眞正明瞭它，也才能提供安慰與支持給予那些生命中發生無法妥協之事但又必須學著接受的人們。當我在寫這段時，我腦海中浮現一個人，並非有名的人，她經歷了任何人可想像的最糟糕情況，走過來了。想到現在她在大家面前明亮、正向、充滿愛之光的樣子，我不得不下結論——苦難可能是一種賜福。這不是輕易的一個聳肩，或陳腐的「不幸中的大幸」，而是一種刻苦的賜福，一路上有石頭、眼淚和糟糕透頂的痛苦。我感覺自己不具資格恰當地或公平地描述它，我太軟弱到希望我永遠也不夠資格。但是如果我必須走上那樣的道路，我很安慰的知道我將不孤單，也並非第一個人。

甜西洋栗絕望的特性與另一種巴哈所推薦花精「荊豆」完全不同。荊豆的狀態是對事情採取悲觀看法而決定放棄，但是甜西洋栗的狀態是竭盡所能地避免放棄，尋求如何脫困。如果生病，會嘗試不同的療癒與治法；如果失去工作，我們應徵工作並克服一直被打回票的窘境；如果孤獨一人，就認眞努力會見與結交朋友。任憑每一分的努力，都沒有開展出康莊大道，最後面對著已經無能爲力的可怕事實，這正是我們來到一個最受傷的時間點——痛苦中的靈魂暗夜，以巴哈的話說：「無計可施，能面對的只剩下破壞與毀滅。」不是我們選擇絕望，是它強加於我們。而在這時刻，甜西洋栗可能帶來非預料中閃現的光，引領我們回到港口。

案例分享

痛苦和不幸在我所表現的和我的潛意識之間形成一厚層。多年來阻礙了部分正常能量的流動，甜西洋栗緩解了痛苦經驗和沒有出路的絕望。

——蘇珊．瑞吉

有時人們無法恢復而死亡，但是當人們溶解其堵塞之情緒，即使死亡也可以是非常療癒的經驗，且死得安詳。真正的療癒不只是身體健康的恢復。

——淺昭信子

意料之外

昨天送小孩去學校，接著上班，與朋友吃午餐，買報紙，回家會合伴侶和孩子，打電話給雙親，今天早上醒來期待這一天大致一樣。

突然事情發生了，生活被扭曲到不可思議和極度糟糕的地步。雙親之一去世，或是一個小孩、一個鄰居往生，或公司通知我們被炒魷魚了，或報紙說戰爭開始了，或是伴侶離開我們了。我們知道這些理性上的事實，人們每天失去工作，失去生命，失去平靜和愛人。但是心智知道是不同於身體所感受到的。當事情發生且發生在我們身上，通常是趁我們不備之虛，衝擊我們，破壞藩籬，阻礙我們的道路。如何前進？如何處理？理智以爲的答案是哀悼然後放下，但若震驚擊昏了我們，讓我們無法適當地悲傷呢？假使我們的遺憾蔓延太廣以至無法跨越呢？如果在遠方也期望不到一個舒適的港口呢？

安慰自己：伯利恆之星

伯利恆之星（又稱聖星百合）常見的法國名字是 La dame d'onze heures（直譯：十一點鐘女士）。這朵花早上開得很晚，晚到太陽已高掛天上。十一點才開花的植物概念提醒我們伯利恆之星可作爲急救花精，供我們在危機或創傷時刻所需，因此它是巴哈救援花精裡面的關鍵成分，做爲應付震驚以及後續情緒的主要花朵，伯利恆之星能提供的不只是快速修復。

震驚的效用並不一定馬上出現，出現時也不一定很明顯。我們或許以爲我們經歷了一次創傷並完全康復了，但是未化解的震驚卻可能被埋藏在內心深處，終究會浮出表面。菲利浦・錢斯勒在他的《巴哈花精療法圖解手冊》裡舉出一些例子：有一個健康的婦女在空襲時避難於地下室的階梯，結果後來她發生了關節炎；另一個人在空襲時被抓，一年後，發生了頭痛、腺體腫大、視力問題；一個音樂家因爲健康問題追蹤到一些她的過往事件，她曾冤枉地被控告她從未做過的事。這些所有的例子靠著伯利恆之星協助她們的頭腦和心再度恢復功能，如此她們能接受已發生之事並能繼續走下去。（菲利浦繼續建議當其他的花精無效時，伯利恆之星值得一試，畢竟，在表面問題的底層可能還有隱藏在根部的震驚。我同意巴哈中心教導的——這只限於到最後關頭才採取的手段。選擇正確花精最好的方法是趁情緒清晰浮現的時候，至於埋在下面的情緒自有其適當的時間浮到表面，花精服用時期稍微長一點，慢慢學習一個個被揭露出來的情緒，對我們是有益的。）

生命中有一種震驚我們都會遇到，就是失去所愛的人。喪親時悲傷才是有益的、療癒的反應，允許死亡與葬禮之間有段緩衝時間，這是社會所顯現的智慧。服喪期間讓我們從正常生活中暫時退避，我們不再想著每天所關心的（例如運動、工作、電視），反而有空間慢慢習慣接受所失去的，明瞭它對我們的意義。這段時間結束後，埋葬或火化我們失去的人所遺下的——象徵這段反思時間的結束，我們可以開始繼續走下去，也從這段經驗中改變調適了。伯利恆之星不會移除悲傷，也不該如此。它會幫助我們穿越悲傷的過程，如此我們才不會被卡在其中，如此失落的感受才不會壓垮正常的悲傷過程，並能重回正軌生活。如同星星引導智者找到耶穌嬰兒，這朵花是希望與安慰的花精，是暗夜中的指引。

案例分享

毫無疑問地，我最成功的花精使用記錄發生在五年前，當時在湖區與當地年輕人俱樂部參加一個周末探險，天氣又濕又冷。我在容易滑跤的岸邊跌倒，尾椎著地，當時並未感覺疼痛，數週後意識到不斷的疼痛。我不在意，但是在接下來幾個月變得更糟，我無法舒服的坐，感覺有如坐在石頭上。隔年我嘗試同類療法、物理療法、整骨療法，全都沒有幫助。有一天我決定為跌倒的原始創傷而服用伯利恆之星，四週後疼痛完全消失了。

——美琪

本月在牛津郡

本月在牛津郡（正逢十二月），氣象預報員說這是有記錄以來最潮濕的一個年終，在威陵弗區洪水只肆虐了一部分的房子，但更下游的人們則沒有那麼幸運。我住在這裡十年，這是我所見過泰晤士河水位最高的時候。

在幾天來雨越下越少之後，今天水位終於開始下降，有些淹水已消退，留下泥巴和汙物濺出窪地，闇雨黑雲已離去，取代的是霧、水氣和悶熱灰色的濕潤感籠罩整個城鎮。每一次呼吸充滿了髒水，土地是濕透的。在下午三點半從匡馬胥穿越河橋，光線不足，雲層、水、泥巴和昏暗使得每件事都是暗淡的、無顏色的，即使聖誕裝飾已點亮在店頭，街道和人們好似被草率的清潔工用灰色髒水的拖把擦拭過，連空氣也是骯髒的、一縷縷的、汙跡斑斑的。

我好想如果能有一條水管連接到夏天的溪流，以充滿乾淨新鮮的泉水來沖洗整個城鎮、空氣、人們，好讓一切重新閃閃發光。一度我已陷入在這看起來晦暗且厭倦的狀態中，但是當我女兒剛完成她學校的最後一天，熱切盼望回家和聖誕老人時，突然我也跟她一樣了。

愛你自己：野生酸蘋果

蘋果與蘋果花長久以來就與年輕和回春相關，古代斯堪地那維亞的神話中眾神為了保持年輕，由女神愛督那（Iduna）供應金蘋果給祂們吃，邪神洛奇（Loki）慫恿女神愛督那離開，眾神都變老了，春天也遲到了，直到女神和蘋果都恢復。在威爾斯，送葬者在埋葬之前會撒蘋果花於遺體上，以確保死後生命恢復年輕。野生酸蘋果這個花精是由 Malus pumila 的白色花朵所製作，並未宣稱可以恢復年輕，但是它幫助我們以寬容的、純潔如孩童的眼光看待自己、接受自己的樣子和所感受的事物。

在典型野生酸蘋果的負面狀態中，我們感到醜陋和不潔，可能因爲做了某事或只是因爲看起來就是這樣。無論什麼事只要我們從感受中開始對它挑剔，就一心想要改變及清除它，以爲這樣其餘一切也就都會變好了。我們心智盯著某個小缺點，且把這一點不成比例地放大，因而失去了核心。即便健康的生理功能，例如性和飲食，有時也被看做是骯髒的，或是不應該的。

野生酸蘋果的狀態擴大發揮時，會出現類似一種挑剔、熱衷於美化自家及過度專注不重要的外在細節，反而常將更必要或更正面的事物排除在外。我們可能永無止境的撣掉灰塵、重新排放書本，卻沒有眞正讀過一本；或者我們花時間撿除車廂前座小雜物，孩子卻在學校裡因缺少支持而感覺失敗；或者就算知道赴約參加派對必定會遲到，我們也一定要在出門之前再次吸塵客廳地毯。這些例子使人聯想到野生酸蘋果注意的細節通常聚焦在灰塵與汙染。

野生酸蘋果幫助超越瑣細不重要的問題，獲得更眞實的人生觀點。我們能有更好的判斷是重要的，不過度關心瑣事，一旦注意力從不重要的事情（客廳地毯）和那些不怎麼能改變的事（眼睛形狀）轉向，我們就可處理生命中眞正的要事——發展自己，幫助他人。在花精應用師的協助下，這就是伊恩（Ian）所做的事情，應用師告訴我們他的故事：

伊恩的問題是他的頭髮，容易掉頭髮讓他心煩意亂，他的家庭醫生要他來找我，在所有花精中我們選中兩種。它們是岩泉水（他的類型花精）和野生酸蘋果，我告訴他如何做成配方瓶，因爲他非常關心頭髮的掉落，我建議他也把酸蘋果加入洗髮精中。直到十二月我才再見到伊恩，那時他完全禿頭了，甚至他的眉毛也不見了，他虔誠地死守著「一天四次，每次四滴」例行程序（毫無疑問這是他的岩泉水個性），來問我是否可做另一次諮商，我想他又要討論他的掉髮。跟上次一樣，我錯了。「你可能不認得我，」他說，「我夏天來過，那時是因爲我的頭髮脫落。頭髮根本不是問題，我才是問題。」

他說他覺得頭髮很快會開始生長，但是那眞的已不再困擾他了，他主要目的是想發現如何做才能成爲更好的人，然後走向正向的人生。

在負面的野生酸蘋果狀態下，我們等於被纏住的事情所控制，正面的狀態下我們放掉癡迷，而眞正意識到什麼該注意、什麼該放一邊。從靄靄白雲到腳下可愛誠實的灰塵，這個世界對我們來說是清潔、合乎衛生的，全都可以擁抱。我們愛自己的身體，無論它是怎樣的，也享受待在身體裡的自己。伊恩從鏡子看進深處，看到皮相之下，野生酸蘋果踢他一腳，讓他開始了找尋自己的旅程。

案例分享

受苦於鵝口瘡經常復發，我吃藥然後控制飲食，但是它總是幾週後又回來。我決定每當覺得狀況噁心時，就服用野生酸蘋果，它幫助我回憶起第一次遭遇的情形，在二十幾歲的時候我跨亞洲旅行，在某些國家的街上，男人會抓我的胸部和臀部，我覺得噁心又骯髒，身體對此產生反應，因而造成第一次的鵝口瘡症狀。喝花精後，我的鵝口瘡到今天都沒有再復發，我現在知道野生酸蘋果的奇妙。

——戴安．布瑞雷

選擇慷慨：楊柳

楊柳有個出色的能力就是生根。把一根樹枝壓入土裡不太需要照顧就會長出新樹，就算是新手園丁也能用剛砍下的新枝，種出一排籬笆般鮮活的楊柳樹。《聖經》裡告訴我們當猶太人流放巴比倫期間，如何將豎琴吊掛在楊柳樹，民間傳說豎琴的重量讓樹枝下垂，讓它看起來更顯惆悵。那就是爲何最有名的楊柳種類 Salix babylonica 通常被稱作「低泣的柳樹」（Weeping Willow）。廣泛的說，所有的楊柳都與憂傷相關，包括製作楊柳花精的 Salix vitellina，如果某人「戴著楊柳」就是爲失去所愛而哀傷，但不一定是因死亡而失去。

就像柳樹一樣，楊柳狀態的人特別容易生根，蔓延經常從某些花精狀態中或某種特性中延伸，例如自尊受傷的菊苣，或被自己問題佔滿的石楠。楊柳的不快樂來自對別人生活中的好事有太多負面觀感，負面楊柳狀態的人總覺得別人有的他沒有（可能是金錢、外表、升遷、好頭髮），所以感覺不快樂，受到不當不公的對待，並且充滿自憐。她羨慕別人的好運並且惱怒和抱怨，生命對她特別不公平，每一件事都是別人的錯。如果某人試圖幫助她或使她高興起來，她並不會感激，她對被提供的幫助覺得是應該的，並且隨時準備對未提供的事找出錯誤。她總是最後一個注意到她的進步狀況，卻是第一個注意到她的不如意。

我們應該對自己的任何不快樂負責。同理，療癒也在我們自己手上，而非他人手上。在楊柳狀態下，簡單的解決之道是只要聚焦在我們所做的事，找出滿足自己的理由。湯姆·梅耶（Tom Meyer）在他的書《靈魂的力量》（*Power of Soul*）裡所描述一種應用在他的專題研討會的練習，也提出一樣的觀點。他要求人們寫下二十五項讓他們覺得眞正快樂的事情，大部分人包括了以下項目：贏得樂透、擁有跑車或私人飛機、豪宅、美麗伴侶；然後他要求他們寫下二十五項目前生活中他們擁有的最快樂的事情，人們在第二欄列出以下典型的項目：健康的孩我們太沉浸在自己和物質生活時，就需要石楠花。當我們是負面石楠時，失去了傾聽其他人有些什麼問題的能力，而只會滔滔不絕講自己的事；當冗長地說著自己的事時，我們是眾人心中的討厭鬼，就好像在談話中死扣著對方、討個沒完的小孩，把別人推到角落，不讓他們逃離。抓緊聽眾的衣領，不讓他們走，追到街上，渴望至極地吸取別人的能量，不顧別人也是一個獨立個體。孤單、沒人聽我們令我們生氣，也讓我們恐懼，以致緊黏著任何人，沒有自尊，也毫不客氣。當我們害怕失去聽眾時，別人就回避了我們。因爲太煩人了！他們視我們爲想要逃避的陷阱。

石楠花精是溫柔、寂靜、服務與大我聯結的化身。是個有親和力、懂社交的談話者，也會傾聽，能理解別人的煩惱。她不顧慮小事，把生活經驗、別人的掙扎、人性看成一個整體。她可以從自己不好的經驗中同理別人的負面經驗，她衡量得出自己的問題與世界的問題相比，只不過是小問題，因此變得不自私，對需要的人給出友誼。當我們困在自己碎碎念的世界時，就喝石楠吧！幫助我們重新聯結並且轉向較高的平衡。

石楠是花精中很少被用到的一個，也許因爲沒人覺得自己需要它。但是很奇怪，就像我和那個賣木柴的人，我們都很快看到別人的毛病，或許我們也該慢一點下結論，快一點傾聽吧！

子、可愛的伴侶、眼、手、腳、健康的身體。然後他會要求他的學生比較這兩欄所列並回答一個簡單的問題：願意放棄第二欄所列，以換取第一欄的東西嗎？通常答案是「不」。我們已經擁有的永遠比我們所想要的重要。梅耶寫下：「所謂幸福就是為你所擁有的感到愉悅！」

正面的楊柳狀態看到這點並採取行動，而且她能進一步為別人的好運感到高興，她是敞開的且能給予該給的讚揚。她自己的內在沒有苦楚，她是愛與慷慨的表達。她在事情出錯時仍能笑出來，真正的楊柳一點也不哭泣，而是充滿生命與再生能力。在冬天裡一切都是暗沉沉的，楊柳花精的品種 **Salix vitellina** 特別之處是光禿禿的樹枝會轉變成鮮明的橘紅色，在鄉間閃閃發亮。

案例分享

現實生活並不容易，沒有人可以不受傷或輕易的度過。當我們接受這點，生命就變得有一點容易了，因為我們就不會覺得受到嚴厲的對待。

——愛麗絲．拉克

我花費整天時間準備一個與課程相關的論文，並尋求丈夫給我意見，他顯示給我看所有的錯誤，我忿恨極了，思緒打轉著，明顯的無法抽離情緒。我差點就想放棄。

經過一小時的惱怒，我啜飲了一杯含著楊柳花精的水，開始明瞭他只是試著想要幫我，而確實他是對的，我的確需要更有想法的重寫。

——辛希雅・培爾

聖克里斯多弗

聖克里斯多弗（St. Christopher）是旅行者和搬運工的守護神，根據傳說他的原名是歐菲若（Offero），他是異教徒，他的父親把他獻給太陽神（Apollo）以及另一位神——馬其邁（Machmet），他因長得巨大、勇敢、牛脾氣而聞名。他自豪於自己的強壯，離家冒險去找世上最強壯、最勇敢、值得服侍的主人，也只有最偉大的人才值得他的服侍。

他給自己選的第一位主人是一個強有力的國王。但是他發現這個國王害怕魔鬼，所以他離開國王，改爲服侍魔鬼。他在魔鬼陪伴下漫遊世界，滿足於所有人都在他面前鞠躬，但是有一天他們來到路旁豎立的十字架，魔鬼變得臉色蒼白並拒絕從旁經過，如此歐菲若明瞭有另一個比魔鬼更強的主人，他立即將魔鬼抛在身後，去尋找更偉大的主人。

他四處漫遊來到一條又深又危險的河流。他找到一位隱士，他的工作是指點旅行者安全跨越湍流的方法；如果沒有他的幫助很多人將被流水席捲而亡。隱士聽完歐菲若的故事，告訴他想尋找更偉大的主人是基督，且服侍基督的方法就是斷食、祈禱並且幫助他人，如同他所做一樣。歐菲若接受基督是他的主人，留在隱士身旁，並在隱士死後代替其位置。但是他不僅為人們指出過河之路，歐菲若還用他的強壯對抗狂暴的水流，將人們扛在背上過河。人們更安全了，但他低估了自身的危險，他認為自己有巨人般的身體，使用身體來支持他人就是他的責任。

有一天一個小個子小孩來到他住的簡陋小屋，要求他指出過河的路，歐菲若回答說可以帶他過河，「你能夠承受我的重量嗎？」小孩問，歐菲若低頭看並笑著說他可以，彎下腰他拉起小孩並舉起放上他的肩膀，他非常吃驚小孩的重量比一般大人還重，但還沒超過他所能負荷的。

他們開始渡河，他們越往前走這小孩越來越重，一段時間後歐菲若搖搖晃晃幾乎要跌倒。

「如果我太重就放我下來。」小孩說。

歐菲若拒絕了，他更加搖搖晃晃，水沖擊他的雙腿，膝蓋顫抖著。

「放我下來，如果你需要休息。」小孩說。

歐菲若再次拒絕了，終於他們到達了彼岸，也到了他快累垮的地步，他手臂爆出青筋，背部快要斷裂，歐菲若高興地在遠遠的岸邊將小孩放下來，沒有弄濕他。

「你是誰，重得跟世界一樣？」歐菲若問道。

「我是基督，創造者和救世主，」小孩說：「你把世界的重量扛在你肩上。」

基督為歐菲若施行洗禮，並為他取名克里斯多弗，名字的意思是「基督背負者」。他告訴克里斯多弗將他的枴杖種植在地上，第二天早上它長成一棵強大的樹，並成爲全國奇觀的景點。但是這個奇蹟和歐菲若的受歡迎激怒了異教徒的國王，他逮捕了歐菲若，並折磨他到死。歐菲若死時也未聲明放棄他的信仰，因而被封爲聖徒且受到大眾的喝采。

在一九六九年天主教堂委員會檢閱聖徒一覽表，查看歷史上存在及神聖的證據，當委員會檢閱到克里斯多弗時，發現證據非常稀少，可能在三世紀時有個因殉教而死的人叫做克里斯多弗，其餘則是猜測的，不像其他「聖徒」有完整的傳奇證明。克里斯多弗雖未完全被廢止聖號，但他被降級並從全球聖徒一覽表中移除。毫無疑問的如果他還活著，他會背負這個屈辱，一如往昔他所忍受的。

估量你的強度：橡樹

當巴哈寫下「橡樹堅忍不拔，勇敢地面對暴風雨，並提供弱者避護與支持」，他也如長久以來的傳統，認同橡樹與強壯、韌性相關連。橡樹被賦予神奇的特質，是具有強大神力之樹，如索爾、邱比特和宙斯。船隻建造者一向都喜歡橡木材的強度和耐度，以及它抵抗暴風雨和閃電襲擊（任何雷神喜歡的樹必常會被閃電擊中），橡樹門、地板、家具和鑲板皆讓人想起堅硬、強度、耐久和穩重的高尚感。橡樹生長緩慢但長壽，在約克夏附近的威士爾力有一棵「高聳普橡樹」（Cowthorpe Oak）據說已有一千六百年，在英國比起其他種類的樹，橡樹更能支持各種生命，從青苔到昆蟲到鳥類，橡樹也支持著人類。有很多關於人們躲在橡樹樹蔭之下避險的故事（查理二世只是最出名者），甚至還有在仍活著的橡樹空洞處舉辦晚宴呢！

正面的橡樹狀態是感覺強壯、能幹和有能力承載重擔而不會壓垮。我們從不放棄希望，可以處理任何生命扔給我們的問題，而且夠強壯到還能騰出來幫身邊的人們處理他們的麻煩。但是同時我們也了解自己的需求。就如克里斯多弗，我們知道盡了全力，在力氣耗盡前，要找到安全的地方將重擔卸下。工作時穩定可靠；該休息時安靜平和，這樣我們才能在各種狀況中保持平衡。

當我們天生的強壯已經快傾向超過極限的掙扎，橡樹花精幫助我們再次平衡。或許由於責任感，或許由於缺乏自我覺察，我們根本不休息和持續不斷的工作，孜孜不倦，賣命賣力，直到最終橡樹之心折損。如果拼到這一地步，我們將馬上跌入完全的絕望，因爲橡樹倒下時會完全破裂；眞正橡樹類型的人在多年充滿自信的決斷後，突然轉變成甜西洋栗狀態並非不常見。希望不要走到這般狀況，就該估量在適當的時間使用橡樹花精。

當我們製作橡樹花精時，有時也需要動用橡樹正面特質。雌花和雄花在橡樹上並排地開著，雄花形成長長下垂的花簇，很容易看到，也可很快速塡滿花精製作碗，但我們並不採用它。我們反而挑選針頭大小的雌花，藏在樹葉後面不易看見，要找到花朵本身就是一種挑戰，可能耗費了一個早上只找到足夠蓋住一碗水表面的花。製作者需要有決斷力、貫徹力和拒絕向背部疼痛和炙熱陽光讓步的毅力。

案例分享

喝了第一劑橡樹花精，讓我感覺肩上巨大的重擔像是被人抬起一般。

——泰瑞莎・麥克蘭

了解你的力量：榆樹

正面狀態的榆樹特質正如同成熟的樹：正直、高䠷、強壯、莊重、不可動搖，是傳說中威力強大的魔法棒。榆樹本身就很牢靠，她知道自己的優勢，也知道自己的方向，通常這也使她接納別人的需求，因爲榆樹是能幹和負責任的，可同時處理很多要求，並達到她自己高標準的期許及別人的需求。因爲荷蘭榆樹病❶的蹂躪，在英格蘭的某些地區榆樹被徹底摧毀滅除。榆樹有一處缺陷，是會消弭她力量的弱點，往往純粹責任感的重量就能嚇住她，因而砸碎她的信心與力量。在負面狀態下，她覺得處理這麼多問題和責任根本無人辦得到，似乎超過人類本領

❶譯註：荷蘭榆樹病由小蠹蟲真菌引起，致葉落迅速枯死，這流行病曾於巴哈醫生發現榆樹花精之後，在一九三〇年代廣泛摧毀全歐包括英國大部分的榆樹。

的極限，她覺得耗竭而沮喪。其實每一個工作本身都很容易，但是加總起來的分量則成為超過能力的重擔。到目前為止她都熱愛她的工作，因而現在似乎無法再勝任的這個想法，讓她覺得更沮喪、更殘酷。

當我們掉入這種狀態，責任的分量才是問題所在，而非對我們所做的事情過度熱心或缺乏興趣，榆樹花精正是幫助我們再度積極，有成功確認感的那朵花。一旦我們再度平衡，我們有無限的儲量，會再找到需要恢復的力量。負面的榆樹狀態只是暫時的情形，越快使用花精重新連接自信的儲量，情況就變得越短暫。這點我們比樹幸運，不致因為荷蘭榆樹病再未恢復。

案例分享

我發現榆樹花精時，正是當我發生下背痛且感覺完全僵住，同時，在工作上我感覺特別有壓力和無法處理。我嘗試擦各種止痛藥和抗發炎藥，然後腦海中出現了一棵在風中彎下來的樹，我就使用了榆樹。不知道用了多少時間，但是我突然發現痛消失了。

——泰瑞莎．麥克蘭

掉落的球

我正參加一個給雙親的傍晚課程，想要幫助五歲和六歲孩童享受讀寫。一位母親告訴我們有關她兒子的狀態，他很慢才學會閱讀，當他開始上學後情況變得更糟糕，他的第一個老師（病態的易怒），將他置於其他小朋友前面，當成不會讀不會寫的例子。當他結結巴巴閱讀時，她沒有耐性；當他做對事時，她從不稱讚他，她總是好整以暇地等著攻擊他的第一個錯誤。現在他變得完全拒絕讀書。

這聽起來好像是個殘酷形式的極端例子，但是我們很多人在更小的時候就學到做錯就是糟糕的。不耐煩的雙親不停的嘀咕著「頑皮的男孩」和「壞女孩」，教導我們犯錯不僅僅是做錯事，它意謂著「做」錯就「是」失敗，我們變得戒慎恐懼，怕犯錯，我們開始建立自我價值的意識，將其奠基於是否有能力在時間到之前就做對。我們只做那些我們知道自己能做的事來避免失敗。如果我們原先以爲能做的事，但失敗了……，最好避免再做它。如果我們假設對某事不在行，假設沒什麼才華、沒什麼能力、沒什麼天賦，就可免除責任。如果失敗是預料中的事，我們根本就不去嘗試，只需靠後坐著，讓其他的人去做。

這樣將無法達到成功，因爲現實中失敗是贏得勝利過程的一部分。在我們覺得卡住或以爲越來越糟的時刻，潛意識會繼續再評估，然後結合經驗並準備下一次向前躍進。沿著道途每一步前進都會提供新的訊息，即使某些時候看起來偏離了我們要前往的道路。失敗、停滯和缺乏進展都是進化的一部分，只要我們永不放棄，只要我們知道最終可以期待成功。

邁克．葛柏（Michael Gelb）和東尼．布詹（Tony Buzan）在他們的書裡《來自拋球藝術的教訓》（*Lessons from the Art of Juggling*），利用玩拋球的隱喻探索失敗如何幫助我們學習，玩拋球時會犯的錯就是球會掉落，但就算我們在房間裡驚慌地又想掌控地滿場跑著抓球，也依然是個差勁的拋球手。玩拋球的秘訣是完全不要抓球，只要將它們拋得好，手就可以不費力氣地抓回來。葛柏和布詹說，在練習拋球的初期，如果刻意不管失敗就可以學得更好，允許球掉落而只專心在把球拋好；也就是說，我們需要思考過程（如何拋），而不是結果（如何抓）。

我們必須擁抱錯誤而非恐懼它，歡迎它甚至有時刻意創造它。有意地犯錯是一種打破舊模式的方法，且能找到新方法。布詹有一次錯誤地把球拋太高，球從地板彈起太高而非落在他的手上，但是當球升起又下降時，他掌握其節奏又再抓起它，他的戲法沒有間斷地繼續下去，「錯誤」變成他表演的一部分。所以何妨有意地讓球掉落，有意地邀請失敗，有意地時不時打破一個成功的模式，看它帶來了什麼訊息，有什麼新鮮事需要學習？如果不試，永遠不知道。如果我們有意地去試、去失敗，總可以找到一個讓失敗不致變成眞正傷害的時間和地方。倘若給那個五歲孩子一個正確的老師，可讓他在閱讀過程和讀音錯誤中獲得激勵，這些就有可能像個邀請一般，讓他注意到某些事情並探索更多。

期望成功：落葉松

當我們失去有能力把事情做好的信心時，我們需要落葉松。我們相信自己的能力沒有好到足以過關得到勝利，因此拒絕嘗試，且在事情眞正發生前就已經被打敗。與他人相比較，只發現自己缺乏的，我們逃避機會和責任，認爲自己缺乏才華，無法像別人做的一樣好。負面信念讓我們有很多藉口不去嘗試。被喪失信心和錯誤的謙虛卡住，我們活在缺乏風險和冒險的生活中，在自我輕視的平庸裡，浪費了潛能的成長。

「不要畏懼投入生命！」巴哈說：「我們來這世上是爲了獲得經驗和知識，除非面對現實和尋求自我極限，不然學習不到什麼。」落葉松化身爲信心和自我信任的特質，讓我們可以追隨這則忠告。落葉松衝進她生命的瓶頸且知道無論發生什麼都是最好的，只要她充分的生活並在機會來臨時好好掌握，她能鎮定的接受失敗與成功。犯錯只是進展的一部分，她愉悅在其中，邀請它們，與生命一起嬉戲。

落葉松樹是唯一在冬天會落葉的針葉樹。它的樹枝在尾端上揚之前會下垂，讓樹整體看起來像是一個人無助的聳肩，以及沉默的問句：「我能做什麼？」落葉松花的回答是：「無論你想做什麼都可以。」落葉松告訴我們如同任何其他人一樣好，我們終將會依自己的時間和方式成功。

案例分享

在服用含有落葉松的複方花精後，一個特別清晰的夢出現了。我在飛翔，突然間發現我自己在美國，在新墨西哥州聖地雅山空中盤旋，有一種極大擴展的平靜和美好意識，感覺溫暖和安全。我說，「任何事都可能——我能做任何事」，而且真的相信它，除了極端愉悅，它也證明是最有幫助和激勵的夢。事實上它改變了我的生活。

——琳．克珊柔

服用了幾週的落葉松後，一件不尋常的事情發生了。我決定學游泳。幾年以前我嘗試去學，感覺無望而放棄，但是這次我知道我能精通它。我做到了！它是項成就，我對發生的相關一切都感到非常愉悅。

——吉兒．伍德

珍視你的努力：松樹

天生的正義感是光的源頭和良善的力量，掂估和反映我們的經驗，如此可以從中學習並做得更好。但是在負面的松樹狀態下，正義讓步給評斷，也讓位給自我譴責——所有一切都導向對抗我們自己。

內疚就像是黑色顏料被加在一罐七彩繽紛的顏料裡，一點點就製造了黑暗並遮蔽了明亮與清淨。從一項犯錯而責備自己開始，黑暗向外擴展，直到視每一件事都是自己的錯，「抱歉」永遠掛在我們的唇上，即使是別人的錯，即使事情已好轉，歉疚還會留在心裡。無論我們做到如何地盡善盡美，都還是看到瑕疵而非成就，仍然譴責自己沒能做得更好。

在所有負面情緒中，內疚是最具破壞力的。它腐蝕我們的自我價值感，它阻止我們獲取愉悅（我不值得享有愉悅），且訴說著我們根本上的無價值和罪過（我所受的痛苦都是我應受的），這導致我們把別人的過錯當成自己的負擔，否認了我們值得享有歡樂，否認了別人為他們行為負責的機會，同時也阻擋了進展。我們往往接受失敗是不可避免，甚至預期它且允許它帶著我們前進，因而我們浪費自己的能量盤旋縈繞在一些原本可以較好處理或是不必計較的事情上。

在松樹花精的幫助下，可以開始再次照亮眼前的一切，在正面狀態下我們有一個更清晰更眞實的全貌，知道責任範圍和界線。如果做錯，可以承認事實，而不致為一次錯誤的行為永遠內疚；可以導正錯誤，如果不行，也可以尋求原諒，而且同樣重要的是寬恕自己。如果他人做錯我們可以幫忙承擔，但是我們仍然明瞭並釐清那是他們的負擔而非我們的。我們將看到對他人眞正的仁慈意謂著允許他們負起責任，從他們自己的錯誤中學習，就如同我們負起責任，從自己的錯誤中學習一樣。

7
一步一腳印

我們是誰

薇克建議我們思考他人有哪些特質讓我們羨慕、欣賞，而那部分就是我們需要努力之處。如果我們心目中的英雄是有活力與熱情的政治家，能言善道，具說服力，且是個願意爲正義而戰的活動家，而如果我們自己也眞的缺乏這樣的能量與熱情時，可以想到鵝耳櫪、落葉松、野玫瑰花精，並看到這些花代表我們需要發展的正面特質。換句話說，想要個性如此這般改變，就要發展所欠缺的特質——這是選擇花精的一個方法，然而卻有兩個限制：

首先，要注意上述句子中第二個「如果」（如果我們自己眞的缺乏能量和熱情）才是關鍵點。否則若是已經充滿熱情，只是想要更多能量以便讓自己可以像蠟燭兩頭燃燒，野玫瑰花精與鵝耳櫪花精是無法幫助我們的。我們必須小心地拉回不平衡的期待。必須對自己目前的錯誤有謙虛與誠實的意願，這是有智慧地使用花精的先決條件。

第二，要務實地知道自己可以成爲什麼樣的人。我們在地球上的課題並不是要成爲一個完全異於自己的人，反而是要成爲自己才能從本身的生命中學習。我們可能會羨慕這位政治家的特質，也想要發展類似的特質，但並不表示要忘記我們是誰而試圖呈現出別人的個性。

如眾所周知，環境會影響自我表達。一個好的環境允許我們發展已經有的，再往高處提升；壞的環境卻可能會讓我們扭曲變形直到表現得完全不像自己。但不論表達或是變形，關鍵仍在於我們是誰。希望每個人都有或應該有一樣的發展，例如六塊腹肌、皓白牙齒、一模一樣的正面思想和外向心智……，在基本上就是錯誤的。我們的課題不是變為一個不同的人，而是學習如何接受自己是誰。根據巴哈所言，我們不只是有「人格」，還有「閃亮的人格」（巴哈說的）、「美妙的個體性」（我強調的）。一旦剝除所有誤以為是組成我們人格的負面特質與習慣，將會發現自己眞實的人格比我們忖思的更為精彩，原因在於「人格」，眞正進展中的人格，是靈魂的表達，乃是神性的、靈性的，也是純潔的。

我們需要打開閃亮和獨特的人格特質，這點說明了眞正的成長之路與一步登天、即刻究竟的那種自助影片式之靈性導師的妄想無關，眞正的成長是對於自己的個體性有更多的了解（學習眞正的感受，學習自己眞正是誰）。這是非常個人化的道路，往內而行的道路。一位催眠治療師伊恩．麥克菲索納（Ian McPherson）說：「我看自己與花精的關係，就是持續探索的一部分，」他用花精已經有七年，「有些舊議題消失，新議題又起。這幾年來我對自己性格和個人修煉的覺察方面有很大的進展，有信心知道這是花精在支持我。」我們也許一開始不確定自己是誰，當花精幫助我們更清楚地看見自己，漸漸就有了清晰的全貌。「與花精為伍，表示決定開始自我探索的密集過程，」另一位在其工作上運用花精的應用師，米琪．林（Miki

Hayashi）曾這樣說：「通常我們最需要的花精，就是我們最不能與之相連的靈魂品質。對於自己的性格特質，我們通常是盲目的。」

一步一腳印，覺察自己的每一步——這是離開盲目並通往自己眞正是誰的核心。

類型花精

這三十八種花精可表達從負面轉變到正面的運作，每種花精都與我們經歷的情緒有關，幫助找出自己是如何感覺的，也支持我們表達最正面的特質。有些花精，如類型花精（type remedies），會走入更深。它們跟本質的個性有關，以花的語言定義我們是誰。

以龍芽草爲例，我們都可能偶而掉入負面龍芽草的狀態（在關係結束時用開玩笑來隱藏痛苦），也有時表達出正向的一面（能接受失去也保留著幽默感），但有些人傾向呈現出更多的負面和正面狀況，那麼龍芽草就可能是我們的類型花精。你可以想幾個龍芽草人的例子，或是我們所認識的人，或曾經讀過或電視裡看過的角色。或許你可以想起有些人生來就是標準的龍芽草特質：隨時掛著微笑、很會社交的人，可以很輕鬆開玩笑的人或是派對女王。你也可能輕易地發現負面龍芽草的特質比正面還要多，只因爲負面特質顯現得更突出。若你想不到人選，這裡有幾個建議，沒有特別的順序（當然，若你私底下認識他們也許會不同意）：美國電影偶像瑪麗蓮·夢露（Marilyn Monroe）、英國喜劇演員法蘭克·霍華德（Frankie Howerd）、肯尼斯．威廉（Kenneth Williams）、俄國前總統葉爾辛（Boris Yeltsin）。

即使是非常清楚明顯的龍芽草人，也常常需要其他花精。當粉絲太過關注瑪麗蓮．夢露的時候，她可能會受益於胡桃花精。如果葉爾欽感覺改革不夠快速，可能需要鳳仙花花精（認爲由他自己來做肯定會更加快速）。但這些花精的需求來來去去，通常會與特定事件或某些生命時刻有關，例如試鏡失敗了、與過度謹慎的經濟學家開會。以龍芽草爲例，類型花精是生命中一再會發生的威脅，它通常已經沉積很久而不只是針對某個事件的反應。也許瑪麗蓮．夢露對粉絲感覺特別有壓力，是因爲她過去似乎總是很高興看到他們。

巴哈中心一九七〇年九月的新聞通訊中清楚解說了類型花精的重要性，其中節錄巴哈文章的一部分，其他部分則是來自巴哈告訴薇克的資料：

> 我們帶著自己的人格特質來到地球，眞正的工作是盡可能地發展並增進個性的完美。生命要努力完成這段經歷，因此攸關我們眞正個性的花精，就是來幫助我們，提供所需。舉例馬鞭草人格，他的生命功課就是修改並柔化他對目標的強烈感，這將是他一生的生命課題。但某些時候，他可能在別人影響之下而忘記自己的生命課題，因而會感到焦急，變得不安，有了一些馬鞭草人原本不知的情緒品質，他此時可能需要龍芽草。他也可能發現疑慮漸漸爬滿內心，這情緒是他原本個性中完全陌生的，

此時他需要的是龍膽。某些時刻我們會因為開放而接受到外界影響，因此需要花精來保護我們免於特別的危險。但是我們永遠需要類型花精（又稱人格花精或個性花精personality remedy）的幫助，類型花精可以增強我們的決心學習到地球該學的特別課題。

如上述所言，類型花精說明了我們此生需努力修正的重要缺點。生命中的某種問題出現次數越多，其實越與我們的類型花精有關。不論生命拋給我們的挑戰是什麼，我們總是以某種個性來回應，這也就是我們的類型花精。面對無聊的派對、有工作要做、麻煩的小孩，龍芽人總是以微笑、開玩笑帶過，鳳仙花人會加速進行、走捷徑，橡樹人會辛勤地扛著，卻不會發脾氣或太有情緒。旁觀者則一目了然，然後說：「這眞是典型啊！」

巴哈的類型花精

我不知道什麼是巴哈自己的類型花精，我不認為這很重要，但又為什麼這樣問呢？我曾經聽過許多相關理論卻沒有一個有結論，但這些不代表沒有教學價值。

有些人建議給巴哈過去的急促個性鳳仙花花精（他每次工作有進展時，就會毀掉所有以前的筆記），巴哈盡可能快速熱情地出版自己每個階段的發現；他快速打破了醫學公會的規定，當巴哈覺得他們擋了他的路。菲利浦．錢斯勒寫到：「有時候巴哈會變得很沒有耐性。」

當那些不能如巴哈一樣快的人，跟不上巴哈的思緒時，此時巴哈會立即有身體的反應，突然泛起潮紅和惹人難受的疹子。他總是說：「你看，我變得生氣，你傷害我比我傷害你來得多！」一劑鳳仙花精可重建巴哈的幽默感，短時間就讓疹子不見了。

水蕨是另一種建議，雖然支持者會認爲巴哈表現出的是正向水蕨人，並不經常需要這個花精。他是個水蕨人的證明包括：精微敏銳且持續增長的直覺感引導巴哈發現眞正的療癒花精；他有很強的獨立思考能力；能夠跟隨自己的心不論世界怎麼想，事實上巴哈從不詢問建議，他總是傾聽自己的內在聲音。

錢斯勒以稍微不同的方式讀出巴哈同樣的特性，這也證明了不同花精的正向特質，彼此可能看起來非常相近：

巴哈醫師是胡桃人類型很好的例子。他拋棄所有過去對療癒的想法，找到更佳的方法治療人。不管過去同事的揶揄、冷眼旁觀，甚或給相反的意見，他還是往前走。他堅持抵抗的是自己過去醫學背景與訓練的強烈影響。

根據錢斯勒所寫，巴哈多數時候是正面的胡桃。薇克則形容巴哈的敏感達到極致時：「他會覺察到下一個看診病人的疾病或抱怨，巴哈自己會出現那樣的症狀。」表示巴哈眞的偶而需要胡桃花精來幫助他抵抗外來的影響。

其他人可能會視巴哈是馬鞭草類型：看到巴哈全心投入在自己的理念，努力與病人溝通並透過著作和演講擴展到全世界。又或者巴哈是橡樹類型，在他一九一七年生病時掙扎忍受極大痛苦，以及在他生命盡頭時還努力找到了最後的十九個花精。

當人大致是平衡時，要去聚焦他的類型花精是更加困難的。因此人們很難定義巴哈的類型花精就可說明巴哈大部分時間算是平衡的，至少他離開倫敦並開始其使命工作的時候是如此。這也是我們所期待的，人們都能成功找到自己的生命道路。可以確定的是所有這些花精的狀態，巴哈都曾時不時地受苦經歷過。所有過了嬰兒階段的人們也都如同巴哈，可能經歷過各種花精狀態的情緒，這也是無庸置疑的。

剝洋蔥

很難決定別人的類型花精，並不表示認出自己的就沒有困難度。一層又一層的負面情緒是經由許多年甚或整個人生建立起來的。多年以來的弄虛作假、托辭藉口、裝腔作勢讓我們對自己的非眞我信以爲眞，有時被自己的欲望或恐懼帶離了正軌、有時採取一些不一樣的行爲以便融入他人。在潔可·羅伊的例子中，兩者皆有。她以前是一位護士，現在擔任顧問，她說：「因爲害怕孤單，我從未能照自己的意思走。我擔心沒有朋友，所以我都遷就我的行爲來迎合他們。這麼做多年之後，我失去了眞正的自己。」

即使我們的個性還在閃亮，卻可能被包裹在某些根源於過去且從未被解決的情緒狀態或創傷之中。就像牡蠣中的沙礫，可以激起一層層堆疊下的不平衡。在我們能成功表達眞實自己之前，需要找到並處理這些遺忘之事。

約翰·藍索（John Ramsell）是第一個以「剝洋蔥」（peeling the onion）來形容抽絲剝繭這一層又一層情緒過程的人，此後就延用這個詞。剝洋蔥意指先以目前清楚的部分來選擇花精——當下情緒、今日議題，這些是洋蔥的外層——讓花精處理這些之後，慢慢揭露藏在下面的任何問題，這個由外往內倒轉的過程會引導至我們被包裹著或被隱藏著的眞我。羅伊說：「這些花精是我用來發現自己的方法。」另一位花精使用者尤娜發現，過去的創傷事件會以反向順序的方式回頭浮現：「每當一個情緒或是事件浮現出來，我就用花精來面對這些事情。」剝洋蔥是一個自我發現的過程，是一至關重要的核心部分，協助我們發現自己的感覺、爲什麼這樣感覺與自己是誰。

直到我們一層層剝開它，否則無從知道在洋蔥的中心會有什麼。最戲劇性的是我們可能會發現有些內心之魔是需要面對跟克服的。大衛·懷特（David Whyte）閱讀十六世紀史詩〈貝奧武夫〉（Beowulf）❶，這個寓言說明了這種過程：武士奮鬥並殺死了怪獸哥倫多（Grendel），只會讓怪獸的母親現身（導演們喜歡酷斯拉或是外星人，就是借用這個故事的現代說法）——面對並毀滅了一個怪獸，只會更去刺激和揭開一個更高危險的怪獸，就像我們面對一個不平衡的情緒，可能揭開更深層的不平衡。一如懷特的經典名言：「你恐懼的不是你所必須要面對的事，而是其背後更深層的事，恐懼之母。」

不論我們期待或希望或害怕找到，我們必須信任一個眞理，那就是只有在我們準備好要去學習時，花精才能教我們。如果情緒的重新調整揭開了恐懼之母，也表示了我們已準備好面對它，猶如貝奧武夫的奮戰。這個慢慢揭開的過程，需要時間學習關於自己的感覺並準備遇見情緒，結果總會是正面的。安娜．瑞奇森這樣說：「我已經學到成爲自己的朋友，而不是敵人。」她從一九九二年開始使用花精，「我已經學到自己個性特質，當個性被負面運用時會有多麼強的破壞性，當能正面運用時又是多麼有建設性。不像以往多半只看壞的一面，我現在尋求每個人內在的好，當然也包括自己的好。」

愉快與充實

這樣的態度眞是非常認眞懇切又似乎是非常讓人害怕的。但並不該如此。即使是一趟跨越黑暗的旅程，它也總是向著光前進。人們每天也會有放鬆伸伸腿的時刻，享受生命中純屬娛樂的部分。一個花精使用者說：「要有自信地走在人生的旅程上並不容易，好在有花精陪伴，讓旅途增添了樂趣。」

只要重新開始調整我們的旅程，每一步都會有獎勵與喜悅，更重要的是明白自己走在對的路上，知曉我們走的方向正是我們需要去的地方。「自從認識了花精之後，我的人生大大改變了，」崔西．迪肯說：「我再度知道自己走在正確的路途上。我有了長足的進步，感覺更像一個健康、完整的人，也有許多可以奉獻於他人。」

一步一腳印，覺察每一步，這才是正道！

最後和最先的人

奧拉夫．斯塔普雷頓（Olaf Stapledon）是英格蘭利物浦的觀星者與成人教育老師，有哲學和歷史學位，一九三〇年出版《最後和最先的人》（*Last and First Men*），一本有關人類種族未來的小說。

《最後和最先的人》是個不尋常的作品，比起一般人所了解的科學小說，先進程度要以光

❶ 譯註：〈貝奧武夫〉史詩敘述五世紀到六世紀之間，維京族英雄貝奧武夫的故事，自吉特蘭（Geatlan）渡海到丹麥與惡魔搏鬥的故事。

年計算。小說的敘事者是位歷史學家，從幾乎無法想像的未來，用他學者的角度細數人類的發展。故事開始大約是我們當今的年代，從這位未來歷史學家的眼中，二十一世紀的我們根本不算「眞實」的人類。我們只踏入進化之路的第一步，是第一人種（First Men），所專精的只是眼光短淺地著迷於科技，並在一眨眼的時間內已經耗盡我們的能源。

根據這位歷史學家所言，將在物質文明崩塌很久、進入了衰敗退步的時代之後，人種的靈性高點才會出現。在黑暗時期，約西元後十萬年，一支新的次種族曾出現在巴塔哥尼亞短暫繁榮過，巴塔哥尼亞的男女能活到七十歲，但是他們生命之火，靈性，柔軟度都在十五歲左右流逝殆盡。如此的短暫讓青春更顯珍貴，以致形成一種宗教，人們繞著傳說中的孩子、永遠的少年，而有著宗教般的狂熱。人們信奉的神是受喜愛的孩子形象，而不是尋常父神的形象。

作者撰寫這一段傳說是根據一位眞實的、不平凡的、充滿活力的巴塔哥尼亞人，曾發現自己被風雪困在高山上，埋入雪堆之中。對他來說，那是一次眞實的高峰經驗。首先他掙扎著想要逃生，對於瀕死感到憤怒，但是之後他開始從旁觀看清自己彷彿是戲中的演員，他看到自己不論是自由或死去，都會因爲他的生命經驗和此刻的掙扎而變得更好；藉由遊戲，遊戲者的個體經驗昇華了。這洞見給了他由正確感和靈性自由所擷取的力量，他最後被救出自由了，且能夠將自己的啓示訊息帶給他人。「當我是小男孩時，我說要越活越有活力，」他告訴大家：「但彼時我從未料到，比起青春的閃爍耀眼，還有一種活著的情感是可以更爲強烈，如同持續

的白熾光。」（又一次提醒我們馬斯洛的著作關於高峰與高原經驗）

當「第一人種」消失絕頂，過了數百萬年後，「第二人種」，泰坦尼克人（titanic）興盛又滅亡。然後是「第三人種」，貓一般的生物，高度發展的感知，敏銳、務實的聰慧，對所有生命和自然的形式都懷有極高興致與熱愛。第三人種建立了許多偉大的文明，但是歷史學者特別強調一個以音樂爲根基的文明。天賜他們有美妙的聽力，第三人種對音樂有特別的靈性吸引，那是我們遲鈍感官的人沒有辦法理解的。透過音樂他們可直接完成彼此神秘的聯結。一個特別有天賦的人發現音樂中的神聖性，宣稱宇宙鮮活的靈魂是一種交響樂，其中每個個體的靈魂都有自己的旋律，一旦被唱出來，旋律將會永存；從神的觀點看，沒有什麼會消失的。要走向不朽，就是要喚醒我們個體的靈魂，讓它清晰地、自然地盡情歡唱。

我們接著來到「第四人種」，有體積巨大的腦，由第三人種以人工方式創造出來，但是他們因爲被困在人工環境中，無法了解生命。直到他們知道了自己的限制，且創造出第五人種，他們才來到最好的一刻。

「第五人種」可以存活三千年，享受心電感應作爲彼此的溝通，感謝他們的長壽生命和完美健康，能建構好社會組織並帶來普遍性的物質富裕，他們可以花大部分時間關注在藝術、靈性和哲學上。實際上，這三個追求對他們來說是同一個，因爲他們看到宇宙整體就是無窮複雜的藝術成果，且在空間與時間上持續發展，人類欣賞不了這種宇宙宏偉的完整性，但透過藝術創作卻可以瞭解與欣賞其中部分的理念。

又經過幾千萬年，「第五人種」發展達到頂點，有極大的知見突破，進入藝術與知識的宏觀轉變。他們注意到文化如何持續發展與改變，發展方式並非是線性的，而是像螺旋一般的。研究領域可以下探鑿至最深處，當無法再去追尋時，最聰明的學者就轉換跑道挖掘一個新的、更有未來性的領域。這整個過程可能持續相當久，舊的、耗盡的興致會因新的探索而被丟棄、被取代。但是總是會來到某個時刻，注意力再度回到起初運作的領域，發現新的問題（好比百萬個未被發現、未被探索的洞穴），就像魔術般地出現了。在其他領域被發掘的事實將意外地發現與此有關連性，需要一併納入考量。在一個領域的科學發現會為另一領域的理解帶來革新，因此舊有的理解總是需要被重建與重新塑造。每次重來的工作都會向更新、更美好的眞實更爲靠近，沒有什麼能蓋棺定論的（提醒著我們有關孔恩的科學發現之典範模式）。

《最後和最先的人》這部小說裡還有描述許多關於千百萬年的歷史。當月球撞上地球時，人類拋棄了地球，然後先是移居到金星，之後當太陽擴展且呑噬了內行星時，又搬移到更遠的海王星，這「最後人種」攜帶著人類基因的「第十八人種」，就在太陽更爲膨脹，要永遠毀滅他們之前，最後人種對宇宙有了最新且最偉大的觀點，依然是個音樂的譬喻：「人類自己，最根本，就是音樂。」故事中歷史學者這樣說：「人類包容一切的勇氣與成就如同一首浩瀚的樂章，成為狂風暴雨與燦爛星光的巨作。」

迷宮的課題

讓我們強調斯塔普雷頓書中的三個重點：

- 第一，看待生命如一場美妙且深刻之認真遊戲的這個觀點，有其本質的價值。
- 第二，宇宙是不斷進化的藝術，如果想要抵達最高的可能階段，需要生命的音樂性和靈性。
- 第三，也是最後一點，智慧的發展並非簡單的線性式，是盤旋而上的螺旋式，是一無止盡的圓，重新觀察、重新造訪、重新創造與重新建構原有的舊知識。

我們可以在錯綜複雜的迷宮意象中，收集到這些想法。迷宮是成長與生命的古老象徵，也是入門的象徵，得以完整進入人類的狀態。從外界看這模式是清晰、可理解的，代表完成與完整：迷宮陣是藝術的最早形式之一。但是玩這個遊戲，我們必須進到裡面，讓自己被其中任意、沒章法的扭轉與迴旋感到驚奇眩惑（a-mazed）。這個穿越迷宮的旅程象徵著生命之旅，充滿了死巷與錯誤，迫使我們回到自己的步伐，找到新的穿越路徑。每個路徑的分岔口要做一個決定和方向改變，通常我們會迷失。我們可能感覺到有新的轉機，是新路徑的起點，的確，對我們是這樣的：路徑總是起始於更新，就在我們腳的前面。但不論是如何轉，我們仍在同一個、我們自己要走完的迷宮旅程中。

這個迷宮的奇妙之處在其所佔據的空間與時間。當我們走在迷宮裡，我們所走的路遠超過走直線的路。迷宮走得越久，需要反覆重來的路會更多；旅程越長，生命就越豐富。如果我們走在每段寸土上，都可以保持每一步的專注，我們會活出最大程度的精彩。如果能抵達核心，我們希望能在其中找到自我認知和自我實現。事物的核心才是最神聖的點，而我們的目標——這樣就可以明瞭自己是否站在迷陣之上並看懂整體模式——是設法找到自己的核心，生命的核心，找出或塑造出其意義。總之，不論我們能否抵達最後，沒有人是進入了迷宮卻不發生改變的。

對於現代人類，這個迷宮有讓我們格外共振的訊息，就像雅克・阿塔利（Jacques Attali）在他的書中《智慧的路徑》（*Chemins de sagesse*）寫出，自從工業革命開始之後，我們努力能讓事情加速，儘量走直線，避免繞行和回頭路。我們想要事情做得越來越快，以致可以省下越來越多的時間。我們總是向前看，趕快擺脫當下的這些那些，然後到下一步，但是最後呢？在我們瘋狂的活動中，忘記了時間眞正的詭計不是讓我們節省，而是讓我們利用，觀星、舞蹈、歡笑、唱歌、與小孩說話、閱讀、思考、冥想、安靜坐著、傾聽世界……，許多事情看似浪費時間但卻才是眞正活著的重點。就像阿塔利所說，在生到死之間的道途上，我們不是該試圖走得盡可能地慢一點才好嗎？我們應該歡迎每一個繞道而行或改變方向的機會，能讓我們慢下來好好利用寶貴的時間。

車轍

車轍是在地面上讓輪子壓出痕跡的溝槽，也算是某種形式的迷宮，一種封閉式的，沒有其他選項的道路，沒有出口、沒有中心；我們在其中進退維谷，我們的動作就像時鐘的鐘擺，只會讓溝痕更深。慣性安慰著我們，直到我們想要闢出一條出路的那種意志力被睡意取代。處在慣性的溝痕裡來回地擺盪時，一處又一處、一餐又一餐、一晚過一晚、一週過一週，在時鐘單調的滴答聲中一年又過去，而我們還是在一開始處往返著。

當我們允許習慣和無聊滋長，且忘記對自己所做之事給予愛和關心之際，就會出現這樣的慣性。這是巴哈所說的：

> 排解無聊的方式是主動地、熱誠地對圍繞身邊的事物產生興致，整日認眞探究生命，跟夥伴們多方學習，從生命的發生中，了解所有事情背後的眞理，完全投入自己以獲取知識與經驗的藝術，掌握機會運用所學爲身邊的偶遇者服務並帶給他們益處。如此，每一刻的工作和玩樂都會帶來學習的熱忱、想要經驗眞正的事情、眞正的冒險和值得的行動，當我們發展這些本領，就會發現自己重新獲得感受喜悅的力量。它們或許來自於微小的事件，或是過去覺得很平常或是單調無意思的發生，都將變成探

索和冒險的機會。這些蘊藏在生命中簡單事物之內——簡單的事情更靠近偉大的真理——可以找到真正的快樂。

卡洛琳·海迪克是一位在倫敦的花精應用師和老師，當她的個案到達一個面臨改變的點，她看到其中阻礙行動的窠臼，「到了該放手的邊緣，我們卻感覺想要抓緊在那裡，」她說：「我們的擔憂、煩惱、問題、創傷就像老朋友，需要靠改變才能放下它們，也許我們感覺還沒準備好要改變，也許沒有足夠安全感面對，因此我們攀緊自已所擁有的死木，而不是致力於新的成長。」鐘擺盪上去，我們晃到上方邊緣，幾乎要自由了，但是，鐘擺盪下來，我們又跌回原處。

對比之下，巴哈建議的覺察能帶出每個時刻的獨特性，讓我們揭開隱藏的出口，發現新的穿越途徑。如此天性的好奇心就會甦醒，並且如同呼吸一般，做出自然的改變。改變成了舊朋友，是每天生活中被歡迎且被期待的，就像我們歡迎、期待一個喜愛的電視節目和一杯睡前的飲料。每個改變是盤旋而上的，會帶著更多的知識重新回到老路，我們甚至要更歡迎造成最多恐懼的改變，像是徹底轉換職業，或是從緊縮的關係中破繭而出。「在一起十年的伴侶和我分開了，」崔西·迪康這樣說：「我現在自己住，我不記得曾經如此這般滿足過。」對崔西和前任伴侶的例子而言，清楚切割是正面有益的，是自然地來到了下一步，能幫助我們和所愛的人成長。「我們還是好朋友，仍然對彼此深深尊重，雙方現在都有辦法讓自己的生活豐富多彩！改變帶來更好，如果沒有發現這些花精，這些可能還不會發生。」難的是需判斷何時要我們做一個突破，何時要求我們只是付出更多的關注。即使多年的忽略之後，當我們能從小事情重新獲得喜悅的力量，許多關係也跟著活躍起來。

一步一腳印，覺察每一步：這是讓我們轉出慣性般的車轍又回到迷宮當中的方法。

亞歷山大大帝

亞歷山大大帝在父親死後，繼承了馬其頓王國之王位。有一次他與波斯人開戰，是爲了報仇波斯人於一個半世紀前的入侵希臘，他將戰爭延伸到東方，來到了戈爾迪烏姆王國，祭司們給他看一種神奇複雜的結，古時候的國王將這種結綁在戰車的軛之上，他們告訴他若有人能鬆開那個結，就有權力統治整個東方。他們期待他搞懂如何解開那個結，就像過去每個人那樣。但是亞歷山大大帝只是抽出劍，砍斷繩子，結就斷裂開來，「切斷戈爾迪烏姆結」如今是一個現成的片語，意指強力解決難纏的問題，或拆散牢靠的捆綁。

亞歷山大大帝的方式是獨有的新穎切入法。這個結其實也是迷宮陣的形式，向知識與智慧發出邀請，但是大劍一揮是直接了當的——所謂線性發展，以抄捷徑的方式從A到B。這很吸引人因爲其明顯的簡單。眞的，這是極簡且快速的，但是我們想要活在極簡生活中，然後盡可能地快速過完生活嗎？亞歷山大大帝的做法是簡陋，而不是簡單，因爲犧牲了價值。生命提供我們不一樣的簡單，讓我們學習如何穿越迷宮與穩定地拆開死結。

「就像很多人一樣，過去我在找一種只在轉身之處就可尋獲的完美生活。」希拉蕊・賴這樣說，她在一九九六年受訓成爲花精應用師。以亞歷山大大帝的方式追求開悟像這樣：轉個彎我們就到了，就在紅心正中。這是想像！就像某些電影畫面中，作者在鍵盤上飛快打出書的草稿，從一到兩百頁一氣呵成，然後俐落地在書的結尾寫下「完」。

眞正的寫作是像生命，充滿著心智的輾轉與改變。我花了好幾週時間來組合本書的主題，想要將章節安排成個迷陣，這是在邏輯還一團亂中理出的好點子；但我又花上另外的兩週拆解我已經做的。這不是浪費時間，這是我寫出《綻放如花》這本書必要的過程之一。我反覆回頭顧慮，每次走一步，代表我更進一步，我對《綻放如花》可以怎麼寫、不可以怎麼寫，知道得更多，我們發現這是每個生命過程中必然的模式。因此當希拉蕊開始用花精，她沒有在轉角處發現瞬間的烏托邦，而是開始了一條有更多轉角的道路。她說：「我開始每天使用花精，開始將生命視爲旅程，認眞過每一天，不論恐懼和失望。每個事件都是在對的時間來到生命。現在我接納一切且發現這樣更容易進展，過去我以爲浪費的，事實上是學得功課。」

根據混沌理論，大多數複雜的系統都是繞著簡單原則而逐漸形成的。一顆種子能蘊含的基因密碼就這麼多；科學家操弄一下程序規則，也可以在電腦螢幕上模擬「長出」完美的葉子，所有的程序只是一次又一次應用簡單原則。葉子本身是複雜的奇蹟，如同迷陣，但卻是在有限的方向下，一次一步地被創造出來。眞正天然的簡單，只需要最少的規則，重複每個小步驟，就能引導至豐富性和複雜性。

我們是自己的迷陣，也是自己的進化。探索自己的個體性，發現自己的潛力，我們需要走自己的每一步，常需要利用一生的機會來成長。我們內在都有能力，可以摘星，也可以奏出自己靈魂的音樂並與宇宙合奏共鳴，但我們必須從自己身處之地開始，準備緩慢發展，在自己的道路上走好每一步，即便並不是馬上到達我們想要到的地方。「一般而言，」用了花精十年的愛琳・法可納說：「我們不是從黑暗中被絆腳之處開始一路無阻礙地奔跑，一步登天，飛躍抵達光明之境。我們其實是逐漸移開道路上的障礙物，然後瞥見微光開始閃爍。我們開始不再那麼常跌倒，光明面漸增，最終可以帶著全面的知見，自在地往前走。這個清除障礙的過程，或說找尋光明的過程，或說學習如何走的過程，與最終獲得的結果一樣，有其珍貴價值。」

對多數人來說，亞歷山大大帝一直是個英雄，特別對許多有強大力量，具威權的人而言。他的短暫生命充滿著許多大劍一揮，但他的帝國在他走之後也很快拆散了。

「生命就像爬上山，有難走的也有好走的路，有好天氣也有起風或下雨日。若我們決定要爬上山，首先要準備保暖的衣服，還有充飢的食物。沒有人會不做準備就去爬山。有些人會問，使用花精是否意謂著讓我們逃避問題使之更簡單，任性做自己，光依靠花精而不是適當地面對自己的議題？當我被問這個問題，我通常會說爬山的故事。即使有足夠的衣服和食物作爲支持，但是爬上山還是我們自己的責任。用巴哈花精只是一個帶人們開始的智慧方法，當我們在爬山的途中，看不到山頂在哪，但是爬得越高，就越清楚我們將會看到山頂。」

——理奈白石，巴哈花精應用師，東京

vii

給予自由 獲取自由

喜愛自由就是喜歡人們，喜愛權力就是只顧自身。

——威廉・赫茲利特（William Hazelitt）
十九世紀短文作家、評論家

五種自由

在一九三二年二月的演講中，關於個人自由和現代生活之疾病，巴哈將其信念做了一概要說明。他指出西方文明主要的疾病是貪婪，囊括一般人所期待的各種正常貪念——財富渴望、權力和地位、舒適與物質擁有——但是巴哈譴責有一種貪婪是最危險的，因有其靈性面的影響，那就是渴望佔有另外一人。

佔有他人意味著影響或控制別人的行動，以致我們取走對方部分甚或全部的自由，這樣的貪婪是病態的，但在我們生活形態中幾乎讓這種貪變成了美德；廣告人、政治家和各界領袖有其明確社會價值，正因爲他們可以擁有、控制和影響。但巴哈是對的，這是特別具毀滅性的貪念，因爲佔據的雙面刃一次會砍傷雙方。

首先，會讓其他人不能去尋找他們的生命之路，不能以自己的方式發展完全的潛能。我們可能會懷疑究竟有多少因為他人好心阻礙而消失的莫札特。

第二，佔有和控制他人，讓佔有者變得腐敗，讓控制者變得畸形。被服從者反而好似下毒，指揮者則從此被奴役，因為他們也會像毒癮一般地對此上癮。

放手也是雙面的，讓別人自由，也解放自己。這個自由是年輕、有活力的，讓人也像上癮一樣地著迷但是更為健康。曾經有一位五十歲的花精使用者說到：「這是種美妙的自由感，指引我自己的生命，讓別人指引他們自己，是一種我自從青少年起就從沒有體驗過的自由。」

以下是巴哈七組類別中，五個與自由有關的花精。

菊苣（Chicory）提供愛與協助，且不求回報，很樂意給予所愛的人空間讓他們成長，即使需要離開她才能成長。

馬鞭草（Vervain）對自己信念非常堅定，但有可商量的空間。她會盡力說服他人、啓發他人，但是在自己的理想主義與努力上，仍能設定理性的限度。

山毛櫸（Beech）看到其他人生命中的好，即使與自己不同或相反，她可以很快評價卻不急著譴責，有互相包容的表達。

葡萄樹（Vine）善於指引迷失的人，但她總是知道何時該退後一步，允許錯誤發生而不涉入，如果這是對方最好的學習方式。

岩泉水（Rock Water）可以滿足於慢慢地發展，不求殉道似的極端方式，也知道自己生命中的例子對別人不一定有用。

巴哈稱呼這一類別是「過度關心他人的福祉。」這些花精幫助我們不要過於關心其他人的作爲，每一個花精之正面特質都是當發現別人有需求時，可以很快出手協助，卻不急著假設自以爲最懂，不會傷害他人，溫和運作也尊重差異；如果提供幫助卻被拒絕，就退一步等待，而不急著給出解決方案。

愛與放下：菊苣

菊苣人其實想要被愛，卻扭曲了對他人的愛，讓我們爲了得到愛與關注而變得貪婪。我們去愛卻又要求他人回報，例如責任、情感、忠貞與認可，爲了想被需要而執著地提供幫助，因此讓別人很難拒絕；若對方眞的拒絕，我們就會說這是忘恩負義。我們覺得心愛的人應該對我們的關心感到高興，應該展現出感激而花時間與我們在一起，讓我們成爲注意力的中心。我們可能會掉入自憐，變成受傷的烈士（在做了這麼多之後，他們怎麼可以不好好對待我們？）我們可能會變得操弄與誇大自己的痛苦（雖然自己可能沒有察覺到這種誇大）來跟他們討同情，讓所愛之人更加爲難。

這樣極度負面的菊苣，對他人的眞正需求是盲目不知的，只看到自己的觀點。因此錢斯勒將菊苣人比做是「人性吸血鬼」，其他人則順著他的形容，誇大地把菊苣人妖魔化。根據巴哈說法，其實負面的菊苣狀態是司空見慣的人性，這也是爲什麼眞正的愛實踐起來是如此困難。

> 我們所謂的「愛」是貪婪和討厭的結合，欲望這麼多，還擔心失去。我們稱其爲「愛」一定是出於無知。眞正的愛必須超越一般理解，是極爲龐大的，完全忘了我，在一體中失去個體性，在整體中吸收了性格。

菊苣鼓勵綻放出更多來自神性的愛，所謂小我的對立面。正面的菊苣對回報沒有想法，不期待獎勵。她提供無私的愛，也知道如何退一步，讓其他人自由地從生命和錯誤中學習。她從來不會妨礙或操弄，她的第一個想法是給其他人自由，享受他們的決定和成長所帶來的喜悅。正面的菊苣是有著最高品質的。無私的愛就像基督的品質，有了這朵花的幫助，我們都可以在自己的內在找到它。

負面的菊苣狀態會發生在男性和女性、老人與青年：當小男孩威脅著若不能待在家就要使壞，這是負面菊苣，就像做父親的因爲兒子沒有支持同一球隊而生氣。我們通常會想像菊苣的原型是母親的形象，也許因爲多數文化將母愛（而不是父愛）與無條件地給予和無私聯結在一起，是一種往外給的愛。當母親的愛轉爲自私，是特別令人驚訝與引起注意之事。也許我們對父親的期待少一點……。

德國某些地區認爲這個植物 Chichorium intybus 是「路上的眺望者」（Watcher of the road）。年輕女孩等在路旁的菊苣花叢邊，眺望著她不守信的愛人歸來，但他最後卻死了，女孩的心失望且心碎。菊苣的長軸根深深植入土壤，非常難拔取，卻又是很敏感的植物，當菊苣花被摘起，離開整株植物時，就會馬上失去顏色，立刻變得乾枯。

案例分享

接受菊苣是我的核心花精，是種解脫也是禮物。解脫是因為光照亮了黑暗，讓我能夠接受原本想要否認的那部分自己；說是禮物，是因為這個花精隨時等著幫助我。如果我注意到任何無益的菊苣特質又浮現出來，我就有採取正面行動的力量。如果我有足夠的覺察和記得實踐，就可以選擇療癒。

——凱特・安德森

披頭四與米利甘

一九七〇年早期，我喜歡流行音樂，特別是披頭四，他們解散後新聞不斷，有更多機會讓我著迷。記得週日聽傍晚的電台廣播，提到披頭四在洞穴俱樂部（Cavern Club）起家的歷史。我省下幾週的零用錢在北尾路市場唱片店買了他們最棒的專輯唱片。我還寫下自己的歌，使之聽起來就像是〈她愛你〉（She Loves You）、〈愛情無處買〉（Can't Buy Me Love）。某年聖誕節我特地追到一家在地小百貨公司，只因為他們在玩具部門放了很大的黃色潛水艇。我從未如此沒有理性地、非常熱情地，隨時準備要上前與人辯論、大肆鼓吹披頭四是最偉大的團體。

當我十一歲時升到中學，一次勞作課中，老師告訴我們下週要用清樹脂做一個紙鎮，而每人必須要帶一些東西放在未成型的樹脂中。因為我對披頭四的狂熱著迷而決定選用他們當主題，我有的唯一物品就是一個披頭四的獎章，小到可以放進小小的紙杯中，也不是眞的獎章，只是雜誌照片，圖片反面是與披頭四無關的文字。同學將花、金屬小人、小齒輪，或其他立體好玩的東西倒入樹脂，做出了有趣和美麗的紙鎮。我的作品結果是令人傷心、沒有意義的小玩意兒。

過於熱衷就是這樣，讓我們的生命關掉某些部分，不理會新的和未知的可能性，只為了要讓能量集中在自己有興趣的某個領域。在這一個方向上，我們的確比不太注意的朋友們要收獲得多（我知道披頭四的歌曲或許比其他同齡孩子多），但這是有代價的。代價是有時會錯過一些發生在其他分支路上更重要的事，那些反倒能引導一些本來不夠專注的人踏上更好的路。

極度熱情會使瘋狂的完美主義變得灰暗。熱門的漫畫作者史派克・米利甘（Spike Milligan）在經驗狂躁時，他每天寫上十四小時，一心想要做得比其他漫畫家更好。做「傻瓜劇場」（The Goon Show）節目多年來，他必須每天寫上一個半小時的節目腳本，一年中有二十六週如此。這個工作量對一個作家團隊來說都是很艱難的，更何況米利甘是獨自工作。之後，也曾有相似的能量爆發陪伴他寫書。曾經他一天寫出一萬字，無法停止和控制自己。他說：「我的內心被催促，我能做的就是寫書。」在這樣狂躁狀態中，人的創造力可以被激發一段時間，卻無自我控制與調整步調，產出就不能持續。像米利甘這種狂躁的案例，如同從十呎高之處掉到地上般的深度沮喪；他的過度狂熱，工作狂般的熱情都因此耗竭並燃燒殆盡。

看另一面：馬鞭草

古時候的外交官會帶著馬鞭草植物 Verbena officinalis 來象徵他們的職業特質——能主動挑釁也願意在衝突之後和解。羅馬政治家普林尼說將馬鞭草浸放過的水噴灑在晚宴房間內，是讓貴賓們和睦相處的很好方法。這個花精回應了這個傳統，它與彈性、開放有關，讓人享受消遣，感覺充滿熱情又不失去自己的觀點，幫助我們平衡緊張工作後還能放鬆跟玩樂。我們可以不受干擾，也可以回應，兩者都可以達到瞭解，不是永遠在繁忙中奔走。

不論是支持流行樂團或是競爭政治活動，或是販賣洗衣粉或為災後重建募款，馬鞭草需要相信她自己所為、也要看到所為的是該做且正確的事。但當她失去平衡時，就忘記了其他人的價值觀也許不同，失去了理解相反論點與觀點的能力。她渴望討論與說服以贏得他人的心和看法，就會因此扭曲變成不計代價要翻轉對方的決定，變為不管一切的熱情、競爭、拒絕放手。馬鞭草般的社運分子變為恐怖分子，為了正義的熱情卻成為不正義的行為。她的能量和熱情從原本讓身邊人開心與鼓舞，變成了熊熊烈火燒光她的火炬，無法停止或休息。即使她病倒了，還是會繼續跳入工作，若是其他人早就需要臥床休養了，不可避免地這影響她的長期健康。如果沒有替代方案幫她把這份熱情叫停，她就會變得很緊張、感到挫折、無法放鬆。如果不平衡的程度更嚴重，就像我那時做得很醜的紙鎮，她一頭栽入對某件事情的價值過度執著，毫不考慮所有其他事物的價值，因而關閉了其他通道，失去了敞開的態度。

熱情是很吸引人的事，讓人很有興致、很投入、充滿生命力。即使是失去平衡的熱情——帶著完全的信服，只在一個壓縮的領域無止盡的工作與活動——在我們本就不平衡的文化中是被認為有價值且可獲得回報的。但是真正馬鞭草能對更寬廣的群體做出承諾，這是更值得讚美的。負面的馬鞭草人會很樂意自己是個馬鞭草，而不想使用花精，因為想要保持總是有活力的狀態，他們就是喜歡這樣。當然他們可以如此選擇，但錯失了真正的實相是「存在」比「做事」更重要。這朵花讓我們能夠放手並放鬆做自己，這是馬鞭草的課題。

案例分享

有時我會像小孩一樣把自己丟進任務之中，例如我來擦亮所有鞋子吧！我會在取出口香糖後用力刷牙，工作時我也是個完美主義者，當打字時我會咬緊牙關並打個飛快。最後得了重複性緊張型的受傷。現在比較溫和了，因為使用了同類療法，還有馬鞭草花精帶來的自我覺察。

——愛麗絲・華肯蕭

第一次選擇花精就包括馬鞭草。我倒沒有注意有很大的不同，但我的家人有注意到。明顯地我變得更容易相處，不會像之前那樣立即直率地表達很多意見，情緒也更為放鬆。我一時不能理解這些變化，但家人是這樣跟我說的。

——傑夫・查伯爾

由於對花精的熱情，我開始每天實驗我的感受如何，我該喝什麼花精。這很新鮮好玩，但也令人有點緊張。我拚命想要找出新的負面狀態，我用馬鞭草來減少這種熱情。

——凱倫・布瑞斯康姆

珍視差異：山毛櫸

我相信一片草葉，其一生旅程和星星的一樣精彩，
螞蟻也同等完美，一粒沙礫，鷦鷯的蛋，也都是，
樹蟾蜍，是老天的神奇傑作，
綿延的黑莓能綴飾天堂的大廳。

——華特．惠特曼（Walt Whitman）《草葉集》

人們老早就知道山毛櫸是一種聖樹，會給予保護與安穩。當我們在櫸樹下祈禱，祈禱力量能抵達天堂；如果在櫸樹下睡覺可被保護不受傷害；我們用櫸樹乾葉子製作床墊，沙沙的聲音如輕柔呢喃，讓人掛著甜美微笑入眠。但櫸樹要求高標準。它們在樹林中驕傲地矗立著有著高高的根，若有人在櫸樹之下說褻瀆的話，葉子會向人沙沙低語有如回敬。根據傳說，還可能會掉下一根樹枝打在頭上作爲訓斥。

負面的山毛櫸狀態是只要有我們不同意的事情，就立馬在別人頭頂掉下根樹枝。若馬鞭草是耶穌門徒熱情地想要改變他人，負面的山毛櫸則是舊約《聖經》裡嚴厲的先知，火跟硫磺物準備在手。她說：「我知道什麼是對的，如果你看法不同，那你一定是太笨而不能看到這明顯的事實。」輕微山毛櫸狀態的人會批評或瞧不起鄰居的穿著或家人喜歡的音樂，更極端的狀況

是徹底責怪不對的習慣、活動甚至是他人的存在。負面的山毛櫸是自負傲慢的人，看不起窮人和低教育者，只因對方很窮沒有文化，卻從來沒想到自己的有錢、有權也只是機遇而並非自身的優點。他是殖民主義者，想要將自身生命觀點與過程輸出給其他文化，但不能看出對方的方式也許才最適合對方。她仇視外國人、對異己的生活方式不耐煩、生氣、想在身邊築出高牆來保護自己。也是種族主義者，無法容忍不同膚色的人，並且也是最糟的傳教布道人士，她無法容忍不同，也不明瞭為什麼其他人以不同方式看待世界或看待神。

負面山毛櫸的態度對他人很嚴厲，但回過頭傷害自己也一樣多。如果我們總是看到別人的錯誤，就會失去看到真實與良善的能力。先是評斷鄰居看起來很笨，然後是家人，接著是自己的嗜好、目標及天性，非但不能延展我們的靈魂，反而讓它越來越小，縮在自己固執、以為正確的想法中。不但不能對開啓神性的世界說「好」，反而對無限與美麗的可能性說「不」。使用山毛櫸花精可幫助我們克服偏見，讓我們謙遜地接受而不是責罵。「很明顯地，我們沒有人有資格評論或批評，」巴哈這樣說：「最智慧的能人也只能知道所有偉大事物的鳳毛麟角。知道得這麼少，所以我們無法評斷整個偉大計劃是如何運行的。」正面的山毛櫸不會期待別人都一模一樣。她知道有許多路徑可成長，每一條路都自有其效用。她看到他人的良善，鼓勵其優點。藉由接受他人，她會發展出自己的靈魂，她更能看出生命的模式，即使對方違反了她的原則，她也能接受。當她超越了這些原則，她也有彈性能改變自己的原則。這亦是成長的一種方式。

案例分享

回頭看看各種不開心的事件，我了解實際上所有過去我與人的問題，來自於我對他人的批評與看不順眼他人的習慣。三個月後的現在，我能看見人們正向的一面，不再覺得他們會讓我偏離自己或害怕變得跟他們一起墮落。我不再感覺被我的情緒主導了。

——卡洛琳

我發現我很難與不同觀點的人一起開會，但使用山毛櫸幫助我更寬容，讓我的反應方式有很大的不同。

——艾莉森

曾經我以為我一定不需要用到山毛櫸花精，我覺得自己很公正、寬容與隨和，但當自我覺察增加，開始聽到許多細微的對他人的批評聲，即使我總是表現出開心，但秘密地發現自己是非常愛批評也不能容忍人的——這點是痛苦卻也是成長的啓發。現在我發現山毛櫸木能幫助我看到別人的好，接受對方真實的一面。

——蜜雪兒．西勒

引導他人：葡萄樹

葡萄樹人知道如何做才最好，她有自信、有野心、也肯定自己，總是準備好指揮情況或指令他人。但是當所有這些特質失去平衡，黑暗的一面就開始浮現。葡萄樹人開始期待自己能予取予求，別人都要服從；她開始覺得自己比他人優秀，當然就可以迫使他人照她的方法做事；甚至運用自己個性的力量否決反對，尤甚者變得侵略或威脅。最負面極端時，變成一個霸道的暴君，專制獨裁地要求她的家人、她的員工、甚至整個社群的人依她命令行事。她不會停下來思考這對他人的負面影響，也不會像菊苣一樣想要他人的愛，或是像馬鞭草想要贏得他人同意自己的觀點。葡萄樹人就是想要他人服從。

負面的葡萄樹狀態充滿力量，但此力量會圈住我們，蠱惑我們。我們自己跟我們的被害者一樣，被陷阱困住。這就是巴哈所謂那些受害者也是我們的敵人：

> 我們的內心必須要知道那些屈服於我們的人，正是自己的敵人。因爲他們的行爲與我們緊密聯結，這個聯結幾乎很難打破。因此當他們掙扎著逃脫得到自由，我們要表達感謝。
>
> 任何可以被我們用意願或控制或力量影響的人，會危害到我們的自由。不論這影響力的背後是因爲他們想從我們這裡拿走愛、力量、恐懼或是任何其它東西。我們的

靈魂必須感謝那些拒絕變成我們僕人的人，因爲這種影響力會同時掠奪我們雙方的個體性。

在菊苣的狀態，是對他人有太多規定，讓自己遠離人生使命也阻止自己成長。但是 Vitis vinifera 這株植物行爲回應的是葡萄樹人失去平衡的兩難情形。這是種很能猖獗成長的植物，藉由密集繁生，快速超越其他植物並強制地闢出自己的路，與此同時，卻又與其他植物糾纏在一起。雖然葡萄樹看起來有主導優勢，但其實是寄生植物，葡萄樹勒住其他植物攀爬而上，不是靠自己的力量，而是依賴其他植物的軟弱才得以爬高。

葡萄樹花精正面特質是關於理解和智慧。葡萄樹人保持自己的肯定與自信，卻不利用天分控制或強迫他人依照她的方式，她會引導他人走往他們自己的道路——與她自己不同的路。不是暴君，而是老師，在自己與他人身上建立自信與自我覺察，她了解有許多道路可以達成許多目標，這包括她個人不會選的路，所有的路都非常有價值。

享樂的哲學

希臘哲學家伊比鳩魯生於西元前三百四十一年的薩摩斯島，他跟隨過許多老師做研究，住過雅典一段時間，之後開始去外地教學。五年後回到雅典時，他變得有名氣並教授一門新的哲學——享樂是好事，他寫道：「每件好事的初起與根源皆來自肚子的歡喜。」然後又說：

我不知道該如何構思一切的美好，倘若我沒有了味覺的歡喜，倘若我沒有了性的歡喜，倘若我沒有了聽覺的歡喜，倘若我沒有了因看到美麗樣貌所帶來的甜美情緒。

因爲有富裕朋友的支持，伊比鳩魯在地中海區域開設學校，從敘利亞到高盧、從猶太山地到義大利。當時多數學校只收男性學生，但他的學校卻是培養雙性的教育發展，也因此更加鼓動了一些下流的閒言閒語，針對伊比鳩魯揮霍的生活方式而有所批評。他被說成是暴飲暴食到每天吐兩次，色情信件冒用他的名字出版、假冒是他喝醉時寫出來的文章。反對伊比鳩魯的人說他沒有文化、淫亂，是理性與思考的敵人，貪吃、無可救藥的粗俗，是只關心身體但心靈空洞的男人。即使在當代，艾倫．狄波頓（Alain de Botton）在《哲學的慰藉》（*The Consolation of Philosophy*）書中提到，很多生活雜誌或高級餐廳都濫用伊比鳩魯的名字，依舊呼應著這些古老的謠言。胖男人的形象爆吃巧克力或魚子醬、被寵壞的花花公子在賭場見見世面、明星吸食古柯鹼、電影女主角在泳池畔喝香檳酒——這些奢侈的消費者都被認爲是現代的伊比鳩魯。

無論過去或是現在，伊比鳩魯都跟其在被人諷刺的漫畫形象中完全不一樣。「享樂生活，」他說：「不是被暢飲狂歡、男女歡樂或菜單上昂貴的佳餚等這些活動所製造出來的，而是有個嚴肅清醒的理由。」伊比鳩魯定義的享樂是與自然和諧的一種簡單、道德的生活。眞正伊比鳩魯派的人是「在只有麵包和水的飲食中享受身體的樂趣。」他說：「若非明智地、高尚地、正義地過活，人不可能生活得快樂。」眞正的享樂是意識平靜、有朋友、有可睡之地、有好食物、過得安好——這些價值在現代都剛好被慢生活者所擁護。眞正的伊比鳩魯原則運用在與人分住房舍、享受簡單食物、在公有地耕植部分蔬菜並帶回餐桌，常喝的飲料是白開水。

伊比鳩魯是文字的受害者，他使用「樂趣」（pleasrue）這個字，被盲目的當時民眾視作爲他的哲學本質。然後現代人就假設快樂和簡單、享受與靈性，或身體滿足和良善之間是相反的兩端，以爲有一個就不能有另外一個。伊比鳩魯說這是錯誤的。美好的一餐與美好的靈魂非常合拍——當然巴哈也會享受啤酒與在酒吧歡唱——巴哈不會不同意這點。「生命不是要求我們不假思索的犧牲，」巴哈寫道：「而是要求我們帶著心中的喜悅，成爲周圍人的祝福，履行自己的道路。因此當我們離開世界時，正是旅途中的小確幸讓我們這趟造訪感覺更好，因而能完成此生任務。」

讓靈魂自由：岩泉水

即使非抽不可的老煙槍也認爲戒煙是該做的目標。但是戒煙成功後，有些人又開始努力尋求一些樂趣——像是從乾淨的手到清新的親吻味道。不過少有人會指責這些無需否認且無傷大雅的小樂趣或嚴格的自我要求。

至於有些人原本蠻好的決定卻漸漸演變成極致，我們又會怎麼想呢？有沒有一種花精可以幫助以下這些人？比如：明明頗爲健康，卻還硬要放棄早上一杯茶的人？或是明明身材纖細，卻從來不允許自己在任何場合吃一顆自己和身體都想要的巧克力的女人？

通常上述這類狀態的人，和想要重生或還在爲戒煙掙扎的老煙槍一樣，會先挑選的花精是這些：胡桃讓人放下因享樂帶來的壞影響；矢車菊協助對這種興趣說不；野生酸蘋果可以淨化身體對享樂的不良渴望；栗樹芽苞可阻止再度掉落消費樂趣而有罪惡感的狀態。但不幸的，這似乎是在錯的方向上找答案。就像有一個人曾經來到巴哈中心接受諮詢，他不由分說地告訴巴哈中心的館長約翰·藍索（John Ramsell）他需要全部巴哈花精，除了葡萄樹。對這樣頭腦有框架的人來說，他們最不可能選的，也就是他們最需要的：岩泉水花精。

岩泉水在本書中據一特別的位置，因此排在本書最後提及的花精，並非偶然（也是巴哈《十二種原始花精及其他花精》書中所列的最後一個。），雖然本書中看到許多負面狀態常是來自正面狀態發展到過頭：矢車菊從助人者變成奴隸，而葡萄樹從指導者變成暴君。在岩泉水的狀態，是從適度比例地追求個人成長變成了扭曲的殉道者。這狀態是靈性上的驕傲，巴哈針對此主題曾以興味的對比來形容。「就整體原則而言，」他寫著：

在地球上的錯誤是對俗世物質的欲望，但更大危險的貪婪是對靈性精神面的極度嚮往——渴望變得美好、渴望成爲神，這將會是靈性生活中的巨大阻礙，如同在地球經驗中渴望黃金或權力是一樣的。

在靈性發展上專注太多，反而狹隘了我們意識的焦點和對生命的看法。我們的追求無邊無界，失去了眞正洞見與理解。事實上，唯有放鬆與放下時，我們的直覺才會協助了悟。這些對已經走在自我實踐道途的人是加倍重要的。「一個人往前進展更多，就必須更加謙遜、更加耐心，也更要有服務的意願，」巴哈又說：「光是嚮往不能帶來收獲，而是存在的狀態自會帶來獎勵。不要急於渴望進步或完美，就是謙遜地滿足於任何當前階段或服務中，直到被召喚至更高的進展。這種非關小我的奉獻方式，並不是要獲得靈性擢拔，就只是想要服務。」這裡的警示很清楚：如果我們想要走得更快，爬得更高，超越所謂的「一般」人性，我們就等於被只在乎自我興趣的小我給操控了。我們本不是完美的，因此任何由自私驅動的完美也是不完美，會帶我們走到錯誤的方向。

當我們將小我當成爲自己的靈性指導，此時我們就需要岩泉水。不讓自己吃巧克力或喝茶，因爲那讓我們從優雅處墮落。我們變得很嚴肅，不能原諒自己，也否定自己的喜悅；我們放棄越來越多的事情，建立越來越多的規定和禁令，希望（有時不明說）完美而最後變成苦行僧：今天的巧克力，是明天道德世界的罪與死亡。我們希望自己是別人的榜樣，用嚴厲的刻苦生活證明自己是多麼高高在上，且又沒有公開地批評他人的墮落，因爲自己的完美是我們最關心的事。岩泉水人的不平衡處在於內外不和諧：外在顯示優越，內在卻是懲罰或壓抑，覺得自己不夠好卻又想要成爲他人的榜樣。

岩泉水狀態出現時，我們會忘記生命的目標不是達成超人般的完美而是成爲自己。當人格與靈性同時都可以欣欣向榮地發展時，才會達到平衡。岩泉水特質是平衡的活生生象徵，結合了陽性剛強與陰性柔軟的意象。耶穌在盤岩（rock Peter）上建立教堂（拉丁文的 Petra 意思是岩石），耶穌也被比喻爲萬古磐石，是所有事務的基礎。岩石是力量和決心的正面象徵，是不可改變的決定，同時也有負面譬喻，代表固執與不能妥協。相反地，水似乎是脆弱與不確定的，但卻可以腐蝕岩石並重新改造其形狀，就像中國哲學家老子所說的「以柔克剛」，潮汐可讓堅固磐石都化爲小卵石，小溪流也能劈開硬實的地表，找到自己的路。

要在自己靈性發展中找到最好的路，就需要岩石和水、陽和陰的平衡：站得穩但保持流動，堅持信念和原則，但也有彈性與柔軟讓自己的本質綻現。岩泉水花精提醒我們，眞正成長之路是向上且向外的，表達但不壓抑。讓我們的本質自然地引導成長，帶領方向和選取適當方式，這些只靠腦意識是辦不到的。岩泉水花精幫助我們遠離朝聖客般的爭鬥，而在安靜草原、鳥語花香之中找到眞理。巴哈說岩泉水是「從岩石間湧出的純淨泉水，給戰鬥後的厭倦和傷痛帶來光亮與清新。」

案例分享

我總是想要學游泳但又怕水，儘管用了救援花精或枸酸漿，每週辛苦地嘗試游泳卻還是無法克服恐懼，直到我認出岩泉水是我的內在特質——每週設定給自己不可能、又不希望達到的目標。但現在慢慢地進步了，雖然還不到滿意，我總算有個開始了。

——克里斯

某日早上發現自己盯著鏡子，整理儀容以準備這一天。我忽然嚇到，聽見自己尖銳又跋扈地說：「快點！你沒有時間了。」驚然警覺自己這樣做已經很多年了，卻從未意識到。我回到鏡子對自己說：「沒關係的，你不需要這樣對我說話。」然後我開始用岩泉水幫助自己達到更舒適、更和平的內在關係。

——蜜雪兒．席勒

過去七個月，花精大大地支持了我的生活。岩泉水是我的類型花精，我用它來療癒自己，發現自己變得更圓融、更柔軟、也更能原諒自己了。

——愛琳．克普蘭

某日我發現自己在超市裡捧著全蔬菜做的肥皂，其實是希望經過的人能看出那是什麼健康好物。然後覺察到當我姊姊來訪時，我利用機會教育她該吃什麼東西，我通常只吃非常營養健康的食物，不吃蛋糕、糕餅、巧克力餅乾。現在我可以嘲笑自己這件事了。

——愛麗絲．威肯蕭

方向

以前學開車時，我是個緊張型的駕車學習者，因爲一直關注於開車中含有的危險性，覺得白色的小型掀背車也可謂半噸重的致命武器，所以開車時我都會觀看一切，很希望不要撞到東西。車子會跟隨我的眼睛一直移動，爲了想要避免行人、騎車的人、其他車子、護欄、路障而轉彎或改向。最後教練給我一個好建議：「不要去看你不去的地方，只看你想要去的地方。」

這個建議之應用遠超過在鬧區指點開車。事實上，我們注意力所到之處，是可以加倍放大的，例如：

邁克．葛柏和東尼．布詹在《來自拋球藝術的教訓》中提到這個故事，一個高爾夫選手在比賽中連續四次把球打入水中。隔年他對記者說問題已經解決了，因爲他爲此想了很多的辦法，但他到了同樣的洞揮竿時，不可避免的，球又直直落入水中了。

當「幸福計劃」的創辦人羅伯特．霍頓受訓成爲心理師時，需要專注研究精神分裂、沮喪和焦慮的狀態。研究沮喪一星期後，整個心理課班級都感到沮喪。沒有人建議這些未來的療癒師應該將思想轉到快樂、滿足和靈性成長。因此當霍頓開始工作時，他希望在每一個來看他的人身上找出心理失調（結果就是一定會找到）。

我們可以在自己生命中想到類似的例子。如果工作面試時想著不該講錯的事，就會有很大機會說出口；如果抽煙者一直想著自己不要抽煙，那麼香菸就會控制了你的一天；或是集中意念叫自己不喝酒，那麼馬上電視和大街就像充滿邀請的魔力，出現酒品廣告，你又開始豪飲了。如果我們想些方式讓自己可以做得對、想一些有利的、正向的經驗與結果，那麼發生這樣事情的機會就會放大，我們對可能性敞開，將會更容易成功。光只是看著那些不想撞上的單車和迎面來的公車，以及其它我不想撞上的東西，只會放大意外發生的可能性，更難以避免。一旦改變注意力，專心在單車與公車之間的縫隙，縫隙就會變大，而我的車就通過去了。

這就是爲什麼巴哈建議我們不應該用岩泉水的路線對抗失敗。對抗是一種專注，反而讓失敗擴大，增強那些以爲被壓抑的負面。「仇恨會被更大的仇恨征服，」巴哈說：「但是只有愛可以療癒！用殘忍會被更大的殘忍阻止，只有同情與憐愛的特質可以將之消除。恐懼可能因更大的恐懼而被遺忘，只有完美的勇氣可以眞正療癒。」用殘忍或蠻力試圖壓抑負面感覺並不能清除毒素，負面在我們的內在被封存，但仍會繼續潰爛，當我們虛弱或疲累的時候總會威脅著要再次出現。就像酒鬼一直想著戒酒，我們在自己做的每件事中也一直看到那最初始的負面，它沾汙了每個發奮圖強的時刻。唯一對待不健康情緒的健康方式，就是培養高尙的與健康的美德，以致讓自己實質上感覺更好。巴哈說：「在靈性進展之中，我們必須尋求良善以驅除邪惡，用愛克服仇恨，用光消融黑暗。」

巴哈的三十八個療癒者並非壓倒或對抗負面感覺，它們不是用來僞裝或抑制，如同嬉皮士以爲的「百憂解」。花精是來協助我們轉化，轉變想法後就看得到自己的好，看得到自己的特質，看得到自己想要發展的特質。當我們超越地看，就會讓負面變得更小。有如駕駛教練所說：「別去想你不要成爲的，而是去想你可以成爲的。」當我們這樣做的時候，就會看到內在更大的潛力，有更多可以綻放的空間。

【附錄1】

總結

有時我讀完一本書會想：嗯，總的來說它在說什麼？如果你也這樣想，以下是《綻放如花》的架構與論據的總結。

架構

如果你還記得在簡介中所提，本書的架構有點像迷宮，有三條主要「途徑」。

- 第一條途徑（第1到7章）我關注人格與靈性的發展，以及三十八種花精如何與慢生活、高峰與高原經驗，不同宗教與哲學信仰的學派相關連。我同時在這其中策略性的討論了如何使用花精才是最好的方式。
- 第二條途徑（第i到vii章）包含了這個體系中各種花精，說明什麼狀況下該用哪一朵花以及它能對我們產生什麼作用。
- 第三條途徑合併了前兩者，這兩組章節互相交錯，這樣你們就可以按照順序依次讀到。

本附錄末尾之圖表顯示了各章節的主題，圖表中的箭頭顯示了你可使用的三種閱讀計劃，當然有很多其他的途徑你可在迷宮中來來回回作選擇。

論據

迷宮的中心思想是《綻放如花》的關鍵元素。這本書旋前轉後圍繞著這個主題或其他主題，像迷宮、道途、簡單、速度和寧靜，一次又一次此起彼落。這些都回應著本書的中心訊息，就是花精展現了一種緩慢且有機方式的成長，包含了情緒的理解和經驗，再次造訪它們每每讓我們更具有洞察力。耐心與緩慢是眞正成長所必需的。強迫性的自我耕耘就像是在土地上使用化學肥料：它加快結果，但傷害土地。眞正長期的成長意味著慢慢克服我們的負面狀態，我們選擇如何運用巴哈花精的方式主宰了我們達到成果的品質。如果讀者從第三種途徑徹底的讀過且遵循每一條論點，我相信且希望讀者更能從本書中收穫良多；另外兩條捷徑無可避免地會遺漏某些部分，這是抄短路常有的事。

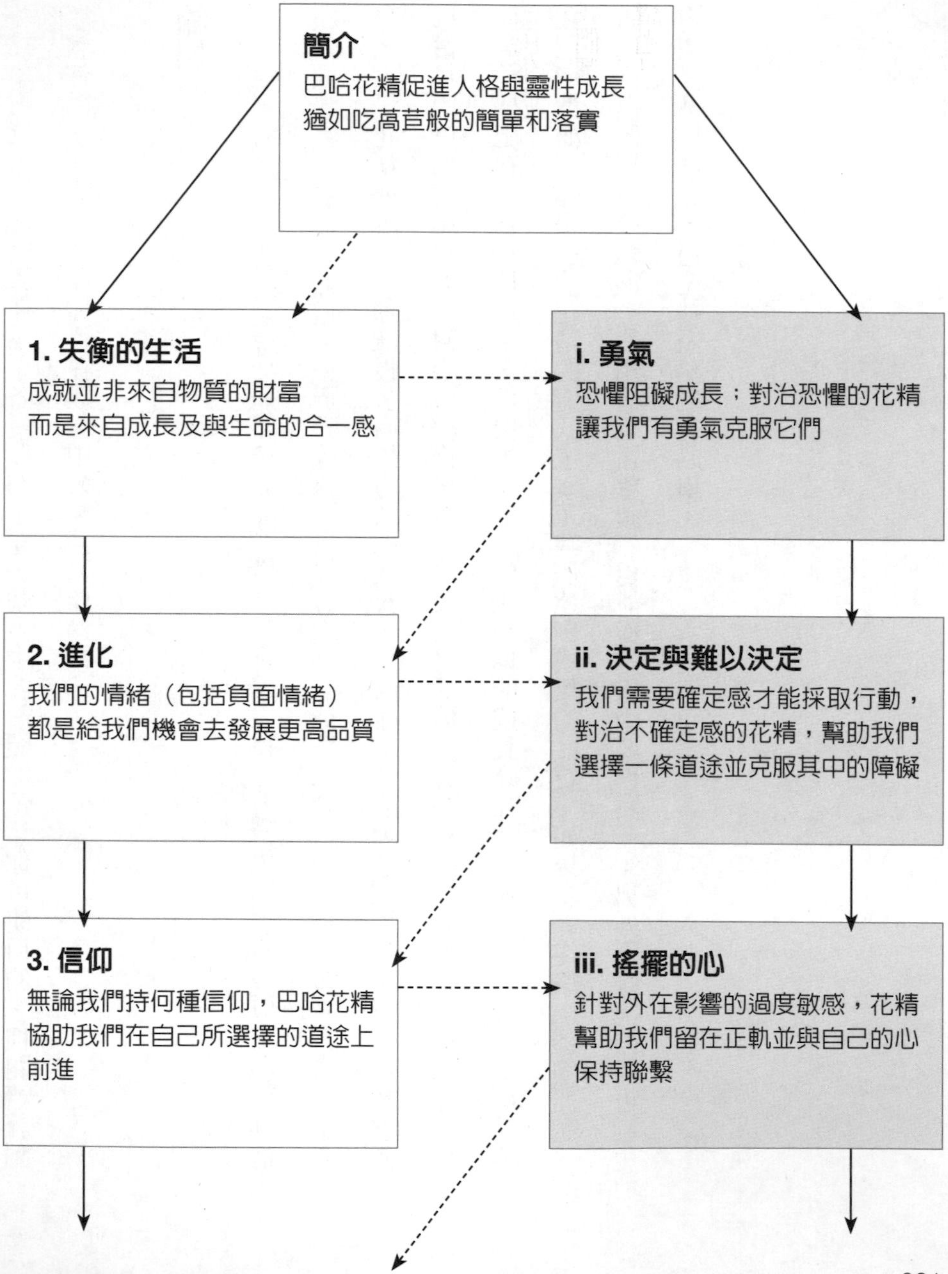
簡介
巴哈花精促進人格與靈性成長
猶如吃萵苣般的簡單和落實
1. 失衡的生活
成就並非來自物質的財富
而是來自成長及與生命的合一感
i. 勇氣
恐懼阻礙成長；對治恐懼的花精
讓我們有勇氣克服它們
2. 進化
我們的情緒（包括負面情緒）
都是給我們機會去發展更高品質
ii. 決定與難以決定
我們需要確定感才能採取行動，
對治不確定感的花精，幫助我們
選擇一條道途並克服其中的障礙
3. 信仰
無論我們持何種信仰，巴哈花精
協助我們在自己所選擇的道途上
前進
iii. 搖擺的心
針對外在影響的過度敏感，花精
幫助我們留在正軌並與自己的心
保持聯繫

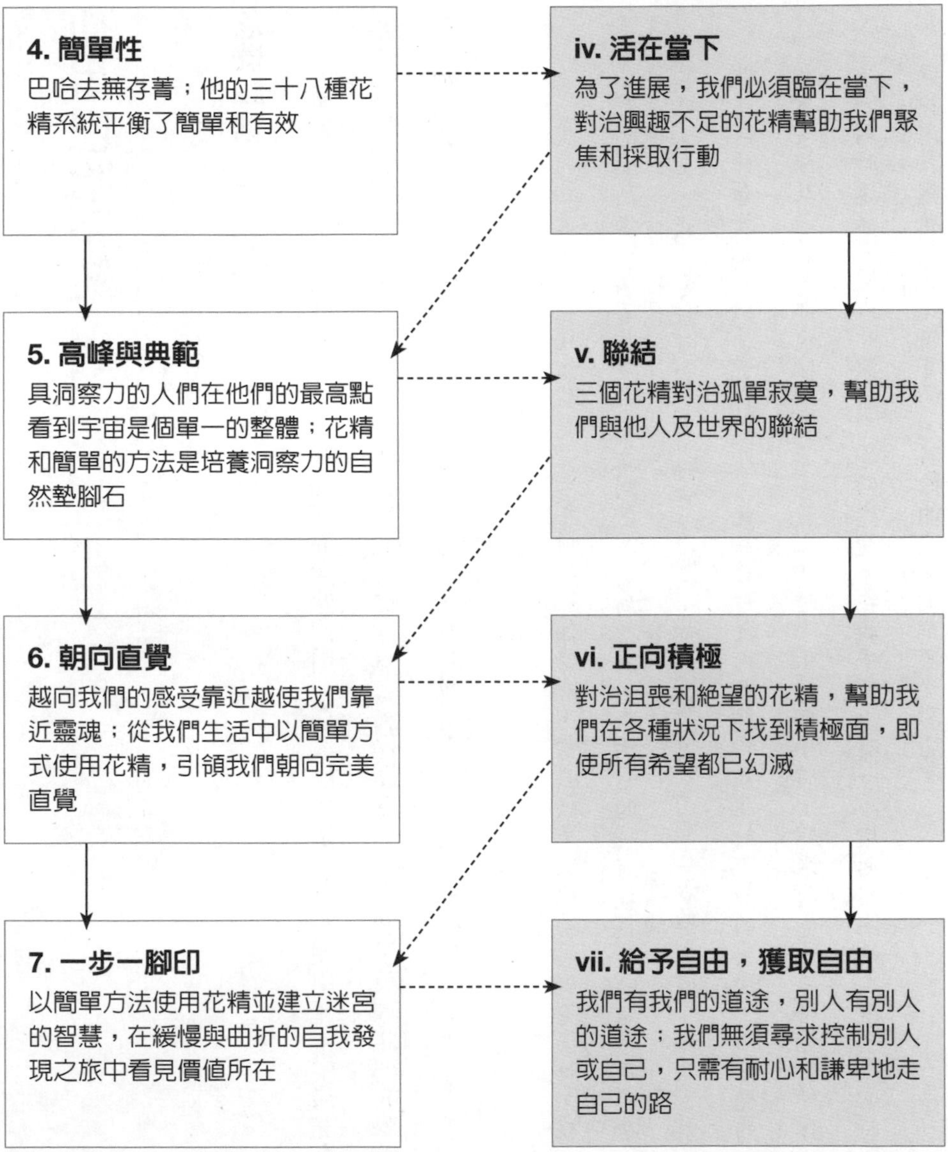
4. 簡單性
巴哈去蕪存菁；他的三十八種花精系統平衡了簡單和有效
iv. 活在當下
為了進展，我們必須臨在當下，對治興趣不足的花精幫助我們聚焦和採取行動
5. 高峰與典範
具洞察力的人們在他們的最高點看到宇宙是個單一的整體；花精和簡單的方法是培養洞察力的自然墊腳石
v. 聯結
三個花精對治孤單寂寞，幫助我們與他人及世界的聯結
6. 朝向直覺
越向我們的感受靠近越使我們靠近靈魂；從我們生活中以簡單方式使用花精，引領我們朝向完美直覺
vi. 正向積極
對治沮喪和絕望的花精，幫助我們在各種狀況下找到積極面，即使所有希望都已幻滅
7. 一步一腳印
以簡單方法使用花精並建立迷宮的智慧，在緩慢與曲折的自我發現之旅中看見價值所在
vii. 給予自由，獲取自由
我們有我們的道途，別人有別人的道途；我們無須尋求控制別人或自己，只需有耐心和謙卑地走自己的路

【附錄2】

使用巴哈系統

危機時刻

大多數人們不會因爲個人成長的渴望而開始使用花精。反而是先開始使用花精中最聞名遐邇的，預先配製好的複方，是大家所熟知的商標產品「救援花精」。海倫是英國北部的學校老師，她所說的以下故事是在世界各地每週發生，數以萬計典型的花精初接觸：

我的初次使用花精經驗是在六年前的一個傍晚，當我被平底鍋的蒸氣燙傷時，我已經感受到傷得厲害且痛苦，立刻讓我痛到掉淚。未開封的一瓶救援花精就放在廚房的櫃子上，我決定試試它。我將它噴淋在我燙傷的前臂，並在舌頭上滴了幾滴，效果眞是神奇且完全出乎意料之外，就在幾秒之內我經驗到深層平靜的感受，所感受的非常緊張及痛苦全部消融不見了。我上床睡了十二個小時，醒來時覺得獲得完全的休息，同時還保有美好的深層平靜的感受。在我手臂上有一小塊起水泡的皮膚，是當時漏掉用救援花精塗抹覆蓋的，其餘的皮膚則都不受影響。

顯然的，嚴重的燙傷傷口需要專業醫藥治療，但是就算是緊急醫療狀態下，救援花精仍然可以幫助我們冷靜和聚焦。它的複方中包含伯利恆之星協助從震驚中恢復；鳳仙花讓太多腎上腺素所造成的急躁和倉促冷靜下來；櫻桃李幫助我們自我控制；岩薔薇鎮定恐慌；鐵線蓮讓我們保持接地落實，能覺察周遭環境。這個配方是依巴哈醫師所述，他把幾個花精合併一起，做爲沒時間坐下來仔細思考一個花精組合選擇時的急救之用。

救援花精獲得廣大首次使用者極度歡迎的理由有三：

- **這是唯一花精的功用已經由其名字清晰標明**。在對輔助療法的標籤寫法有法律上限制的當時，花精製造者不能在瓶子上寫出它的效用。客人來到藥局尋找能讓他從求職面試中冷靜下來的商品，是無從知道枸酸漿可以協助恐懼情緒、落葉松對應沒有信心等等。但是當遇到很糟的緊急狀況時，救援花精非常清楚地就是一個很好的選擇。
- **這是在使用上不需內省反思的花精**。所有單方花精是爲了處理特定的情緒狀態，其概念就是你選擇一個或多個花精來符合你的覺受。如此過程，需要某種程度自我分析的估量，但在今日快速修護無需處方的文化下，多數人較喜歡預先調配好的選項。
- **只要照著瓶身上的說明做就可以了**。救援花精在緊急狀態下眞的協助我們將喧鬧的神經系統穩定下來，讓我們度過棘手的狀態。

因爲有著這些好處，有些人就不願跨越救援花精之外，夜以繼日的躲在救援花精的庇護下，經歷一連串的情緒風暴，從不停下來詢問生活中爲何有如此多的狂風與呼嘯。一個學生這樣寫著：「我第一個使用的花精是救援花精，我喜歡它的名字，我想我已經服用了危急時救我的花精，所以現在一切事情都會變好。我把它當成萬能藥，許久以來從不看一下它到底其中含有什麼？但我這樣使用時，它對我並無多大的意義，因爲我已經與我的情緒相當脫節。」

就像牙痛吃阿司匹靈一樣，日常生活中使用救援花精會幫我們消除痛苦，讓我們繼續過下去，但卻無法針對眞正的問題來處理。要處理問題，我們得看危機背後所隱藏的因素，然後選擇單方花精，讓我們可以針對它的起因。不只是單獨使用救援花精，我們還需要想一想使用救援花精之後呢？或者使用救援花精之外，還需加上什麼呢？這是另一個當老師的使用者，珊查，在她生命中特別糟的時刻所做的：

當時我處在危急的狀況下，雖然想試用花精，但我對她們並不會有什麼期待，只是按照所關心的優先順序買了一瓶救援花精，再加上爲我的恐慌來襲選擇了一種花精，我沒有告訴任何人。三週後我覺得一如往常，沒什麼驚人或特別的，只覺得還算正常和冷靜。我能夠在回到家的時候，讓自己從工作中抽離，那些難搞的孩子們也不像以前那樣攪亂或耗盡我。一個很熟悉我的同事點出了這一點。直到她提醒點出這一點以前，我都沒看到有何戲劇性或革命性的事情。整個過程都不易自我察覺出來。

簡單用法

從這一個角度看巴哈花精，如同其他藥物之外的輔助療法一般：它特別的強項是幫助情緒和行爲上的問題，如沮喪、恐慌症和慢性壓力。但是我們也可以運用花精於身體上的疾病，當成其他治療的補充：如果有腸躁症或氣喘或其他與壓力相關的紊亂不適，我們用它來幫忙處理壓力。如果罹癌，我們用它來幫忙處理正統的癌症治療，例如化療及手術的痛苦。當感覺比較愉悅時，讓我們更容易處理自己身體的症狀。同時也協助我們的免疫系統功能變好，讓身體更容易回到健康的自然狀態。

從另一個角度看巴哈花精是一種自助式的簡單方法，「當我覺得失衡時，我就用花精並感受它們的振動頻率溶解掉我的負面性，如同陽光消融了白雪，它再次帶我歸於中心。」一位澳洲花精使用者如是說。在漫長的一天之後當我們感覺疲累，滴兩滴橄欖在一杯水中可幫我們恢復能量水平。如果我們無法停止擔心工作時發生的事情，我們可以使用白栗花。如果我們對於演講感到很焦慮，我們可以使用枸酸漿。對於不在行的事情如果覺得自己一定會搞到一團亂，我們可以使用落葉松。這種使用方式就是薇克記得巴哈談過的：「我要將它簡單化到像這樣——我肚子餓了，會去園子裡採一顆萵苣來配茶；我受到驚嚇和不適，會服用一劑枸酸漿。」

初期使用花精，只有當危急時我才服用，一如使用止痛劑。當我隨著花精成長時，它們成為我生命的一部分，我持續學著更了解它們，甚至在嚥下它們之前，花精就已經幫助了我。巴哈花精鼓勵我開放自己，並且真正去看我怎麼感覺以及是什麼樣的感覺。我與我的身體，我的情緒和我的想法更有了聯繫。

——裘蒂．畢福瑞吉

我發覺立即的效果其實很幽微，但無論如何的確有產生改變。我感覺在我之內接觸了較高振動，沐浴在溫和的能量裡，更加歸於中心、更平靜，我被激起了興趣。

——理查

從花精所學到的，猶如找到一把我一直想要走入某間房門的鑰匙，現在我隨時都想到巴哈。

——潘蜜拉．威爾斯

深度使用，也一樣簡單

「我使用花精好像在應對兩面的我！」巴哈花精應用師克麗絲丁．瑞克士說著：「首先著重於過往的情緒，這很容易被認出來，只要我停下來看並且對自己夠誠實。第二是要連接到個人成長，這是較難達成的，因爲這關係著從出生開始的整個自我。」

這是第三個角度，從立即的自我協助進步到個人發展，從處裡每日工作結束時的疲憊，我們開始看且著手找出疲憊的理由、會思考想要改變的事情：可能需要戒菸，或者換另一個工作，或者減少對家人的沒耐性，或者對愛人、朋友建立更充實的關係。我們看到花精如何幫助我們打破負面模式，並找到向前進步的方式。

第四個角度關係到我們最終的靈性成長。我們希望我們的人生做到什麼？我們如何找到生命意義及人生目的？我們來此是爲了什麼？花精並不會提供這些問題的現成答案，但是它們可以幫助我們找出一條路，發掘屬於我們個人訂製的解答。

第三和第四種使用花精的方式，就如個人發展與靈性發展一樣，是相輔相成的。如果我們要達到靈性發展的地步，必須在個人層次上定義、發展有意義的改變，如果我們不朝向它做出改變，光訂定目標沒有意義。並且個人的改變只有在我們看出它朝向何方運作時才會有意義，因爲僅爲改變而改變是沒意義的。人格與靈性的發展是一體的兩面。

剛開始我並沒有頻繁的使用花精，通常是當我察覺生活中有不滿意時——然後我開始需要知道爲何如此感受。有時我感受到在內在中搜尋些什麼，而花精就從心中跳出。我覺得它們是在教導關於我自己。

——伊蓮

我深入地看見和注意到對於不同的狀況、人、事，我如何採取行動和反應。花精將我與地球、心靈、其他人們以及我自己相連接，它們幫助我在更深的層次上認識自己和其他人。我可以去愛和接受自己某些以前無法認出來的部分。它們幫助我成長和改變。花精的價值是珍貴、無法言喻的。

——裘蒂．畢福瑞吉

接受

愛麗森說：「起先我看了一些花精的相關描述，卻讓我對自己的感覺更糟。」從一九九〇年起她成爲一位領養人的護工，也開始使用花精，「我看到自己正經歷這些情緒的可怕一面，還記得那時我拖延使用像是冬青或山毛櫸這些花精，因爲我拒絕承認自己是個這般可怕的、不能容忍、心存報復的人。」

大部分有關巴哈花精的書都著重描述負面情緒。這麼做有極佳的理由，因爲當我們需要選擇時，我們要知道哪朵花對治哪些負面情緒。但我們也要看到負面思考帶來的風險，還有讓我們忽略了其正面特質。我們千萬不要如此看待花精，也不該如此看待自己的內在。巴哈自己在一九三〇年就指出，負面就只是一種方式引領我們到達目的地。「我們永遠要把病人的缺點、陷落和逆境判斷爲是他應該努力發展的良善指標。」

我們有時忘了這點，反而跌入一個慣性責怪自己的負面情緒。如果我們對某事感到憤怒，我們馬上覺得自己不該有如此感覺。如果我們懼怕什麼，又覺得自己傻得可以。如果我們覺得沮喪，還會立刻對自己不耐煩。這也是形成洋蔥般層層包裹的過程，原始的感覺深深埋藏，直到我們失去對它的洞察；但它所遺留的傷痛卻在，伴隨著由此而生的自我譴責，沒有消融，反而茁壯成長，彼此餵養。要打破這循環，我們需要將自我譴責放在一旁，接納我們所有已經產生的情緒：接受它們不是自己甩不掉的一部分，也不是偶而的自責可以帶過，而是承認這些是我們所感受到的，是會過去的，且能克服的。接受是第一步。如果感覺氣憤、害怕或是沮喪，眞的沒關係——所有人有時都會如此。「我用花精之後的結果是讓我更能誠實地面對自己。」一位花精應用師瑪格麗特．布萊克曼說：「我可以承認那些黑暗的情緒很人性，也常常會是我們共通的情緒。」接下的第二步也一樣重要，從情緒中學習並朝向正面改變，如同瑪格麗特所做：「在我陷入負面情緒時，選擇一個相對應的花精，並能讓我往自己成長的道途邁進，讓人生更爲穩定，更爲豐盛。」憤怒是一個學習愛的機會，恐懼是一個學習勇氣的機會，沮喪則是一個學習喜悅的機會。一旦我們可以接受它，命名它，並能以正確的方式看待它，負面情緒是值得歡迎的。

> 改變需要一些放手和一個新的視野。就想像花精是來協助我放手。它們爲我在兩年半中所做出的超過了過去二十五年的自我反省、掙扎和每次的逃避。
>
> ——查理．柯林斯

寫日誌

「我有一本筆記本，從一九九二年以來記錄了我爲自己調配的每一批花精處方。」安琪拉．戴維斯這麼說，她是巴哈花精應用師，在英國和瑞士教導巴哈系列。不單是她這麼做，巴哈基金會認證的課程也鼓勵學生寫日誌記錄自己的成長軌跡與學習認知自己是怎樣的人。寫日誌提供一個很好的機會爲我們的情緒、思想、服用花精的經驗留下紀錄。喝花精的時候有些什麼經驗？我們期望加強什麼樣的特質？我們實際上達成了什麼？

只要每日實務地與我們的情緒聯結在一起，花精日誌是一個可以詢問自己一些人生基本問題的好所在。我們從這經驗、情緒、花精中領悟了什麼？下次我們將如何不同地處理狀況？別人是如何地幫助或傷害我們？我們設定好個人的界限了嗎？它能給我們自己所需的、可以自行決定的空間嗎？對於做自己，我們準備好了嗎？能在每一個思想與行動中表達較高自我嗎？

由於這些問題的性質，我們或許要將這本花精日誌私密地保存好。這是自我探索、自我接納的秘密園地。有時寫日記的過程中，協助我們揭開全新一層的不平衡有待處理。這也是安琪拉的發現。「當我剛開始規律地使用花精，我最先喝鳳仙花、冬青。」她說：「一個月後，十年來長期困擾我的頭痛完全消失了。當用過其他自助方法都失效時，我欣喜於幸運地發現了花精；但當我繼續用花精，我發現憤怒之下的恐懼。這就是我還在持續往下處理的過程。」這種程度的自我覺察與自我接納，才是眞正名副其實的自我成長道路：誠實地與情緒一同做工，而不是武裝自己的小我，幻想不切實際的白日夢。

寫日誌的方法有很多。我們可以當成自傳或小說來寫，也可以畫製表格，左側欄位記錄實際發生的事（我們在哪裡、還有誰也在、做了什麼事），中間欄位詳述我們的感受，右側欄位列下花精處方和服用結果。或者我們可以使用隱祕的註釋，或非線型的表達方式如：心智地圖或畫圖，任何有用的方式都可以。

選擇和服用

大部分人使用花精會以滴入嘴巴或喝入服用。這方法慎重、有效、快速、方便。你可以將花精稀釋到水裡再服用，也可以直接從買回來的花精瓶中一次汲取兩滴（行話說法，店裡買回來的花精是「濃縮瓶」（stock bottle），一瓶二十毫升濃縮瓶含有一點三滴能量活躍的母酊液。），無論稀不稀釋功用是相同的，只是直接服用濃縮瓶，會喝到較多的白蘭地酒，喝較多的濃縮花精，較快用完和花費較多。

有兩種方式喝稀釋的花精。立即使用的話，就將所選擇的濃縮瓶各取兩滴，滴入一杯水，水量多寡沒有關係，多滴幾滴也沒有差別，然後就依自己所需，頻繁地小口啜飲多次。一次可以加至七種不同的花精，如果加了太多種花精，很可能有一些是不需要的，反而遮蔽了需要的花精效果。讓選擇單純化，就只選你確定需要的。

如果要長期服用花精，較方便的方式是做一個混合稀釋瓶隨身攜帶。「混合稀釋瓶」又稱爲「日常服用瓶」或「個人配方瓶」。

製作一個配方瓶，將所選花精每種兩滴加入一個三十毫升（1oz）空瓶子，盡可能用一體成型帶滴管的瓶蓋，如果沒有剛好尺寸的瓶子，小一點也可以。滴管瓶中加滿無汽泡礦泉水，如果你願意，也可以先加一茶匙的白蘭地酒或蘋果醋，這是爲了保持水質新鮮。從混合瓶取用的劑量是每次四滴，間隔適當時間規律服用，一天至少四次。如果不添加酒或醋等保存劑，置放於陰涼處（可以放冰箱），避免將任何花精儲存於日光直接照射處，以免減短保存期限。

如果要使用救援花精，記住從濃縮瓶取用四滴，而不是兩滴。在緊急時可從濃縮瓶中直接滴四滴放入嘴中，也可以加四滴在水杯中或配方瓶中。如果混合救援花精與其他花精，救援花精就算單一花精。換句話說，可以加救援花精再加其他六種花精一起混合。

花精非常安全，能夠和其他治療與藥物同步使用。花精本身並沒有什麼禁忌，這個充滿能量的水是用日曬法或煮沸法製造；但是它們保存在含酒精的瓶中，酒是最常見和最自然的保存劑，當成媒介，以保持母酊液的新鮮。巴哈過去供應母酊液給化學家時，曾允許他們使用蒸餾過的酒精，但是他個人還是偏好白蘭地，因爲它是一種天然釀造產品。這就是爲什麼巴哈中心與他的商業夥伴依然在母酊液、濃縮瓶、以及配方瓶製作中使用白蘭地酒。無論任何理由，如果你對酒精特別過敏，在服用前你需要徵詢一位合格的醫療建議者。然而讓我們仔細看清酒精的成分問題，如果配方瓶中不額外添加白蘭地，在三週長的使用期間內，你大約會服用到二至三滴酒精，大致上來說這樣的酒精量是不足以掛慮的。

「杯水法」與「配方瓶法」是服用花精的經典方法。但是如果你想使用其他的方法也可以。它們比同類療法製劑還方便好用，所以你可以將它們（不摻水或稀釋）加入果汁、茶、咖啡和其他的飲料，如果你喜歡甚至可加在食物中。有許多人喜歡將它們滴入澡盆水裡，或將喜愛的花精加入澆花噴霧器中噴灑房間。有特殊宗教或醫療原因不便使用酒精者，可以將花精外用，滴在腕部、太陽穴和頸部之脈搏跳動處。

沒關係的事

大部分藥物都有一長串禁行事項：不可喝酒、不可開車，不可飯後或空腹服用等等，服用巴哈花精則不同。除了前面部分已提過的少數不可做事項，以下列出的不是一長串禁行事項，反而是一長串沒關係的事項。

- 一杯水量的多寡沒關係。儘管大口啜飲。
- 花精經過X光機器或存放在微波爐旁。兩者皆不影響花精。
- 花精存放在冰箱。這不會影響花精。
- 花精存放在芳香療法精油旁。這不會影響花精。
- 喝到最後時。這不會影響花精效用。
- 每隔幾秒就服用一次花藥。不會有危險。
- 長期經年服用花精。不會變成壞習慣。
- 使用伏特加或醋或威士忌加入日常服用瓶代替白蘭地作爲保存劑。沒問題。白蘭地並非使其有效作用的成分。
- 懷孕時服用花精。不會傷害妳或妳的孩子。
- 使用自來水代替礦泉水。不能保持同等的新鮮期，但花精效用一樣。

- 日常服用瓶中使用發泡礦泉水。泡泡會冒出來溢出瓶口，但花精效用一樣。
- 放多於兩滴的花精到日常服用瓶中，花精效用一樣。
- 先放水再放花精到日常服用瓶中，花精效用一樣。
- 忘記服用花精通常表示你已經不再需要它們了，或者你還沒準備好要改變。
- 服用濃縮花精而不稀釋它們，不會影響花精效用。
- 服用稀釋花精而不直接服用濃縮花精，不會影響花精效用。
- 未經專業建議直接服用，是不會有危險的。
- 服用錯誤花精，不會有幫助，但也不會讓事情變糟。

很多這類問題一再被提起，通常是因爲知道詳情的作者會在文章的注意事項中強調。巴哈花精是安全、友善、溫和且正面的，是很完美的自助品。我們只需在有需求的時候服用所需要的；如果對服用它們感到焦慮與擔心，可先服用枸酸漿、白楊或白栗花。

花精快速查閱表

中文名	英文名	意義	頁數
龍芽草	Agrimony	歡樂臉龐下被折磨的心智	112 頁
白楊	Aspen	對未知的恐懼	49 頁
山毛櫸	Beech	無法容忍	280 頁
矢車菊	Centaury	沒有能力說「不」	115 頁
水蕨	Cerato	不相信自己的判斷	82 頁
櫻桃李	Cherry Plum	害怕會失去理智	52 頁
栗樹芽苞	Chestnut Bud	無法從錯誤中學習	163 頁
菊苣	Chicory	自私、佔有的愛	273 頁
鐵線蓮	Clematis	夢想未來，卻無法在當下務實	164 頁
野生酸蘋果	Crab Apple	有淨化力的花精	231 頁
榆樹	Elm	被責任壓倒	241 頁
龍膽	Gentian	挫敗後失去勇氣	88 頁
荊豆	Gorse	不抱希望和絕望	89 頁
石楠	Heather	自我中心和自我關注	202 頁
冬青	Holly	憎恨、羨慕和妒忌	127 頁
忍冬	Honeysuckle	活在過去	157 頁
鵝耳櫪	Hornbeam	拖延、想到做事就很累	84 頁
鳳仙花	Impatiens	沒耐性	193 頁
落葉松	Larch	缺乏自信	245 頁

中文名	英文名	意義	頁數
构酸漿	Mimulus	對已知的恐懼	45 頁
芥茉	Mustard	無來由深深的憂鬱	168 頁
橡樹	Oak	已經精疲力竭還辛勤工作者	239 頁
橄欖	Olive	體力或智力耗盡後的衰竭	158 頁
松樹	Pine	罪疚感	246 頁
紅栗花	Red Chestnut	對所愛的人的福祉過度關心	54 頁
岩薔薇	Rock Rose	驚駭和恐慌	49 頁
岩泉水	Rock Water	自我否認、固執和自我壓抑	286 頁
線球草	Scleranthus	無法從幾個選項做抉擇	79 頁
伯利恆之星	Star of Bethlehem	震驚	229 頁
甜西洋栗	Sweet Chestnut	極度苦惱、靈魂的暗夜	226 頁
馬鞭草	Vervain	過度樂觀	277 頁
葡萄樹	Vine	強勢主導	283 頁
胡桃	Walnut	保護改變過程、阻擋不想要的影響	121 頁
水堇	Water Violet	高傲、冷漠	198 頁
白栗花	White Chestnut	甩不掉的想法、心智爭論	151 頁
野燕麥	Wild Oat	對人生方向的不確定	75 頁
野玫瑰	Wild Rose	隨波逐流、聽天由命與淡漠	155 頁
楊柳	Willow	自憐、怨懟	234 頁

【附錄3】

更多資料

巴哈中心

巴哈花精中最著名的品牌（請認明瓶身的巴哈簽名標記）由維農山出品的母酊劑，這幢牛津郡上的小屋是愛德華．巴哈度過生命中最後歲月的地方。巴哈中心提供關於巴哈生平及花精系統的免費協助與資訊，也提供相關書籍的郵購服務。小屋及花園（由一慈善信託公司所擁有）對大眾開放。

愛德華巴哈基金會成立於一九九一年，負責巴哈中心的教育工作，運行或核准全球幾十個國家的各種相關課程。基金會中註冊的國際花精應用師名單已經超過一千五百名，全都沿用巴哈醫生簡單開放的原則以致力於人們的健康。一位應用師名字後面會有幾個英文字母（BFRP），表明他或她是註冊於基金會之下的會員。基金會頒布嚴格的執業守則，接受電話詢問如何聯絡各地的應用師。

The Dr Edward Bach Center
Mount Vernon
Bakers Lane
Sotwell
Oxon OX 10 OPZ
UK
Tel: 00 44 (0)1491834678
Fax: 00 44 (0)1491825022
www.bachcentre.com
mail@bachcentre.com

延伸閱讀

- Assagioli, Roberto, *Psychosynthesis*, Viking Press, 1973
  羅貝托・阿沙鳩里《綜合心理學》中文未出版
- Attali, Jacques, *Chemins de sagesse*, Fayard, 1996
  雅克・阿達利《智慧之路——論迷宮》商務印書館（北京）出版，一九九九年
- Bach, *Edward, Heal Thyself*, CW Daniel Co. 1931
  愛德華・巴哈《自我治療》中永公司出版，二〇〇四年
- Bach, Edward, *The Twelve Healers and Other Remedies*, CW Daniel Co, 1936
  愛德華・巴哈《十二種原始花精及其他花精》中永公司出版，二〇〇四年

- Baker, Margaret, *Discovering the Folklore of Plants,* Shire Publications, 1999
  貝克・瑪格麗特《發現植物的奇聞軼事》中文未出版
- Ball, Stefan, *Bach Flower Remedies for Men,* CW Daniel Co, 1996
  史岱方・波爾《男性的巴哈花精》中文未出版
- Ball, Stefan, *The Bach Remedies Workbook,* CW Daniel Co, 1998
  史岱方・波爾《巴哈花精療法教學手冊》中永公司出版，二〇〇四年
- Ball, Stefan, *Principles of Bach Flower Remedies,* Thorsons, 1999
  史岱方・波爾《巴哈花精的原則》中文未出版
- Ball, Stefan, *Teach yourself Bach Flower Remedies,* Hodder & Stoughton, 2000
  史岱方・波爾《自學巴哈花精》中文未出版
- Bloom, Willian (ed.), *The New Age,* Rider, 1991
  布魯姆・威廉編著《新世紀》中文未出版
- Boardman, John et al., *The Oxford History of the Classical World, Oxford University Press,* 1986
  約翰・波登曼編著《牛津歷史中的古典世界》中文未出版
- Bono, Edward de, *Simplicity, Viking Books,* 1998
  狄波諾・愛德華《至簡之道》中文未出版
- Botton, Alain de, *The Consolations of Philosophy,* Hamish Hamilton, 2000
  艾倫・狄波頓《哲學的慰藉》先覺出版社，二〇〇七年
- Brochman, John and Matson, Katinka (eds.), *How Things Are,* Weidenfield & Nicolson, 1995
  布若奇曼・麥特森編著《怎麼回事》中文未出版

- Camus, Albert, *Le mythe de Sisyphe,* Gallimard, 1942
  卡繆《薛西弗斯的神話：卡繆的荒謬哲學》商周出版社，二〇一五年
- Camus, Albert, Carnets, *janvier 1942--mars 1951,* Gallimard, 1964
  卡繆《卡繆札記II》麥田出版社，二〇一三年
- Capra, Fritjof, *The Tao of Physics,* Flamingo, 1989
  F·卡普拉《物理學之道》中文未出版
- Chancellor, Philip, *Illustrated Handbook of the Bach Flower Remedies,* CW Daniel Co, Revised edition, 1990
  菲利浦·錢斯勒《巴哈花精療法圖解手冊》中永公司出版，二〇〇四年
- Claxton, Guy, *Hare Brain Tortoise Mind,* Fourth Estate, 1997
  蓋·克拉斯頓《兔腦龜心》中文未出版
- Durning, Alan Thein, *How Much is Enough?--The Consumer Society and the Future of the Earth,* W.W.Norton & Co, 1992
  亞倫·聖·鄧寧《多少才足夠？——消費者社會與地球未來》中文未出版
- Eliot, T.S., *Collected Poems 1909-1962,* Faber and Faber, 1963
  艾略特《精選詩集一九〇九～一九六二》中文未出版
- Ferguson, Marilyn, *The Aquarian Conspiracy,* Paladin Books, 1982
  瑪麗蓮·費格森《寶瓶同謀》方智出版社，一九九三年
- Gelb, Michael and Buzan, Tony, *Lessons from the Art of Juggling,* Aurum Press, 1995
  邁克·葛柏，東尼·布詹《來自拋球藝術的教訓》中文未出版

- Gleick, James, *Chaos,* William Heinemann,1988
  詹姆士．葛雷易克《混沌：不測風雲的背後》天下文化出版，二〇一六年
- Goleman, Daniel, *Emotional Intelligence, Bloomsbury Publishing,* 1996
  丹尼爾．葛爾曼《情商：爲什麼情商比智商更重要》中信出版社（簡體書），二〇一〇年
- Goodall, Jane, *Reason for Hope,* Thorsons, 1999
  珍．古德，《希望：珍．古德自傳》雙月出版社，一九九九年
- Handy, Charles, *The Hungry Spirit,* Hutchinson, 1997
  查爾斯．韓第《適當的自私——人與組織的希望與追尋》天下出版社，一九九八年
- Hesse, Hermann, *Steppenwolf,* Penguin Books, 1965
  赫爾曼．黑塞《荒原狼》譯林出版社，二〇一五年
- Holden, Robert, *Happiness Now!,* Hodder & Stoughton, 1998
  羅伯特．霍頓《三百六十五個快樂小祕訣：永久性日曆》中文未出版
- Kotre, John, *White Gloves: How We Create Ourselves Through Memory,* Free Press, 1995
  約翰．科托《白手套：如何從記憶中創造自己》中文未出版
- Kuhn, Thomas, *The Structure of Scientific Revolutions,* University of Chicago Press, 2nd edition, 1970
  湯瑪斯．孔恩《科學革命的結構》遠流出版社，二〇〇四年
- Lapham, Lewis H., *Money and Class in America: Notes and Observations on Our Civil Religion,* Weidenfeld & Nicolson, 1988
  路易斯．拉菲姆《金錢與階級在美國：公民宗教之筆記與觀察》中文未出版

- Levi, Primo, *If this is a Man/The Truce*, Penguin Books, 1979
  普里莫・萊維《如果這是一個人／休戰》中文未出版
- Lovelock, James, *Gaia–A New Look at Life on Earth*, Oxford University Press, 1982
  詹姆士・洛夫洛克《蓋婭——大地之母：地球是活的！》天下文化出版，一九九四年
- Mackenzie, Donald, *Myths and Legends: China and Japan*, Studio Edition, 1986
  唐納・麥肯錫《中國與日本的神秘傳說》中文未出版
- Martin, Paul, *The Sickening Mind*, Harper Collins, 1997
  保羅・馬丁《令人生厭的頭腦》中文未出版
- Maslow, Abraham, *Religions, Values, and Peak Experiences*, Penguin Arkana, 1994
  亞伯拉罕・馬斯洛《人性能達到的境界》世界圖書出版公司北京公司（簡體書），二〇一四年
- Maslow, Abraham, *Towards a Psychology of Being*, John Wiley and Sons, 1998
  亞伯拉罕・馬斯洛《存在心理學探索》雲南人民出版社（簡體書），一九八七年
- McGreal, Ian(ed.), *Great Thinkers of the Eastern World*, Harper Collins, 1995
  伊恩・麥克葛爾《東方世界的偉大思想家》中文未出版
- McGuire Thompson, Gerry, *Encyclopedia of the New Age*, Time Life books, 1999
  湯姆士・麥奎爾，葛瑞《新時代百科全書》中文未出版
- Meyer, Tom, *Powers of the Soul*, Laser Pages Publishing, 2000
  湯姆・梅耶《靈魂的力量》中文未出版
- Milligan, Spkie and Clare, Anthony, *Depression and How to Survive It*, Edbury Press, 1993
  施百奇・米勒根，安東尼・克萊爾《如何戰勝抑鬱》中文未出版

- Myers, David, *The Pusuit of Happiness,* Avon Books, 1993
  大衛・梅耶斯《追求幸福》中文未出版
- Ramsell, John, *Questions & Answers: the Book Flower Remedies,* CW Daniel Co, revised edition, 1996
  約翰・藍索《巴哈花精問答集》中永公司出版，二〇〇五年
- Ramsell, John and Ramsell Howard, Judy(eds), *The Original Writings of Edward Bach,* CW Daniel Co, 1990
  約翰・藍索，裘蒂・霍華《巴哈醫生的親筆手稿》中文未出版
- Ramsell Howard, Judy, *Bach Flower Remedies Step by step,* Vermilion, 2005
  裘蒂・霍華《巴哈花精階段學習手冊》中永公司出版，二〇〇三年
- Ramsell Howard, Judy, *Bach Flower Remedies for Women,* Vermilion, 2005
  裘蒂・霍華《女性的巴哈花精》中永公司出版，二〇〇四年
- Ramsell Howard, Judy, *Growing Up with Bach Flower Remedies,* CW Daniel Co, 1994
  裘蒂・霍華《與巴哈花精一同成長》中文未出版
- Scheffer, Mechthild, *Bach Flower Therapy,* Thorsons, 1990
  麥克瑟爾德・夏弗爾《巴哈花精療法》中文未出版
- Spaemann, Robert, *Notions fondamentales de morale,* Flammarion, 1999
  羅伯特・史畢曼《道德的基礎概念》中文未出版
- Spark, Muriel, *The Prime of Miss Jean Brodie,* Macmillan, 1961
  摩瑞・斯帕克《布羅迪小姐的青春》南海出版社（簡體書），二〇一五年

- Stapledon, Olaf, *Last and First Men,* Millennium, 1999
  奧拉夫・斯塔普雷頓《最後和最先的人》中文未出版
- Thoreau, Henry, *Walden,* Oxford University Press, 1999
  亨利・索羅《湖濱散記》高寶出版社，二〇一三年
- Veenhoven, Runt, 'Advances In Understanding Happiness', Revue Quebecoise de Psychologie, vol 18, 1997
  雷諾・范荷文〈了解幸福的進展〉中文未出版
- Weeks, Nora, *The Medical Discoveries of Edward Bach, Physician,* CW Daniel Co, 1940
  諾拉・薇克《內科醫生愛德華巴哈的醫學發現》中文未出版
- Weeks, Nora and Bullen, Victor, *Bach Flower Remedies: Illustrations and Preparations*, CW Daniel Co, 1964
  諾拉・薇克，維克特・布林《巴哈花精圖解和準備》中文未出版
- Whyte, David, *The Heart Aroused,* Industrial Society, 1997
  大衛・懷特《覺醒的心》中文未出版
- Wilson, Colin, *The Outsider,* Victor Gollancz, 1956
  柯林・威森《局外人》中文未出版

橡樹林文化 ❖❖ 衆生系列 ❖❖ 書目

JP0001	大寶法王傳奇	何謹◎著	200 元
JP0002X	當和尚遇到鑽石（增訂版）	麥可・羅區格西◎著	360 元
JP0003X	尋找上師	陳念萱◎著	200 元
JP0004	祈福 DIY	蔡春娉◎著	250 元
JP0006	遇見巴伽活佛	溫普林◎著	280 元
JP0009	當吉他手遇見禪	菲利浦・利夫・須藤◎著	220 元
JP0010	當牛仔褲遇見佛陀	蘇密・隆敦◎著	250 元
JP0011	心念的賽局	約瑟夫・帕蘭特◎著	250 元
JP0012	佛陀的女兒	艾美・史密特◎著	220 元
JP0013	師父笑呵呵	麻生佳花◎著	220 元
JP0014	菜鳥沙彌變高僧	盛宗永興◎著	220 元
JP0015	不要綁架自己	雪倫・薩爾茲堡◎著	240 元
JP0016	佛法帶著走	佛朗茲・梅蓋弗◎著	220 元
JP0018C	西藏心瑜伽	麥可・羅區格西◎著	250 元
JP0019	五智喇嘛彌伴傳奇	亞歷珊卓・大衛一尼爾◎著	280 元
JP0020	禪　兩刃相交	林谷芳◎著	260 元
JP0021	正念瑜伽	法蘭克・裘德・巴奇歐◎著	399 元
JP0022	原諒的禪修	傑克・康菲爾德◎著	250 元
JP0023	佛經語言初探	竺家寧◎著	280 元
JP0024	達賴喇嘛禪思 365	達賴喇嘛◎著	330 元
JP0025	佛教一本通	蓋瑞・賈許◎著	499 元
JP0026	星際大戰・佛部曲	馬修・波特林◎著	250 元
JP0027	全然接受這樣的我	塔拉・布萊克◎著	330 元
JP0028	寫給媽媽的佛法書	莎拉・娜塔莉◎著	300 元
JP0029	史上最大佛教護法一阿育王傳	德千汪莫◎著	230 元
JP0030	我想知道什麼是佛法	圖丹・卻淮◎著	280 元
JP0031	優雅的離去	蘇希拉・布萊克曼◎著	240 元
JP0032	另一種關係	滿亞法師◎著	250 元
JP0033	當禪師變成企業主	馬可・雷瑟◎著	320 元
JP0034	智慧 81	偉恩・戴爾博士◎著	380 元

JP0035	覺悟之眼看起落人生	金菩提禪師◎著	260 元
JP0036	貓咪塔羅算自己	陳念萱◎著	520 元
JP0037	聲音的治療力量	詹姆斯・唐傑婁◎著	280 元
JP0038	手術刀與靈魂	艾倫・翰彌頓◎著	320 元
JP0039	作為上師的妻子	黛安娜・J・木克坡◎著	450 元
JP0040	狐狸與白兔道晚安之處	庫特・約斯特勒◎著	280 元
JP0041	從心靈到細胞的療癒	喬思・慧麗・赫克◎著	260 元
JP0042	27% 的獲利奇蹟	蓋瑞・賀許伯格◎著	320 元
JP0043	你用對專注力了嗎？	萊斯・斐米博士◎著	280 元
JP0044	我心是金佛	大行大禪師◎著	280 元
JP0045	當和尚遇到鑽石 2	麥可・羅區格西◎等著	280 元
JP0046	雪域求法記	邢肅芝（洛桑珍珠）◎口述	420 元
JP0047	你的心是否也住著一隻黑狗？	馬修・約翰史東◎著	260 元
JP0048	西藏禪修書	克莉絲蒂・麥娜麗喇嘛◎著	300 元
JP0049	西藏心瑜伽 2	克莉絲蒂・麥娜麗喇嘛◎等著	300 元
JP0050	創作，是心靈療癒的旅程	茱莉亞・卡麥隆◎著	350 元
JP0051	擁抱黑狗	馬修・約翰史東◎著	280 元
JP0052	還在找藉口嗎？	偉恩・戴爾博士◎著	320 元
JP0053	愛情的吸引力法則	艾莉兒・福特◎著	280 元
JP0054	幸福的雪域宅男	原人◎著	350 元
JP0055	貓馬麻	阿義◎著	350 元
JP0056	看不見的人	中沢新一◎著	300 元
JP0057	內觀瑜伽	莎拉・鮑爾斯◎著	380 元
JP0058	29 個禮物	卡蜜・沃克◎著	300 元
JP0059	花仙療癒占卜卡	張元貞◎著	799 元
JP0060	與靈共存	詹姆斯・范普拉◎著	300 元
JP0061	我的巧克力人生	吳佩容◎著	300 元
JP0062	這樣玩，讓孩子更專注、更靈性	蘇珊・凱瑟・葛凌蘭◎著	350 元
JP0063	達賴喇嘛送給父母的幸福教養書	安娜・芭蓓蔻爾・史蒂文・李斯◎著	280 元
JP0064	我還沒準備說再見	布蕾克・諾爾&帕蜜拉・D・布萊爾◎著	380 元
JP0065	記憶人人 hold 得住	喬許・佛爾◎著	360 元
JP0066	菩曼仁波切	林建成◎著	320 元
JP0067	下面那裡怎麼了？	莉莎・瑞金◎著	400 元

JP0068	極密聖境・仰桑貝瑪貴	邱常梵◎著	450 元
JP0069	停心	釋心道◎著	380 元
JP0070	聞盡	釋心道◎著	380 元
JP0071	如果你對現況感到倦怠……	威廉・懷克羅◎著	300 元
JP0072	希望之翼：倖存的奇蹟，以及雨林與我的故事	茱莉安・柯普科◎著	380 元
JP0073	我的人生療癒旅程	鄧嚴◎著	260 元
JP0074	因果，怎麼一回事？	釋見介◎著	240 元
JP0075	皮克斯動畫師之紙上動畫《羅摩衍那》	桑傑・帕特爾◎著	720 元
JP0076	寫，就對了！	茱莉亞・卡麥隆◎著	380 元
JP0077	願力的財富	釋心道◎著	380 元
JP0078	當佛陀走進酒吧	羅卓・林茲勒◎著	350 元
JP0079	人聲，奇蹟的治癒力	伊凡・德・布奧恩◎著	380 元
JP0080	當和尚遇到鑽石 3	麥可・羅區格西◎著	400 元
JP0081	AKASH 阿喀許靜心 100	AKASH 阿喀許◎著	400 元
JP0082	世上是不是有神仙：生命與疾病的真相	樊馨蔓◎著	300 元
JP0083	生命不僅僅如此一辟穀記（上）	樊馨蔓◎著	320 元
JP0084	生命可以如此一辟穀記（下）	樊馨蔓◎著	420 元
JP0085	讓情緒自由	茱迪斯・歐洛芙◎著	420 元
JP0086	別癌無恙	李九如◎著	360 元
JP0087	甚麼樣的業力輪迴，造就現在的你	芭芭拉・馬丁&狄米崔・莫瑞提斯◎著	420 元
JP0088	我也有聰明數學腦：15 堂課激發被隱藏的競爭力	盧采嫻◎著	280 元
JP0089	與動物朋友心傳心	羅西娜・瑪利亞・阿爾克蒂◎著	320 元
JP0090	法國清新舒壓著色畫 50：繽紛花園	伊莎貝爾・熱志－梅納&紀絲蘭・史朵哈&克萊兒・摩荷爾－法帝歐◎著	350 元
JP0091	法國清新舒壓著色畫 50：療癒曼陀羅	伊莎貝爾・熱志－梅納&紀絲蘭・史朵哈&克萊兒・摩荷爾－法帝歐◎著	350 元
JP0092	風是我的母親	熊心、茉莉・拉肯◎著	350 元
JP0093	法國清新舒壓著色畫 50：幸福懷舊	伊莎貝爾・熱志－梅納&紀絲蘭・史朵哈&克萊兒・摩荷爾－法帝歐◎著	350 元
JP0094	走過倉央嘉措的傳奇：尋訪六世達賴喇嘛的童年和晚年，解開情詩活佛的生死之謎	邱常梵◎著	450 元
JP0095	【當和尚遇到鑽石 4】愛的業力法則：西藏的古老智慧，讓愛情心想事成	麥可・羅區格西◎著	450 元

JP0096	媽媽的公主病： 活在母親陰影中的女兒，如何走出自我？	凱莉爾・麥克布萊德博士◎著	380 元
JP0097	法國清新舒壓著色畫 50：璀璨伊斯蘭	伊莎貝爾・熱志－梅納＆紀絲蘭・史朵哈＆克萊兒・摩荷爾－法帝歐◎著	350 元
JP0098	最美好的都在此刻：53 個創意、幽默、找回微笑生活的正念練習	珍・邱禪・貝斯醫生◎著	350 元
JP0099	愛，從呼吸開始吧！ 回到當下、讓心輕安的禪修之道	釋果峻◎著	300 元
JP0100	能量曼陀羅：彩繪內在寧靜小宇宙	保羅・霍伊斯坦、狄蒂・羅恩◎著	380 元
JP0101	爸媽何必太正經！ 幽默溝通，讓孩子正向、積極、有力量	南琦◎著	300 元
JP0102	舍利子，是甚麼？	洪宏◎著	320 元
JP0103	我隨上師轉山：蓮師聖地溯源朝聖	邱常梵◎著	460 元
JP0104	光之手：人體能量場療癒全書	芭芭拉・安・布藍能◎著	899 元
JP0105	在悲傷中還有光： 失去珍愛的人事物，找回重新聯結的希望	尾角光美◎著	300 元
JP0106	法國清新舒壓著色畫 45：海底嘉年華	小姐們◎著	360 元
JP0108	用「自主學習」來翻轉教育！ 沒有課表、沒有分數的瑟谷學校	丹尼爾・格林伯格◎著	300 元
JP0109	Soppy 愛賴在一起	菲莉帕・賴斯◎著	300 元
JP0110	我嫁到不丹的幸福生活：一段愛與冒險的故事	琳達・黎明◎著	350 元
JP0111	TTouch® 神奇的毛小孩按摩術——狗狗篇	琳達・泰林頓瓊斯博士◎著	320 元
JP0112	戀瑜伽・愛素食：覺醒，從愛與不傷害開始	莎朗・嘉儂◎著	320 元
JP0113	TTouch® 神奇的毛小孩按摩術——貓貓篇	琳達・泰林頓瓊斯博士◎著	320 元
JP0114	給禪修者與久坐者的痠痛舒緩瑜伽	琴恩・厄爾邦◎著	380 元
JP0115	純植物・全食物：超過百道零壓力蔬食食譜，找回美好食物真滋味，心情、氣色閃亮亮	安潔拉・立頓◎著	680 元
JP0116	一碗粥的修行： 從禪宗的飲食精神，體悟生命智慧的豐盛美好	吉村昇洋◎著	300 元

橡樹林文化 ❖❖ 善知識系列 ❖❖ 書目

JB0001	狂喜之後	傑克・康菲爾德◎著	380 元
JB0002	抉擇未來	達賴喇嘛◎著	250 元
JB0003	佛性的遊戲	舒亞・達斯喇嘛◎著	300 元
JB0004	東方大日	邱陽・創巴仁波切◎著	300 元
JB0005	幸福的修煉	達賴喇嘛◎著	230 元
JB0006	與生命相約	一行禪師◎著	240 元
JB0007	森林中的法語	阿姜查◎著	320 元
JB0008	重讀釋迦牟尼	陳兵◎著	320 元
JB0009	你可以不生氣	一行禪師◎著	230 元
JB0010	禪修地圖	達賴喇嘛◎著	280 元
JB0011	你可以不怕死	一行禪師◎著	250 元
JB0012	平靜的第一堂課——觀呼吸	德寶法師 ◎著	260 元
JB0013	正念的奇蹟	一行禪師◎著	220 元
JB0014	觀照的奇蹟	一行禪師◎著	220 元
JB0015	阿姜查的禪修世界——戒	阿姜查◎著	220 元
JB0016	阿姜查的禪修世界——定	阿姜查◎著	250 元
JB0017	阿姜查的禪修世界——慧	阿姜查◎著	230 元
JB0018X	遠離四種執著	究給・企千仁波切◎著	280 元
JB0019X	禪者的初心	鈴木俊隆◎著	220 元
JB0020X	心的導引	薩姜・米龐仁波切◎著	240 元
JB0021X	佛陀的聖弟子傳 1	向智長老◎著	240 元
JB0022	佛陀的聖弟子傳 2	向智長老◎著	200 元
JB0023	佛陀的聖弟子傳 3	向智長老◎著	200 元
JB0024	佛陀的聖弟子傳 4	向智長老◎著	260 元
JB0025	正念的四個練習	喜戒禪師◎著	260 元
JB0026	遇見藥師佛	堪千創古仁波切◎著	270 元
JB0027	見佛殺佛	一行禪師◎著	220 元
JB0028	無常	阿姜查◎著	220 元
JB0029	覺悟勇士	邱陽・創巴仁波切◎著	230 元
JB0030	正念之道	向智長老◎著	280 元

JB0031	師父——與阿姜查共處的歲月	保羅・布里特◎著	260 元
JB0032	統御你的世界	薩姜・米龐仁波切◎著	240 元
JB0033	親近釋迦牟尼佛	髻智比丘◎著	430 元
JB0034	藏傳佛教的第一堂課	卡盧仁波切◎著	300 元
JB0035	拙火之樂	圖敦・耶喜喇嘛◎著	280 元
JB0036	心與科學的交會	亞瑟・札炯克◎著	330 元
JB0037	你可以，愛	一行禪師◎著	220 元
JB0038	專注力	B・艾倫・華勒士◎著	250 元
JB0039X	輪迴的故事	慈誠羅珠堪布◎著	270 元
JB0040	成佛的藍圖	堪千創古仁波切◎著	270 元
JB0041	事情並非總是如此	鈴木俊隆禪師◎著	240 元
JB0042	祈禱的力量	一行禪師◎著	250 元
JB0043	培養慈悲心	圖丹・卻准◎著	320 元
JB0044	當光亮照破黑暗	達賴喇嘛◎著	300 元
JB0045	覺照在當下	優婆夷　紀・那那蓉◎著	300 元
JB0046	大手印暨觀音儀軌修法	卡盧仁波切◎著	340 元
JB0047X	蔣貢康楚閉關手冊	蔣貢康楚羅卓泰耶◎著	260 元
JB0048	開始學習禪修	凱薩琳・麥唐諾◎著	300 元
JB0049	我可以這樣改變人生	堪布慈囊仁波切◎著	250 元
JB0050	不生氣的生活	W. 伐札梅諦◎著	250 元
JB0051	智慧明光：《心經》	堪布慈囊仁波切◎著	250 元
JB0052	一心走路	一行禪師◎著	280 元
JB0054	觀世音菩薩妙明教示	堪布慈囊仁波切◎著	350 元
JB0055	世界心精華寶	貝瑪仁增仁波切◎著	280 元
JB0056	到達心靈的彼岸	堪千・阿貝仁波切◎著	220 元
JB0057	慈心禪	慈濟瓦法師◎著	230 元
JB0058	慈悲與智見	達賴喇嘛◎著	320 元
JB0059	親愛的喇嘛梭巴	喇嘛梭巴仁波切◎著	320 元
JB0060	轉心	蔣康祖古仁波切◎著	260 元
JB0061	遇見上師之後	詹杜固仁波切◎著	320 元
JB0062	白話《菩提道次第廣論》	宗喀巴大師◎著	500 元
JB0063	離死之心	竹慶本樂仁波切◎著	400 元
JB0064	生命真正的力量	一行禪師◎著	280 元

JB0065	夢瑜伽與自然光的修習	南開諾布仁波切◎著	280 元
JB0066	實證佛教導論	呂真觀◎著	500 元
JB0067	最勇敢的女性菩薩——綠度母	堪布慈囊仁波切◎著	350 元
JB0068	建設淨土——《阿彌陀經》禪解	一行禪師◎著	240 元
JB0069	接觸大地—與佛陀的親密對話	一行禪師◎著	220 元
JB0070	安住於清淨自性中	達賴喇嘛◎著	480 元
JB0071/72	菩薩行的祕密【上下冊】	佛子希瓦拉◎著	799 元
JB0073	穿越六道輪迴之旅	德洛達娃多瑪◎著	280 元
JB0074	突破修道上的唯物	邱陽·創巴仁波切◎著	320 元
JB0075	生死的幻覺	白瑪格桑仁波切◎著	380 元
JB0076	如何修觀音	堪布慈囊仁波切◎著	260 元
JB0077	死亡的藝術	波卡仁波切◎著	250 元
JB0078	見之道	根松仁波切◎著	330 元
JB0079	彩虹丹青	祖古·烏金仁波切◎著	340 元
JB0080	我的極樂大願	卓千拉貢仁波切◎著	260 元
JB0081	再捻佛語妙花	祖古·烏金仁波切◎著	250 元
JB0082	進入禪定的第一堂課	德寶法師◎著	300 元
JB0083	藏傳密續的真相	圖敦·耶喜喇嘛◎著	300 元
JB0084	鮮活的覺性	堪千創古仁波切◎著	350 元
JB0085	本智光照	遍智　吉美林巴◎著	380 元
JB0086	普賢王如來祈願文	竹慶本樂仁波切◎著	320 元
JB0087	禪林風雨	果煜法師◎著	360 元
JB0088	不依執修之佛果	敦珠林巴◎著	320 元
JB0089	本智光照—功德寶藏論　密宗分講記	遍智　吉美林巴◎著	340 元
JB0090	三主要道論	堪布慈囊仁波切◎講解	280 元
JB0091	千手千眼觀音齋戒—紐涅的修持法	汪遷仁波切◎著	400 元
JB0092	回到家，我看見真心	一行禪師◎著	220 元
JB0093	愛對了	一行禪師◎著	260 元
JB0094	追求幸福的開始：薩迦法王教你如何修行	尊勝的薩迦法王◎著	300 元
JB0095	次第花開	希阿榮博堪布◎著	350 元
JB0096	楞嚴貫心	果煜法師◎著	380 元
JB0097	心安了，路就開了： 讓《佛說四十二章經》成為你人生的指引	釋悟因◎著	320 元

JB0098	修行不入迷宮	札丘傑仁波切◎著	320 元
JB0099	看自己的心，比看電影精彩	圖敦・耶喜喇嘛◎著	280 元
JB0100	自性光明——法界寶庫論	大遍智　龍欽巴尊者◎著	450 元
JB0101	穿透《心經》：原來，你以為的只是假象	柳道成法師◎著	380 元
JB0102	直顯心之奧秘：大圓滿無二性的殊勝口訣	祖古貝瑪・里沙仁波切◎著	500 元
JB0103	一行禪師講《金剛經》	一行禪師◎著	320 元
JB0104	金錢與權力能帶給你甚麼？ 一行禪師談生命真正的快樂	一行禪師◎著	300 元
JB0105	一行禪師談正念工作的奇蹟	一行禪師◎著	280 元
JB0106	大圓滿如幻休息論	大遍智　龍欽巴尊者◎著	320 元
JB0107	覺悟者的臨終贈言：《定日百法》	帕當巴桑傑大師◎著 堪布慈囊仁波切◎講述	300 元
JB0108	放過自己：揭開我執的騙局，找回心的自在	圖敦・耶喜喇嘛◎著	280 元
JB0109	快樂來自心	喇嘛梭巴仁波切◎著	280 元

橡樹林文化 ❖❖ 成就者傳紀系列 ❖❖ 書目

JS0001	惹瓊巴傳	堪千創古仁波切◎著	260 元
JS0002	曼達拉娃佛母傳	喇嘛卻南、桑傑・康卓◎英譯	350 元
JS0003	伊喜・措嘉佛母傳	嘉華・蔣秋、南開・寧波◎伏藏書錄	400 元
JS0004	無畏金剛智光：怙主敦珠仁波切的生平與傳奇	堪布才旺・董嘉仁波切◎著	400 元
JS0005	珍稀寶庫——薩迦總巴創派宗師貢嘎南嘉傳	嘉敦・強秋旺嘉◎著	350 元
JS0006	帝洛巴傳	堪千創古仁波切◎著	260 元
JS0007	南懷瑾的最後 100 天	王國平◎著	380 元
JS0008	偉大的不丹傳奇・五大伏藏王之一 貝瑪林巴之生平與伏藏教法	貝瑪林巴◎取藏	450 元

眾生系列 JP0117

綻放如花——
巴哈花精靈性成長的教導

Bloom: Using Flower Essences for Personal Development and Spiritual Growth

作　　者／史岱方．波爾Stefan Ball
譯　　者／柳婷、張之芃、朱芝瑩、吳秉臏
責任編輯／游璧如
業　　務／顏宏紋

總 編 輯／張嘉芳
出　　版／橡樹林文化
城邦文化事業股份有限公司
104台北市民生東路二段141號5樓
電話：(02)2500-7696　傳真：(02)2500-1951
發　　行／英屬蓋曼群島商家庭傳媒股份有限公司城邦分公司
104台北市中山區民生東路二段141號2樓
客服服務專線：(02)25007718；25001991
24小時傳真專線：(02)25001990；25001991
服務時間：週一至週五上午09:30～12:00；下午13:30～17:00
劃撥帳號：19863813　戶名：書虫股份有限公司
讀者服務信箱：service@readingclub.com.tw
香港發行所／城邦（香港）出版集團有限公司
香港灣仔駱克道193號東超商業中心1樓
電話：(852)25086231 傳真：(852)25789337
Email：hkcite@biznetvigator.com
馬新發行所／城邦(馬新)出版集團【Cité (M) Sdn.Bhd. (458372 U)】
41, Jalan Radin Anum, Bandar Baru Sri Petaling,
57000 Kuala Lumpur, Malaysia.
電話：(603) 90578822　傳真：(603) 90576622
Email：cite@cite.com.my

封面設計／兩棵酸梅
內文排版／歐陽碧智、兩棵酸梅
印　　刷／韋懋實業有限公司

初版一刷／2016年8月
初版三刷／2021年5月
ISBN／978-986-5613-24-2
定　　價／380元

國家圖書館出版品預行編目(CIP)資料

綻放如花：以巴哈花精培養內心的花朵：運用花精協助個人成長與靈性進展／史岱方.波爾(Stefan Ball)作；柳婷等譯. --
一版.-- 臺北市：橡樹林文化，城邦文化出版：家庭傳媒城邦分公司發行，2016.08
面；　公分. --（眾生系列；JP0117)
譯自：Bloom : using flower essences for personal development and spiritual growth
ISBN 978-986-5613-24-2(平裝)

1.靈修 2.生活指導 3.芳香療法

192.1　　105011967

104 台北市中山區民生東路二段 141 號 5 樓

城邦文化事業股份有限公司

橡樹林出版事業部 收

請沿虛線剪下對折裝訂寄回，謝謝！

|橡|樹|林|

書名：綻放如花　書號：JP0117

橡樹林文化

讀者回函卡

感謝您對橡樹林出版社之支持，請將您的建議提供給我們參考與改進；請別忘了給我們一些鼓勵，我們會更加努力，出版好書與您結緣。

姓名：＿＿＿＿＿＿＿＿＿＿ □女 □男 生日：西元＿＿＿＿＿年

Email：＿＿＿＿＿＿＿＿＿＿＿＿＿＿＿＿＿＿＿＿

●您從何處知道此書？

□書店 □書訊 □書評 □報紙 □廣播 □網路 □廣告 DM □親友介紹

□橡樹林電子報 □其他＿＿＿＿＿＿＿＿

●您以何種方式購買本書？

□誠品書店 □誠品網路書店 □金石堂書店 □金石堂網路書店

□博客來網路書店 □其他＿＿＿＿＿＿＿＿

●您希望我們未來出版哪一種主題的書？（可複選）

□佛法生活應用 □教理 □實修法門介紹 □大師開示 □大師傳紀

□佛教圖解百科 □其他＿＿＿＿＿＿＿＿

●您對本書的建議：

＿＿＿＿＿＿＿＿＿＿＿＿＿＿＿＿＿＿＿＿

＿＿＿＿＿＿＿＿＿＿＿＿＿＿＿＿＿＿＿＿

＿＿＿＿＿＿＿＿＿＿＿＿＿＿＿＿＿＿＿＿

＿＿＿＿＿＿＿＿＿＿＿＿＿＿＿＿＿＿＿＿

＿＿＿＿＿＿＿＿＿＿＿＿＿＿＿＿＿＿＿＿

非常感謝您提供基本資料，基於行銷及客戶管理或其他合於營業登記項目或章程所定業務需要之目的，家庭傳媒集團（即英屬蓋曼群商家庭傳媒股分有限公司城邦分公司、城邦文化事業股分有限公司、書虫股分有限公司、墨刻出版股分有限公司、城邦原創股分有限公司）於本集團之營運期間及地區內，將不定期以 MAIL 訊息發送方式，利用您的個人資料於提供讀者產品相關之消費與活動訊息，如您有依照個資法第三條或其他需服務之務，得致電本公司客服。

我已經完全瞭解左述內容，並同意本人資料依上述範圍內使用。

＿＿＿＿＿＿＿＿＿＿＿＿（簽名）

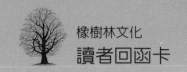